Iha von der Schulenburg

# MODELS

## VOM CASTING

## BIS ZUM CATWALK

Rowohlt Taschenbuch Verlag

Originalausgabe
Veröffentlicht im Rowohlt Taschenbuch Verlag
GmbH, Reinbek bei Hamburg, Juli 2002
Copyright © 2002 by Rowohlt Taschenbuch
Verlag GmbH, Reinbek bei Hamburg
Umschlaggestaltung any.way, Barbara Hanke/
Cordula Schmidt
(Foto: «Andrea No. 7» von Peter Wattendorff)
Satz Scala PostScript (QuarkXPress 4.11)
Gesamtherstellung Clausen & Bosse, Leck
Printed in Germany
ISBN 3 499 61376 X

Die Schreibweise entspricht den Regeln
der neuen Rechtschreibung.

# INHALT

# VORWORT

Mehr als zehn Jahre lang bin ich als Model durch die Welt gezogen. Mit allen Höhen und Tiefen. Meine Bilder erschienen auf Titelseiten, in briefmarkenkleinen Anzeigen und in Katalogen mit Millionenauflage. Ich schritt über die Laufstege von internationalen Designern wie Armani, Joop und Thierry Mugler. Und ich verführte in kleinen Boutiquen Kundinnen zum Kauf von überteuerten Designerjeans. Für einen Dreißigsekundenspot flog ich zehn Tage nach Australien, ein Video mit dreißig Minuten Text drehte ich in einer Nacht.

Ich habe viel Spaß gehabt und manchen Fehler gemacht, viele Menschen und fremde Länder kennen gelernt, Kunden und Agenten verprellt, Stammkunden schätzen gelernt und Freunde gewonnen.

Der Beruf des Mannequins wurde im Jahr 1858 von dem Engländer Charles Worth erfunden. Er gab die Devise aus: «Sprechen Sie nicht mit den Damen. Sie existieren nicht!»

Heute werden Models zu Public-Relations-Managerinnen großer Kosmetikkonzerne, zu verehrten Popstars, zu mehrfachen Millionärinnen. Der Modeljob ist ein Traumjob geworden. Nur – wie kommt man so weit nach oben?

Noch immer gilt weitgehend «learning by doing». Und das wird auch immer so bleiben. Aber es gibt viele Tipps und Tricks, die es dir leichter machen, in der Branche Fuß zu fassen, dich zu entwickeln und so erfolgreich wie möglich zu werden.

In diesem Buch erfährst du, was es wirklich heißt, in der Welt von Glamour und Fashion zu leben und zu arbeiten. Ich spreche über die tollen Seiten dieses Jobs, aber auch über die

Härten, denen du als Model begegnest, über den Umgang mit vielen verschiedenen Menschen und Situationen – und mit dir selbst!

Bei der Recherche habe ich in vielen interessanten und offenen Gesprächen mit Models, Modelagenten, Fotografen, Werbekunden und anderen Insidern der Branche manches erfahren, was ich selbst gerne schon in meiner Zeit als Model gewusst hätte.

Ich beschreibe den Weg, wie du aus diesem Job, der immer ein Job auf Zeit ist, das Beste für dich und dein «Leben danach» herausholst. Denn der Modeljob bietet – allen Vorurteilen zum Trotz – gute Möglichkeiten, wichtige Erfahrungen für einen weiteren Berufsweg zu sammeln. Für mich war er zusammen mit dem Studium der Visuellen Kommunikation die Grundlage für meine derzeitige Arbeit als Moderatorin und Journalistin.

In diesem Buch habe ich zusammengetragen, was junge Mädchen wissen sollten, wenn sie vom Modelberuf träumen.

Und wie auch diejenigen, die es zwar ins Rampenlicht zieht, die aber für eine Modelkarriere nicht schön, schlank oder jung genug sind, es dennoch zu einem Auftritt vor der Kamera bringen können.

Kuriose, überraschende oder peinliche Begebenheiten aus dem Modeljob zeigen, dass auch in der scheinbar so perfekten Modelwelt nicht immer alles so läuft, wie es laufen sollte ...

# WIE FÄNGST DU AN?

Hast du schon diese Bilder vor Augen: du selbst, makellos schön geschminkt, auf dem Titel der «Vogue»? Oder du schreitest in einem Outfit von Jean-Paul Gaultier über den Laufsteg? Stellst du dir vor, wie du erster Klasse in die Südsee fliegst, um dich vor der Kamera eines Starfotografen in den sanften Wellen des Pazifik zu räkeln?

Das ist natürlich der Traum aller Models, und der Weg ganz nach oben ist weit. Aber selbst eine Linda Evangelista hat mit kleinen Jobs angefangen und sich langsam und geschickt bis an die Spitze gearbeitet.

Als Model kannst du in vielen verschiedenen Bereichen arbeiten. Jede Kategorie ist anders, stellt andere Anforderungen an dich, wird unterschiedlich bezahlt – und macht dir mehr oder weniger Spaß!

Am besten ist es natürlich, wenn du dich sowohl vor der Kamera als auch auf dem Laufsteg und im Filmstudio wohl fühlst. Models, die vielseitig arbeiten können, haben mehr Jobangebote und bessere Karrierechancen als diejenigen, die z. B. nur Shows oder nur Fotos machen. Aber es ist nicht selbstverständlich, dass du mit der Kamera flirten kannst und dich auch vor

Hunderten von Zuschauern frei und locker fühlst. Manche Models sind auf dem Laufsteg toll – aber nicht unbedingt für Fotojobs geeignet. Einige «große» Models laufen nur auf den Shows der internationalen Designer und haben kaum Fotoaufträge.

Jedes Model, das du in einer Zeitschrift, auf dem Laufsteg einer Fashion-Show oder in einem Werbespot siehst, hat eine eigene Geschichte. Es gibt nicht den einzig wahren Weg, auf dem jeder loslegen kann.

Manche Mädchen wollen unbedingt Model werden und ergreifen jede noch so kleine Chance, aber es wird einfach nichts. Andere haben nie daran gedacht, fanden sich vielleicht nicht einmal schön – und dann läuft ihnen der Modelscout einer Agentur über den Weg, entdeckt ihre Schönheit und weckt Dornröschen aus ihrem Schlaf.

Oft spielt der Zufall eine Rolle: Du kannst beim Einkaufen im Kaufhaus entdeckt werden, auf der Straße, in der Eisdiele, auf einem Modelwettbewerb, im Bus, beim Tanzen oder auf dem Schulhof. Von einem Agenten, der den richtigen Blick hat. Oder ein Fotograf sieht dein Gesicht, findet es interessant und spricht dich an.

Bei mir war es ein ganz normaler Passbildfotograf um die Ecke, der den Stein ins Rollen brachte. Ich brauchte neue Bilder für meinen Schülerausweis. Er machte seine vier Standard-Passfotos, schaute sie an und schlug mir vor, es doch mal als Model zu versuchen.

Bis dahin hatte ich nie ernsthaft an diesen Job gedacht, höchstens ganz still für mich, aber diese Gedanken immer sofort wieder verworfen. Aber dann ging ich doch mit diesen kleinen Passbildern zu der Agentur, die er mir genannt hatte. Ich hatte Glück und wurde sofort genommen. Wenn ich heute meinen alten Schülerausweis ansehe, denke ich, dass ich diesem Fotografen verdammt viel zu verdanken habe.

Selbst Models, die wir heute als Superstars kennen, haben ihre Karriere oft zufällig angefangen: Claudia Schiffer wollte in einer Düsseldorfer Diskothek nur abtanzen, als sie von einem Agenten angesprochen wurde. Bestimmt hatte sie nicht damit gerechnet, dass die Visitenkarte in ihrer Hosentasche ihr Leben verändern würde ...

Einer der wichtigsten Faktoren, ob du erfolgreich als Model arbeiten kannst, ist das richtige «Timing». Das heißt: Du musst zur richtigen Zeit am richtigen Ort sein, der richtigen Person begegnen und ein Typ sein, der den gerade angesagten «Look» hat. Du ahnst es: Das ist ganz schön Glückssache.

Aber trotzdem hast du viele Möglichkeiten, dem Zufall nachzuhelfen und mit den richtigen Leuten der Branche in Kontakt zu kommen.

## EINE AGENTUR SUCHEN

Der direkte Weg: Du wendest dich an eine Agentur in der nächstgelegenen Großstadt und versuchst, einen Termin zu bekommen. Der Booker oder die Bookerin wird dich gleich nach deinem Alter, deiner Größe und Konfektionsgröße fragen.

- Du solltest zwischen 1,75 und 1,80 Meter groß sein,
- Klamotten in Größe 36 (höchstens 38) tragen
- und zwischen 15 und 20 Jahre alt sein.

Das sind für die meisten Mädchen die Grundvoraussetzungen, um als Model arbeiten zu können. Aber es gibt auch Ausnahmen, über die wir später noch reden. Als Junge solltest du 1,84 bis 1,88 Meter groß sein und Konfektionsgröße 98 tragen.

Die Agenturen müssen solche strengen Maßstäbe ansetzen, weil die Kleider beim Fotografieren fast ausschließlich Größe 36 (bzw. 98 bei Jungs) haben. Und da sollst du ja hineinpassen, ohne dass große Änderungen gemacht werden müssen.

1,70 Meter ist die absolute Mindestgröße, und zwar nur dann, wenn ein Mädchen sich vor allem für Beauty-Aufnahmen eignet oder mit einem besonders schön proportionierten Körper ausgestattet ist. Dann kann sie für Wäsche und Bademoden arbeiten, dabei kommt es nicht so sehr auf die Körpergröße an. Manche Agenturen bestehen aber strikt auf 1,75 Meter.

O. k., Kate Moss hat es mit ihren 1,73 Metern und nicht gerade perfekten Beinen auch in die oberste Liga geschafft, aber sie gehört zu den absoluten Ausnahmen.

Wenn du die äußeren Kriterien erfüllst, wirst du zu einem persönlichen Gespräch in die Agentur eingeladen. Solltest du wirklich «nur» 1,72 Meter erreichen, aber davon überzeugt sein, dass du Chancen haben könntest, dann wende alle dir zur Verfügung stehenden Überredungskünste an, um einen Termin zu bekommen.

Wie so ein Vorstellungsgespräch abläuft, woran du denken solltest und was du mitbringst, erfährst du im Kapitel «Der erste Agenturbesuch».

## MODELWETTBEWERBE

Das Spektrum der Modelwettbewerbe ist ungeheuer groß. Und ob du dabei eine realistische Chance auf eine Karriere als Model hast, hängt im Wesentlichen davon ab, wer den Wettbewerb veranstaltet. Fangen wir bei den «nicht empfehlenswerten» an und arbeiten uns langsam zu den besseren hoch.

Leider ist es so, dass sich der eine oder andere Geschäftemacher denkt, mit dem Modeltraum vieler Mädchen lasse sich schnelles Geld machen. Es gibt diverse kleine Veranstaltungen, auf denen «Nachwuchsmodels», «Gesicht des Soundso …» oder eine «Miss Irgendwas» gesucht wird. Gelockt wirst du mit dem Versprechen auf eine große Karriere, falls du gewinnst.

Manchmal wird dabei nicht nur von den Zuschauern bzw. Discobesuchern ein Eintritt verlangt, sondern auch du sollst eine Teilnahmegebühr zahlen. Wenn du so was hörst: Lass die Finger davon! Solche unseriösen Halsabschneider haben es nur auf deine Kohle abgesehen. Diese «Shows» sind meistens peinlich, denn die Teilnehmerinnen sollen trotzdem im Badeanzug vortanzen und müssen sich dem Gejohle besoffener Männer ausliefern. Noch nie ist auch nur ein Model bei derartigen Unterhaltungsprogrammen entdeckt worden. Halbseidene Geschäftemacher versuchen höchstens, attraktive Teilnehmerinnen daraufhin zu testen, ob sie auch bereit wären, in Pornos mitzuspielen. Wenn du es ernst meinst, hast du hier nichts verloren.

Auch bei Wettbewerben, die von Firmen, Zeitschriften oder kleinen unbekannten Agenturen veranstaltet werden, ist nicht immer klar, ob sie tatsächlich eine Modelkarriere «machen» können.

Häufig finden Vorausscheidungen in Kleinstädten statt. Für die Endausscheidung reisen die Finalistinnen in eine Großstadt. Entscheidend ist, ob mit dem Sieg die Aufnahme in eine Agentur verbunden ist und vielleicht ein gewisser Verdienst garantiert wird. Du willst ja als Model arbeiten und Geld verdienen, oder?

Auch einige Fernsehsender rufen regelmäßig zu Modelwettbewerben auf. Oft wird in diesem Zusammenhang auch eine Modefirma als Partner genannt. Schon bei den ersten Castings sind die Kameras dabei und zeichnen alles auf. Jeden zaghaften Schritt, jeden unsicheren Blick, jeden Stolperer. Die «fachkundige» Jury besteht dann aus – dem Chef der Modefirma!

Die Firma wird in diesen Sendungen ständig genannt und gezeigt. Das ist kostenlose Werbung in einem Medium, das normalerweise Tausende für eine halbe Werbeminute kassiert. Außerdem bekommen die Firmen billig oder sogar umsonst Fotos für ihren Katalog oder ihre Anzeigen. Der Fernsehsender hat dann eine nette kleine Story, die er in seinen Boulevardmagazinen senden kann. So was sehen die Zuschauer gerne!

Wenn eine Agentur beteiligt ist, hängt es sehr von ihrer Seriosität und ihrem Kundenkreis ab, ob man dort wirklich auf anständigem Niveau arbeiten und Geld verdienen kann. Handelt es sich um eine «kleine Klitsche» ohne Kontakte zu guten Fotografen und Redaktionen, kann es problematisch werden, nach einigen brotlosen Monaten aus dem (unnötigen) Vertrag herauszukommen, um zu einer besseren Agentur zu wechseln.

Es gab schon Wettbewerbe, bei denen die besten zwanzig Teilnehmerinnen nach Costa Rica fliegen durften und dort eine Woche lang in Bikinis fotografiert wurden. Unbezahlt natürlich. Auch das ist eine zweifelhafte Sache, denn der Veranstalter hat mit den Bademodenherstellern und anderen Sponsoren ein gutes Geschäft gemacht. Die müssen für die Fotos einiges hinblättern, und er spart die sonst üblichen Modelgagen. Die Mädchen haben von morgens bis abends ein volles Arbeitsprogramm, aber immerhin Sonne um die Nase und bekommen ein paar Fotos von sich. Trotzdem – ob dies eine echte Chance bietet, ist eher fraglich.

Die besten Modelwettbewerbe werden immer von großen, namhaften Agenturen veranstaltet oder in Zusammenarbeit mit ihnen. Die Einladungen dazu findest du in guten Modezeitschriften, aber auch im Fernsehen. RTL etwa hat schon mehrmals den großen «Elite»-Contest mitveranstaltet, dessen Jury aus Fachleuten besteht. Dabei hast du eine echte Chance! Wenn also ein Fernsehsender zu einem Wettbewerb aufruft: Schau genau hin, wer die Partner sind und aus welchen Leuten die Jury zusammengesetzt ist. Wenn dort die Namen von Fotografen auftauchen, die du schon mal in einer Modezeitschrift gesehen hast, sind das echte Profis. Bei solchen Wettbewerben winken dann als Gewinn für die Siegerinnen Garantieverträge mit internationalen Modelagenturen. Das heißt: Wenn du so einen Contest als Nummer eins bestehst, hast du die Karriere als Model eigentlich schon in der Tasche. Die Jury glaubt an dich, und die Vertragsagentur ist sich auch sicher, dass du gut arbeiten wirst. Aber darauf hoffen natürlich Tausende von Mädchen. Die Jury muss sich bei der Vorauswahl durch meterhohe Stapel von Bewerbungen kämpfen. Du tust gut daran, Fotos einzuschicken, auf denen du wirklich toll rüberkommst und deine Figur deutlich zu sehen ist. Die Konkurrenz ist hart!

Wenn du zu den vielleicht 50 Auserwählten gehörst, die zur Endausscheidung eingeladen werden, bist du schon ein Glückspilz. Je nach Art des Wettbewerbs hast du dann ein bis zwei Tage vor dir, in denen dich einige erfahrene Leute genau betrachten werden. Du bekommst ein perfektes Profi-Make-up. Du wirst vielleicht zum ersten Mal vor der Kamera eines richtigen Beauty-Fotografen stehen, viele verschiedene Klamotten anziehen, auf einem Laufsteg vor großem Publikum schöne Kleider präsentieren. Nur keine Scheu: Auch wenn sie es sich vielleicht nicht anmerken lassen, die anderen sind genauso unsicher wie du!

Du wirst in kurzen Gesprächen gefragt, woher du kommst, warum du Model werden willst, wie du dich auf der Veranstaltung fühlst. Versuche, nicht nur einsilbig zu antworten, sondern so viel wie möglich von deiner Persönlichkeit zu zeigen. Die Juroren sollen dich schließlich im Gedächtnis behalten. Und sie möchten dabei auch feststellen, ob du einigermaßen offen und locker mit einer neuen Situation und fremden Menschen umgehen kannst. Denn im Modeljob hast du es immer wieder mit anderen Menschen zu tun, das sollte dich nicht ernsthaft einschüchtern.

Um erfolgreich aus so einem Wettbewerb hervorzugehen, musst du ihn übrigens nicht unbedingt gewinnen. Das beste Beispiel dafür ist Cindy Crawford. Sie landete bei Elites «Look of the Year» nur unter den besten zwölf. Aber die richtigen Leute hatten sie gesehen und ihr Potenzial erkannt. Trotz des verpassten Sieges wurde sie eines der bekanntesten Models der Welt.

## MODELSCHULEN

Von keinem Model, Agenten, Fotografen, Booker oder Choreografen habe ich jemals gehört, dass eine Modelschule sich gelohnt hätte.

Selbst wenn du nach einer solchen Schule irgendein dubioses «Zertifikat» in der Tasche hast, wird dir das keinen einzigen Job garantieren. Du kannst für solche Lehranstalten nur Geld ausgeben, von dem du nicht weißt, ob du es je wieder verdienen wirst. Das kann bis zu 2000 Euro kosten. Modelschulen gehen manchmal sogar so weit, dass sie Mädchen aufnehmen, die wegen ihres Typs, ihres Aussehens, ihrer Größe oder ihres Körperbaus niemals im Leben eine Chance als Model hätten. Alles, was du als Model wissen musst, wird dir deine Agentur beibringen, deine Kolleginnen und – so weit es möglich ist – dieses Buch.

---

**NICHTS ZAHLEN!**

Eine ganz wichtige Regel für den Start ins Modelleben: Gib kein Geld dafür aus. Weder um Fotos machen zu lassen, eine Modelschule zu besuchen noch, um in eine Agentur aufgenommen zu werden. Um auf einem guten Level zu arbeiten, brauchst du eine gute Agentur. Ihr werdet Partner: Nicht nur du verdienst Geld mit deinen Jobs, sondern auch deine Agentur. Wenn sie an dich glaubt – und das ist die Basis eurer Zusammenarbeit –, wird sie dir am Anfang alle Kosten auslegen, bis du für die ersten Jobs gebucht wirst und Geld verdienst.

# DER ERSTE AGENTURBESUCH

Der erste Schritt in die Welt der Models kostet dich eine gehörige Portion Mut. Ich erinnere mich an den Moment, als ich das erste Mal vor der Tür einer Modelagentur stand. Ich war achtzehn. Alles, was ich hatte, war mein fast fertiges Abitur. Ansonsten: keine Ahnung, was ich denn nun anfangen sollte mit meinem Leben. Architektur? Fotografie? Journalismus? Oder es vielleicht doch als Model probieren?

In meiner Tasche hatte ich ein Passbild und zwei Urlaubsfotos. Jetzt musste ich nur noch den Mut finden, endlich auf die Klingel zu drücken.

O. k., jetzt oder nie! Mehr als Nein sagen können sie nicht. Und dann muss ich mir nie mehr im Leben vorwerfen, ich hätte es nicht versucht.

Ich stand mitten im Raum, an den Wänden um mich herum Hunderte Fotos von schönen Mädchen. Ich fühlte mich völlig fehl am Platz mit meinen blöden Urlaubsfotos. Peinlich! Wie konnte ich nur glauben, dass ich zwischen all diesen Beautys etwas zu suchen hätte! Nur weil mir jemand gesagt hatte, ich solle es doch mal versuchen.

Lächerlich! Ich, die ich immer zu dünn war. Das Klappergestell der Klasse. Die

mein Vater als Kind «hässliches Entlein» nannte? Was hatte ich Landpomeranze hier verloren?

Ganz früher, als wir etwa 13 waren, hatten meine beste Freundin und ich uns mal gegenseitig wie Models fotografiert – nur so aus Spaß. Wir hatten unsere neuesten Klamotten angezogen (sehr kurze Röcke und kleine, enge T-Shirts), schminkten uns nach bestem Wissen und Gewissen (dicke schwarze Augenbrauen, Glitzergloss auf den Lippen, ein Pfund Wimperntusche) und stellten uns stocksteif in Pose. Jahre her, längst vergessen.

«Hallo, ich bin Gunther.» Seine Stimme klang freundlich, das half. Ich stellte mich vor und zeigte ihm meine kleinen Fotos. Er schaute sie lange an, fragte nach meiner Größe, dem Alter und meinen Maßen.

Maße? Kannte ich nicht. Er zückte ein Zentimeterband, legte es um meine Hüfte, Taille und Brust.

Dann holte er seinen Kompagnon Jörg – beide waren, wie ich später erfuhr, die Inhaber der Agentur –, und beide meinten, dass wir es versuchen sollten. Das war ja einfach, dachte ich. Viel später habe ich zufällig gehört, dass gerade ein anderes Mädchen die Agentur verlassen hatte. Ich war ein sehr ähnlicher Typ und sollte sie ersetzen. Ein Glücksfall!

Aber nicht immer geht es so schnell und so einfach.

## ANRUFEN, BRIEF SCHREIBEN ODER SPONTANBESUCH?

Ohne eine professionelle Agentur kannst du nicht professionell arbeiten, sie ist die Voraussetzung. Sie kümmert sich darum, dass du Kunden kennen lernst, besorgt dir Jobs, ist dein Ansprechpartner für alles, was den Job betrifft, sie ist eine Art Familie. Ihr müsst euch finden und zueinander passen.

Auf den Seiten 216–219 findest du eine Liste der wichtigsten Modelagenturen Deutschlands. Suche dir eine Agentur in deiner Nähe heraus. Wenn sie nicht an deinem Wohnort ist, schreibst du am besten einen kurzen Brief und bittest um einen Termin. Mach dir über den Text nicht zu viel Gedanken, der kann ganz kurz und sachlich sein. Ansonsten: keine Blümchen, Aufkleber oder sonstige niedliche «Verschönerungen»!

Du solltest nur dein Alter, deine Größe, deine Konfektionsgröße und deine genauen Maße angeben. Das heißt: Brustumfang, Taille und Hüftumfang, an der stärksten Stelle gemessen. Bitte nicht mogeln, das kommt sowieso heraus!

Das Wichtigste ist, dass du mindestens zwei Fotos von dir mitschickst.

Optimal ist, wenn du einmal vom Kopf bis zu den Zehenspitzen zu sehen bist, möglichst im Badeanzug oder Bikini, das ist aber nicht zwingend notwendig. Hauptsache, man kann deine Figur erkennen.

Auf dem zweiten Foto sollte dein Gesicht gut und deutlich zu sehen sein, und zwar mit wenig Make-up – sehr wichtig!

Schreibe deinen Namen auf die Rückseite jedes Fotos. Wenn du sie zurückhaben willst, lege einen frankierten Rückumschlag bei.

Auf deinen Brief wirst du wahrscheinlich nicht gleich in zwei Tagen eine Antwort bekommen, das kann dauern. Agenturen werden mit Vorstellungswünschen überhäuft, und manche nehmen sich nur einmal in der Woche die Zeit, neue Anfragen zu sortieren. Wahrscheinlich gehst du jetzt jeden Tag als Erstes zum Briefkasten, weil du das Warten kaum aushalten kannst. Gib der Agentur mindestens zwei Wochen Zeit, um zu antworten. Wenn du dann noch nichts gehört hast, kannst du anrufen, vorher nicht!

Du kannst aber auch gleich telefonisch um einen Termin bitten. Dann wirst du nach Alter, Größe und Maßen gefragt und – wenn diese erste Hürde genommen ist – zum Gespräch eingeladen.

Die dritte Möglichkeit ist, einfach ohne Anmeldung hereinzuschneien. Keine Angst, das wird dir keiner übel nehmen. Es kann allerdings passieren, dass du eine ganze Weile warten musst, bis ein Booker sich um dich kümmern kann, oder dir gleich gesagt wird, du möchtest ein andermal wiederkommen – wenn gerade Hektik herrscht. Komme nicht unangemeldet morgens vor elf Uhr und abends nach fünf Uhr. Dann ist in jeder Agentur am meisten los, und es wird kaum jemand Zeit für dich haben.

### Das Vorstellungsgespräch

Du solltest darauf achten, was du anziehst. Komme bloß nicht in den knappsten Party-Outfits, die du hast. Damit liegst du tagsüber und außerhalb der dazugehörigen Disco leicht daneben. Aber erscheine auch nicht in voluminösen Baggy-Pants, die sich nur mühsam auf den Hüften halten, denn darin sieht man so gut wie gar nichts von deiner Figur. Ein Booker könnte sich fragen, ob du etwas verstecken willst, denn er muss schon eine gute Vorstellung davon bekommen, wie du gebaut bist. Wenn du überhaupt Make-up trägst, dann nur so wenig wie möglich. Es nützt nichts, wenn du deinen vermeintlich zu schmalen Mund breiter malst oder falsche Wimpern anklebst. Lass es! Das wirkt so, als ob du mit deinem natürlichen Aussehen nicht zufrieden wärst. Modelscouts erkennen auch so, was für ein Glamour-Girl man vielleicht aus dir machen kann.

Wenn du dich mit wenig (!) Mascara und einem Hauch Rouge wohl fühlst – das geht völlig in Ordnung.

## «BEGLEITSCHUTZ»

Einige Models, mit denen ich gesprochen habe, fanden es leichter, jemanden zum ersten Gespräch mitzunehmen. Das kann deine beste Freundin sein, dein Freund oder deine Eltern.

Für die Agentur ist es überhaupt kein Problem, und du wirst dich vielleicht ein bisschen sicherer oder lockerer fühlen. Außerdem hast du dann hinterher jemanden, mit dem du alles nochmal bereden kannst!

### Nimm Fotos mit

Zu deinem Vorstellungstermin solltest du ein paar Fotos von dir mitbringen. Das können Urlaubsfotos oder Schnappschüsse sein. Nimm sie unbedingt mit, auch wenn du denkst, dass es keine «perfekten» Fotos sind.

Gib auf keinen Fall Geld dafür aus, von einem Fotografen extra Aufnahmen von dir machen zu lassen. Zu diesem Zeitpunkt weißt du noch gar nicht, ob eine Agentur ernsthaft daran interessiert sein wird, mit dir zu arbeiten. Und wenn du Pech hast, ist die Ausgabe für die Katz, und die Fotos landen nur auf Omas Anrichte.

Bei den Bildern geht es darum, wie «fotogen» du bist. Das Merkwürdige ist: Fotogenität hat nichts mit deiner Erscheinung in natura zu tun. Du kannst super aussehen, wirkst aber durch die Kamera vielleicht gar nicht mehr so toll. Das gibt es auch umgekehrt: Vielleicht siehst du normalerweise eher aus wie «guter Durchschnitt». Aber wer weiß, vielleicht bekommt dein Gesicht auf Bildern etwas ganz Klares, Spezielles, Elegantes, Faszinierendes oder sogar Exotisches? Wenn alle beim Anblick deiner Urlaubsfotos sagen, du sähest darauf toll aus, hast du schon ganz gute Karten.

Viele Models würdest du übrigens gar nicht als solche erkennen, wenn sie dir auf der Straße begegnen. Ohne die Hilfe von Kamera, Make-up und gutem Licht sehen viele erfolgreiche Models genauso aus wie das nette, frische Mädchen von nebenan.

Also: Nur Mut, du hast nichts zu verlieren.

## DER ERSTE EINDRUCK

Jetzt stehst du also das erste Mal in den Räumen einer Modelagentur. Wahrscheinlich ergeht es dir so wie mir damals: Du bist total aufgeregt und verunsichert.

Das hier ist eine andere Welt, in der

es sehr geschäftig zugeht. Mehrere Booker sitzen an einem großen Tisch, vor sich einen Laptop, alle telefonieren. Du hörst Zahlen, Termine, viele O. k.s und das eine oder andere Lachen. Von den Wänden strahlen dich perfekte Schönheiten an. Am liebsten würdest du sie alle genau anschauen, deine zukünftigen Konkurrentinnen, aber du traust dich nicht. Glaube nicht, dass alle schöner sind als du! In diesem Moment kannst du dir noch nicht vorstellen, wie viel man mit einem gekonnten Make-up, schönem Licht und gutem Styling zaubern kann. Und vielleicht hast gerade du etwas, wonach die Agentur sucht, vielleicht sogar das gewisse Etwas.

Irgendwo hat man dir ein Plätzchen zum Warten zugewiesen. Da sitzt du nun, bis jemand Zeit für dich hat. Nicht ungeduldig werden! Lass die Situation auf dich wirken. Schau dich um. Sieh dir die Leute an. Höre ihnen zu. Mach dich mit dem Raum vertraut. Atme tief durch. Relax ...

Der Booker (oder die Bookerin) kommt. Booker übernehmen für die Models viele wichtige Aufgaben: Sie führen die Terminkalender, kümmern sich um die Kontakte und sind Ansprechpartner für alle Jobangelegenheiten – manchmal sogar darüber hinaus.

Er schaut dich an. Von Kopf bis Fuß. Er betrachtet deine Fotos ganz genau. Er checkt deine Zentimeterangaben, vielleicht misst er auch nach. Die richtigen Maße sind Grundvoraussetzungen, um in dem Job arbeiten zu können.

Es nützt also nichts, sich mit High Heels von chrlichen 1,68 Meter auf getürkte 1,75 Meter hochzumogeln, auch wenn du damit zu kurz geraten bist, um Mode vorzuführen, gibt es Ausnahmen. Einige kleinere Mädchen haben so wunderschöne Gesichter und die richtige Ausstrahlung, dass sie trotzdem für Kosmetik- und Make-up-Produkte gebucht werden. Und auch bei Wäsche- und Bademodels ist die Größe nicht so wichtig, sondern ein besonders schöner Körper und die richtigen Proportionen.

Der Booker stellt dir ein paar Fragen. Linda von der Agentur *Mega Models* in Hamburg sagt dazu:

«Wir fragen die Mädchen immer, warum sie Model werden wollen. Wenn sie sagen, ich will es eigentlich gar nicht, meine Mutter hat mich geschickt oder eine Freundin meint, ich soll es mal probieren, dann hat es keinen Zweck.

Die Mädchen, die von sich aus kommen, das sind die, die wirklich wollen, die wir brauchen und die auch gut arbeiten werden.

Wir fragen sie immer, wie stellst du dir den Job vor? Und dann sagen manche, da setz ich mich hin, werde schön geschminkt und reise durch die Weltgeschichte ... Sie träumen von einem Luxusleben! Dabei ist das wirklich ein harter Job, der ungeheuer viel Disziplin erfordert.»

Normalerweise wird erst mal jemand in der Agentur checken, ob du überhaupt geeignet bist. Dann wird vielleicht jemand anderes dazugeholt. Das ist ein gutes Zeichen. Denn es bedeutet, dass du infrage kommst!

Vielleicht bittet der Booker dich auch, ein anderes Mal wiederzukommen, weil der Boss der Agentur gerade nicht da ist. Wunderbar, deine Chancen stehen gut!

Heidi Gross, Inhaberin der Agentur *Model Management*, beschreibt die Auswahl so:

«Ich sehe etwa zehn neue Mädchen in der Woche. Aber es gibt auch viele, die über den Empfang nicht hinauskommen. Wir machen von einem neuen Gesicht Polaroids. Die gehen dann zu allen Bookern, und jeder schreibt seinen Kommentar drauf. Das ist bei uns ein demokratischer Prozess. Die Kommentare gehen von ‹geht gar nicht› bis ‹Klasse!› – Auch bei ein und demselben Mädchen.»

Und wie wird entschieden?

Heidi Gross: «Die Mehrzahl der Booker muss schon hinter dem Mädchen stehen, sie müssen sie schließlich vermitteln und von ihr überzeugt sein.»

Du siehst, es kann vom Zufall abhängen, ob du gerade auf die Leute triffst, die an deinem Typ interessiert sind.

*Viele Fragen*

Das A und O einer Modelkarriere ist die richtige Agentur. Du wirst mit vielen verschiedenen Fotografen, Designern und Regisseuren arbeiten, aber nur mit einer Agentur. Später, wenn du ins Ausland geschickt wirst, arbeitest du dort mit Agenturen vor Ort zusammen. Aber deine «Mutteragentur» bleibt immer dein wichtigster Arbeitskontakt.

Deshalb solltest du keine Scheu haben, die Booker auszufragen: Wie viele Mädchen haben Sie? Was für Kontakte? Sind auch bekannte Werbekunden dabei? Gute Kataloge? Handelt es sich um eine etablierte Agentur? Zurzeit schießen Agenturen wie Pilze aus dem Boden, und manche sind genauso schnell wieder verschwunden – zusammen mit dem Geld, das sie ihren Models noch schulden!

Sorgen sie für eine gute Unterkunft, wenn du aus einer anderen Stadt kommst, vielleicht sogar mit Familienanschluss? (Gut gegen Einsamkeitsanfälle!)

Wenn dich die Antworten überzeugen, bist du gut aufgehoben und wirst dich hoffentlich wohl fühlen. Schon beim ersten Besuch wirst du merken, ob die Wellenlänge stimmt. Wie in allen Firmen hängt die Atmosphäre immer vom Chef ab. Wenn du mit dem klarkommst (und du wirst ihn sehr schnell kennen lernen), wird alles andere auch funktionieren.

Ihr seid Geschäftspartner: Die Agentur vermittelt dir die Jobs, du führst sie aus – und beide Partner verdienen daran. Die Bezeichnung «Partner» ist ganz wichtig, denn ihr müsst euch gegenseitig vertrauen. Die Agentur muss daran glauben, dass du als Model erfolgreich sein wirst und dich unterstützen, so gut es geht. Das heißt auch, dass sie zunächst mal in dich investiert und alle anfallenden Kosten übernimmt. Solange du noch keine Jobs hast, finanziert die Agentur die Testfotos und den Druck der Sedkarte. Du zahlst es erst zurück, wenn du Aufträge hast und Geld verdienst.

Du wiederum bringst deine Zeit ein. Du machst Testfotos und stellst dich bei möglichst vielen Kunden vor, um Jobs zu bekommen.

## JA? NEIN? VIELLEICHT SPÄTER?

Wenn die Agentur mit dir arbeiten will – herzlichen Glückwunsch!

Wie es jetzt weitergeht, steht im Kapitel «Du und deine Agentur».

Falls es nicht geklappt hat, kann das viele Gründe haben.

Vielleicht bist du zu jung? Dazu Linda von *Mega Models*: «Es gibt Mädchen, die spüren den Wunsch, Model zu werden, sehr, sehr früh. Neulich waren hier zwei Zwölfjährige. Beide Mütter haben uns bestätigt: Seit sie sechs sind, ist es ihre Lieblingsbeschäftigung, sich gegenseitig Klamotten vorzuführen. Die kamen zwar, weil sie es selbst wollten, aber wir nehmen sie nicht. In zwei Jahren schauen wir mal, wie sie sich entwickelt haben.»

Und ab welchem Alter können sie sich vorstellen?

Linda: «Sie müssen mindestens sechzehn sein. Aber so ab vierzehn machen wir ganz selten mal eine Ausnahme. Es kommt vor, dass Kunden ganz spezielle Anfragen haben für Teenagermode, dann schauen wir auf unsere Polaroids von ganz jungen Mädchen. Die dürfen dann hin und wieder am Wochenende bei einem kleinen Shooting Erfahrungen sammeln. Aber das ist ja eigentlich Kinderarbeit. Man darf sie nicht überfordern. Das wird sehr streng kontrolliert, was auch gut ist.»

Wenn die Agentur dir vorschlägt, in einem oder zwei Jahren wiederzukommen, dann will sie abwarten, wie sich dein Gesicht, dein Körper und deine Persönlichkeit verändern. Denn gerade in diesem Alter können kleine Wunder geschehen: Vom ungestümen Fohlen entwickelst du dich zur klassischen Schönheit, vom Pummelchen zur Giraffe. Oder umgekehrt.

Ein guter Tipp: Wenn du abgelehnt worden bist, frage nach den Gründen. Und ob dir die Agentur einen Rat geben kann. Es kann sein, dass du mehrmals dasselbe hörst, zum Beispiel: Du würdest uns vielleicht interessieren, aber du müsstest fünf Kilo abnehmen (ist dir der Job den Stress wert?). Oder: Du musst warten, bis die Zahnspange ihren Dienst getan hat. Darüber solltest du dann nachdenken, denn das sind gute Ratschläge von Experten, die sich auskennen. Und – wer weiß – möglicherweise erhältst du genau die richtigen Tipps, um später in der Modelbranche Fuß zu fassen.

Vielleicht schicken sie dich auch zu einer anderen Agentur, in die du vielleicht besser passt. Das hängt davon ab, ob du der richtige Typ für die Kunden der Agentur bist. Denn die sollen dich ja buchen.

Außerdem favorisiert jede Agentur bestimmte Modeltypen, da gibt es durchaus auch Entscheidungen, die vom Geschmack der Booker abhängen.

Wenn du von dir überzeugt bist und es bei der ersten Agentur noch nicht geklappt hat, geh zur nächsten! Selbst wenn fünf Agenturen dich ablehnen, vielleicht ist die sechste von dir begeistert! Wenn du allerdings bei allen Modelagenturen, bei denen du dich beworben hast, Abfuhren kassierst, nimm es bitte nicht persönlich. Das sagt nichts aus über dich als Mensch. Du kannst trotzdem ein wunderbarer Zeitgenosse sein, nur: Auf dem Markt der professionellen Schönheiten ist zurzeit kein Platz für dich frei. Selbst wenn dich irgendwann irgendeine kleine unbedeutende Provinzagentur in ihre Kartei aufnehmen würde, du hättest es schwer, dich gegen die internationale Konkurrenz zu behaupten.

Bist du aber wirklich wie magisch angezogen von der Kamera, gibt es noch andere Möglichkeiten: Du stellst dich bei Casting-Agenturen vor. Sie suchen für Werbejobs unentwegt nach «normalen» oder schrägen und ungewöhnlichen Gesichtern. Was sich dort für Möglichkeiten auftun, erfährst du im Kapitel «Zu klein, zu dick, zu alt, nicht schön genug?».

Von Gigi Konen, einem sehr erfolgreichen Model in verschiedenen Bereichen, werden wir später noch hören. Hier erzählt sie uns die kuriose Geschichte ihrer Entdeckung:

«Ich steckte in schwerster finanzieller Notlage. An der Kunsthochschule studierte ich Industriedesign und hatte von zu Hause nicht viel Geld bekommen. In den Semesterferien musste ich Praktika machen und hatte keine Möglichkeit, etwas dazuzuverdienen.

In der U-Bahn sah ich einen Anschlag: ‹Fotomodelle gesucht. Gute Bezahlung. Seriös.›

Da gingen bei mir alle Lichter an. Ich ging dorthin und musste feststellen: Ich war bei der *St.-Pauli-Presse* (einschlägiges Porno-Blatt, Anm. d. R.) gelandet.

Ich sagte dem Fotografen, ich hätte eher an *Brigitte*, *Petra*, *Für Sie* gedacht.

Wenn du in diese Richtung willst, musst du Tests machen, meinte er.

Vielleicht könne er mir helfen, und ich solle doch am Nachmittag anrufen.

Ich verließ das Etablissement und gönnte mir – weit über meine Verhältnisse – einen Cappuccino in einem Straßencafé.

Da wurde ich von einem asiatisch aussehenden Mann angesprochen. Ich hatte damals lange Haare bis zum Po, weil ich kein Geld für den Friseur hatte. Er stellte sich vor, sagte, er sei Fotograf und suche für die «Für Sie» speziell Frisuren-Models. Ob ich Interesse hätte. Ich knurrte nur, er solle sich vom Acker machen. Typen wie ihn würde ich sehr gut kennen. Er entschuldigte sich, er habe ja nur mal fragen wollen.

Später habe ich dann den anderen Mann angerufen. In der Telefonzelle fühlte ich mich sicher. Er nannte mir einen Fotografen und sagte, der sei interessiert, von mir

Testfotos zu machen. Der Fotograf hieß Jacques Schumacher, ein bekannter, renommierter Fotograf. Aber damals ahnte ich das noch nicht.

Ich fuhr dorthin und klingelte. Zufällig öffnete Jacques selbst die Tür. Da stand ich in meinen selbst gemachten Klamotten. Er dachte wohl, ich sei ein Kurier oder so was. Ich sagte ihm, ich hätte gehört, er wolle Testfotos von mir machen. Aber eines wolle ich gleich klar machen: Ich ziehe mich nicht aus. Jacques sagte nur: Mädchen, der Trick ist gut. Komm mal rein. Er dachte, ich hätte mir das ausgedacht. Aber offenbar haben ihn meine überlangen Haare interessiert.

Bei den Testaufnahmen habe ich nichts anderes gemacht, als meine Haare nach hinten zu werfen, die mir irgendjemand immer wieder nass machte. Alles im Gegenlicht. Mehr wollte er nicht von mir sehen. Ich eignete mich zu dieser Zeit auch noch nicht wirklich zu etwas anderem.

Ich war überhaupt nicht darauf vorbereitet, mich darzustellen, mich zu zeigen. Ich war zwar der Meinung, dass ich ganz hübsch war. Aber wie man damit umgeht, wusste ich nicht. Ich halte mich auch nicht wirklich für ein Naturtalent. Durch mein schmales Gesicht bin ich auch nicht natur-fotogen. Mit einem großflächigen Gesicht kann man viel besser umgehen. Das habe ich erst später gelernt.

An dem Nachmittag habe ich bis zur Genickstarre meine Haare nach hinten geworfen, dass die Wassertropfen nur so flogen. Ich dachte dann, mit diesen Fotos könnte ich eigentlich nicht viel anfangen. Als ich ihn um etwas anderes bat, hat er – wohl, um mich loszuwerden – ein paar Polaroids im Türrahmen von mir gemacht.

Später haben wir noch häufig zusammengearbeitet. Dabei hat er mir dann bestätigt, dass er nie gedacht hätte, dass aus mir überhaupt was Verwertbares werden könnte. Mit meinem schmalen Gesicht und der Zahnlücke.

Mit diesen vier Polaroids bewaffnet bin ich dann zu der Agentur «Umbrella» gegangen. Die Bookerin fragte mich irritiert, wer denn diese Fotos gemacht hätte. Jacques Schumacher – dieser Name war wohl das Einzige, was die Agentur an mir interessant fand. Mit Sicherheit hätten sie mich sonst weggeschickt.

Sie gaben mir einen Termin für Testfotos bei einem Fotografen namens Bao Cao. Ich klingelte. Die Studiotür öffnete sich. Der Fotograf sagte nur: «Da bist du ja doch.» Es war der Asiate, der mich im Café angesprochen hatte. Ich wäre am liebsten in Grund und Boden versunken!

Mein erster Job war dann tatsächlich für die *Für Sie*: Vorher-nachher-Frisuren. Ich war das Beispiel für die falsche Frisur: lange Haare bei einem schmalen Gesicht. Man schnitt mir die Haare ab, ganz kurz mit Pony. Mein Geldmangel war so groß, dass ich dem Friseur gleich meine abgeschnittenen Haare verkaufte. Für fünfzig Mark. Heute weiß ich, dass für europäisches dichtes, langes Haar viel mehr gezahlt wird. Aber für mich war es viel Geld.

Für den Fotojob bekam ich 350 Mark, für mich eine gigantische Summe. Ich hatte damals nicht mehr als 275 Mark im Monat.

Bei meinem zweiten Job bekam ich für einen halben Tag schon 500 Mark. Das alles in einem Monat! Ich habe erst mal eine Party gegeben, weil ich dachte, die hätten sich vertan.

Von da an veränderte sich mein Leben radikal. Ich habe zwar mein Studium zu Ende gemacht, aber nach dem Examen hauptberuflich gemodelt.»

# DER JOB

Für eine gute Modezeitschrift zu arbeiten hat das beste Image im Modelbusiness. Denn die Booker der Modestrecken buchen nur die Models, die genau das verkörpern, was dem Zeitgeist entspricht. Alles muss stimmen: dein Typ, deine Haarlänge, dein Teint, deine Eleganz oder Lässigkeit. Deine Figur muss perfekt sein, deine Bewegungen, deine Ausstrahlung.

Mit den Modefotos in nationalen oder internationalen Zeitschriften sollen Sehnsüchte und Träume geweckt werden. Modemagazine haben Vorbildcharakter. Sie setzen den Standard. Was sie bringen, ist gerade angesagt. Jede Frau, jedes Mädchen soll beim Anblick dieser Seiten denken: So möchte ich aussehen. Das möchte ich haben.

Bevor es zur Buchung kommt, entwickeln die Redakteure eine Vision dessen, was sie transportieren möchten: Romantik, Sportlichkeit, Fantasiewelt, 50er Jahre, Verrücktheit, Minimalismus, Punk, Verspieltheit usw.

Dann wird das passende Team gebucht und schließlich nach strengsten Kriterien genau das richtige Model ausgesucht. Es ist schon eine Auszeichnung, wenn man dich wählt!

Weil alle wissen, wie hip solche Veröffentlichungen sind, arbeitet jedes Model gerne für Moderedaktionen. Auch deswegen, weil diese Jobs meistens mit schönen Reisen verbunden sind. Außerdem werden nur wenige Fotos am Tag produziert – die allerdings mit höchster Sorgfalt!

Der Wermutstropfen bei der Sache: Du verdienst verdammt wenig. Aber redaktionelle Veröffentlichungen in deiner Fotomappe zeigen den anderen Kunden, dass du schon mit renommierten Blättern gearbeitet hast.

Und das erhöht deinen Marktwert! Sprich: Bei den nächsten Jobs kann deine Agentur mehr Geld verlangen. Und weil das die Zeitschriftenmacher wissen, haben sie im Vergleich zur Werbung Stacheldraht in den Taschen.

Was, denkst du, bekommst du für ein Cover auf der *Vogue*?

2500 Euro? Oder sogar 5000 Euro? Die Antwort findest du im Kapitel «Verschiedene Fotojobs».

Dort kannst du auch nachlesen, wie so ein Foto-Shooting abläuft.

## DIE WELT DER KATALOGE

Versandhäuser buchen mehr Models als alle anderen Kunden. Und sie zahlen gut. Manche Mädchen können locker von dem leben, was sie nur durch Katalogbuchungen verdienen. Das sind die Brot-und-Butter-Jobs.

Für Versandhäuser zu arbeiten ist aber bei weitem nicht so glamourös wie für Zeitschriften. Die Fotos zeigen dich meistens nicht so vorteilhaft, dass du sie in dein Buch packen würdest, aber das ist auch nicht das Wichtigste. Denn hier hast du die Chance, viel und vor allem langfristig Geld zu verdienen.

Allein in Deutschland gibt es über zehn verschiedene Versandhäuser. Und alle brauchen Hunderte von Models! Jedes Versandhaus hat sein eigenes Model-Booking. Und da sitzen die wohl wichtigsten Auftraggeber der Branche.

Für Kataloge ist es nicht so ausschlaggebend, ob du ein supermodischer Typ bist. Sie legen viel mehr Wert darauf, dass du als Mädchen oder Frau «von nebenan» durchgehen könntest. Die Kunden, die die abgebildeten Sachen kaufen sollen, müssen sich in dir wiedererkennen können.

Für Katalogjobs zahlen die Versandhäuser von 1500 Euro an aufwärts. Dafür verlangen sie aber auch viel von dir: Am Tag werden bis zu 20 Outfits fotografiert. (Mehr über die Arbeit für Kataloge kannst du im Interview mit Sarah Rissen nachlesen, im Kapitel «Modeln für den *Otto-Versand*».)

Das Wichtigste dabei ist nicht so sehr dein Aussehen, sondern vor allem die Kleider. Immerhin haben die Einkäufer des Versandhauses davon einige Tausend Stück bestellt, und die sollen alle verkauft werden. Also muss man auf dem Foto jedes Detail erkennen, und die Sachen müssen gut passen – oder zumindest so aussehen, als ob.

Für Kataloge zu arbeiten bedeutet meistens: an warme Orte reisen und viel arbeiten! Und wenn du dich dabei bewährst, buchen sie dich immer wieder, mindestens zweimal im Jahr. Wenn du dann zwischen 14 Tagen und 6 Wochen zusammenhängend arbeitest, kommt schon eine ganze Menge Geld zusammen.

### JEANS, STAUBSAUGER, DEO: WERBEFOTOS UND WERBESPOTS

So ziemlich das Gegenteil von den Katalogjobs erlebst du bei Aufträgen für die Werbung.

Das können Buchungen für Fotos, aber auch für Werbespots sein.

Designerklamotten, Zahnpasta, Duschgel, Haushaltsleitern, Katzenfutter, Kugelschreiber, Wimperntusche, Waschpulver … Die Liste entspricht mindestens der Menge der Anzeigen, die du bisher in deinem Leben gesehen hast.

Allen Anzeigen ist eins gemeinsam: Sie sollen so viel wie möglich von dem Produkt verkaufen, für das du wirbst. Und wir reden hier von Verkaufszahlen in Millionenhöhe! Die Buchung einer einzigen Zeitschriftenseite kann den Kunden allerdings locker 30 000 Euro kosten – für eine Seite, die nur einmal in nur einer Woche erscheint. Und um ein Produkt bekannt zu machen, muss die Firma oder der betreffende Konzern verdammt viele Anzeigen schalten. Das geht ins Geld!

LIAN GIBT IHRER HAU
WAS DER TAG IHR NIMM

Ihre Haut wird täglich durch Stress und Umwelt stark belastet. Dadurch verliert sie Fe... und wichtige Nährstoffe. Das gleicht die Lian-Gesichtspflege wieder aus: Sie versorgt Ihre... nur mit ausreichend Feuchtigkeit, sondern auch mit lebenswichtigen Wirkstoffe... aus Aloe Vera, Kamille, Jojoba-Öl und Collagen. So kommt Ihre Haut sicher durch d...

Die Pflegeserie Lian umfaßt: Reinigungsmilch, Gesichtswasser, Tagescreme und Nachtcreme. Abgestimmt auf verschiedene Hauttypen.

**LIAN. DAS PFLEGESYSTEM MIT DEM WIRKSTOF**

Deshalb will der Kunde sichergehen, dass seine Investition nicht rausgeschmissen ist, sondern auch wirklich sein Produkt verkauft. Also wird das Model daraufhin ausgesucht, ob es genau der Typ ist, auf den die potenziellen Käufer stehen.

Ein Beispiel: Für ein Waschmittel bucht niemand eine exotische Schönheit, denn die kann sich keine Hausfrau an der Waschmaschine vorstellen. Da muss schon ein (häufig blondes) Mädchen her, dem man auch zutraut, dass es den Feinwaschgang für die Oberhemden von Mann oder Freund anwirft.

Anderes Beispiel: die «Lätta»-Margarine. Da rauchen die Köpfe der Kreativen in den Werbeagenturen tagelang. Wie bei fast allen Produkten werden vorher Befragungen und Tests gemacht. Wer kauft Margarine, wer Butter? Wer könnte vielleicht noch mehr Margarine kaufen? Wie lebt dieser Käufer? Und wie bringen wir ihn dazu, «Lätta» in seinen Einkaufswagen zu legen?

Man kommt zu dem Schluss, dass junge, aufgeschlossene, gesundheitsbewusste Singles die ideale Zielgruppe sein müssten. Also werden zwei Models gebucht, die aussehen wie junge, aufgeschlossene, gesundheitsbewusste Singles. Von ihnen hängt es nun ab, ob die Millionen, die für das Produkt bereits ausgegeben wurden, dem Unternehmen viele Millionen mehr einbringen.

Warum ich das alles erzähle? Damit du dir vorstellen kannst, wie viel in der Werbung von der Auswahl des Models abhängt. Und natürlich davon, wie gut es auch darstellen kann, was der Kunde sich vorstellt.

Jobs in der Werbung werden am besten bezahlt, ob du nun Werbefotos machst oder in einem Werbespot mitspielst.

Damit die Leute auch glauben, dass du wirklich «Lätta» auf dein Frühstücksbrötchen schmierst, darfst du natürlich nicht eine Woche später für «Deutsche Markenbutter» werben. Da wären die «Lätta»-Männer ganz schön sauer und die von der «Deutschen Markenbutter» auch. Deshalb machen sie einen Exklusivvertrag und zahlen dir dafür nochmal ein schönes Sümmchen obendrauf, nur damit du für kein Konkurrenzprodukt wirbst. Trotzdem kannst du natürlich ohne Probleme für Kaffee, Kameras oder Küchenpapier eingesetzt werden. Das stört keinen, auch wenn die Anzeigen im selben Heft erscheinen.

Bei Werbeaufträgen kann durch eine einzige Buchung eine richtig fette Summe zusammenkommen: Die Tagesgagen fangen bei 1000 Euro pro Tag an, und die Skala ist nach oben offen.

Dazu kommen so genannte Buy-outs, die Veröffentlichungsrechte. Dafür darf der Kunde dein Bild in Anzeigen schalten oder deinen Werbespot im Fernsehen senden. Das wird extra bezahlt. Ebenso wie für Exklusivrechte.

Wenn du für einen Werbejob gebucht wirst, kannst du so an einem Tag ein paar Tausend Euro verdienen, bei Werbespots kann der Verdienst sogar noch größer sein. Dort ist die Auswahl der Models aus den gleichen Gründen wie bei Werbefotos mindestens ebenso wichtig. Hierbei ist insgesamt noch mehr Geld im Spiel, denn die Fernsehsender lassen sich die Sendezeit für einen 30-Sekunden-Spot mit bis zu 100 000 Euro bezahlen. Wie teuer es genau ist, einen Werbespot zu schalten, hängt von der Einschaltquote des betreffenden Programms ab – nachts, wenn die meisten Käufer schlafen, ist es am billigsten. Aber das kann dir egal sein, du wirst für deine Arbeit – wie anstrengend sie manchmal auch ist – in jedem Fall fürstlich entlohnt.

### DALLAS

Ich war gebucht für den Werbespot einer Fernsehzeitschrift. Gerade war die Fernsehserie «Dallas» in Deutschland gestartet, die erste Folge mit Gemeinheiten und Intrigen. Die Programmzeitschrift wollte die Aufregung über das neue Format für ihre eigene Popularität nutzen.

Die Szene, die sie sich für ihren Spot ausgedacht hatten, ging so:

In einem Bus sitzen viele Fahrgäste, von denen die vorderen vier deutlich zu sehen sind. In der ersten Reihe liest eine elegante Dame – die sollte ich spielen – in der Fernsehzeitschrift. Plötzlich entdeckt sie etwas, das sie vor Begeisterung schier ausflippen lässt: die Ankündigung der neuen Folge von «Dallas». In dem Moment fliegt ihr ein Westernhut auf den Kopf. Sie zeigt ihrem Sitznachbarn aufgeregt die Zeitschrift. Auch bei ihm volle Begeisterung! Und auch er hat plötzlich einen Hut auf dem Kopf. Nun wollen die Leute in der zweiten Reihe wissen, was da vorne los ist. Sie schauen der Frau über die Schulter, entdecken die Ankündigung, flippen aus, der Hut kommt geflogen. Alle sind begeistert.

Der Bus stand im Studio. Über den Sitzreihen war eine Bretterkonstruktion aufgebaut, auf der vier Männer lagen. Jeder von ihnen war mit einem Westernhut bewaffnet. Nach der Reaktion der eleganten Dame auf die tolle Programmankündigung sollte Mann 1 den Hut auf ihren Kopf fallen lassen. Dann warf Mann 2 seinen Hut auf Kopf 2 und so weiter, bis sich alle vier Leser westernbehütet gemeinsam auf die Sendung freuten.

Der erste Hutwerfer verpasste seinen Einsatz. Der Hut flog erst, als schon der zweite fliegen sollte. Wiederholung!

Der erste flog genau richtig, rutschte aber von Kopf ab – frisch gewaschene Haare sind glatt. Von vorne bitte!

Erster Hut fliegt gut, zweiter Hut gut, dritte Frau reagiert zu spät.

Erster Hut rutscht ab.

Erster Hut gut, zweiter Mann reagiert zu schwach.

Erster Hut zu früh.

Erster Hut gut, zweiter Hut gut, dritter Hut gut, vierter Hut fliegt daneben.

Erster Hut gut, dritter Hut fliegt. Zweiter hat geschlafen.

Elegante Dame hat platte Haare.

Pause. Elegante Dame in die Maske.

Erster Hut gut, zweiter Hut gut, dritter Hut gut, vierter Mann reagiert zu früh.

Erster Hut daneben.

Erster Hut gut, zweiter Hut gut, dritter Hut gut, vierter Hut gut, inzwischen zweiter Hut vom Kopf gerutscht.

Erster Hut gut, dritte Frau niest.

Erster Hutwerfer muss mal.

Pause.

Erster Hut gut, zweiter Hut gut, dritter und vierter Hut gleichzeitig.

Erster Hut gut, zweiter Hut gut, dritter Hut daneben.

Erster Hut gut, aber elegante Dame hat dabei gezuckt.

Das Schwierigste an der Geschichte: sich über den soeben gelandeten Hut zu freuen, obwohl ich eigentlich Angst hatte vor jeder neuen Hutlandung. Westernhüte wiegen ungefähr eineinhalb Kilo. Und wenn die aus einer Höhe von einem Meter auf dich niederkrachen, ist die natürliche Reaktion: zusammenzucken.

Die elegante Dame – also ich – hatte die härteste Rolle. Denn auch wenn ein Take abgebrochen werden musste, der erste Hut flog immer.

Die erste brauchbare Fassung war die 87ste. 87-mal eineinhalb Kilo auf meinen Kopf! Normalerweise heißt es nach dem ersten sendefähigen Take: «Der war o. k., wir machen noch einen.» Aber der Regisseur hatte offenbar Mitleid mit uns, er war damit zufrieden.

Den Rest des Tages gab ich mich der wunderbaren Wirkung von mehreren Tabletten Aspirin hin.

## SHOWS UND MODENSCHAUEN

*Internationale Designer*

Du hast schon oft im Fernsehen gesehen, wie wunderschön gestylte Models über die Laufstege der großen Designer schreiten. Gekleidet in die neueste und ausgefallenste Mode der Saison.

Auf diesen Kollektionspremieren stellen die Designer der internationalen Presse ihren neuen Look vor. Die Shows finden in den Modehauptstädten Paris, Mailand oder New York statt. Im Publikum sitzen die Einkäufer der teuersten und exklusivsten Läden aus der ganzen Welt, aber auch prominente Kunden wie Schauspieler oder Popstars. Die allerdings kommen nicht immer nur aus Interesse an der Mode oder aus Freundschaft zum Designer. Stars der Kategorie Madonna oder Jennifer Lopez kassieren bis zu 50 000 Dollar, allein dafür, dass sie in der ersten Reihe sitzen. Das signalisiert der Presse: Hey, diese Mode ist so toll, dass sich sogar die Superstars dafür interessieren!

Für die großen Shows werden die besten und teuersten Models der Welt gebucht, diejenigen, die du auf den redaktionellen Seiten der führenden Modezeitschriften oder auf dem Cover siehst. Einige Models, die in der obersten Liga spielen, arbeiten ausschließlich für weltbekannte Modehäuser. Sie ziehen von Designer zu Designer, von einem Kontinent zum anderen.

Doch das sollte dich nicht entmutigen. Denn alle Designer auf dieser Welt sind ständig auch auf der Suche nach neuen, frischen Gesichtern, nach *dem* neuen Gesicht der Saison. Vielleicht könntest du das sein?

Bei einigen gilt: je jünger, desto lieber. Das geht sogar so weit, dass im Frühjahr 2001 in Mailand eine Zwölfjährige

über den Laufsteg lief. Der Skandal folgte auf dem Fuße. Damit hatte der Designer sein Ziel erreicht: Er erregte Aufsehen und war in den Schlagzeilen, es war also das Beste, was ihm passieren konnte. Natürlich erklärten alle Designer brav, das würde nicht wieder vorkommen. Wir werden sehen ...

Wenn du die Chance bekommst, zum Casting für eine ganz große Show zu gehen – nutze sie, so aussichtslos es dir auch erscheinen mag.

Wie viel du dabei verdienen kannst, hängt einzig und allein vom jeweiligen Designer, seiner Berühmtheit, seinen finanziellen Möglichkeiten und auch von deinem Status ab. Anfänger bekommen viel weniger als Profis oder Starmodels, obwohl alle denselben Job machen.

Die teuersten Models bekommen für vier bis fünf Laufsteg-Auftritte bei der 30-minütigen «Victoria's Secret»-Show bis zu 30 000 Dollar!

Wie es auf den großen Shows zugeht,

erzählt uns Christina Kruse, eines der erfolgreichsten deutschen Models. Das Interview (in zwei Teilen) findest du im Kapitel «On the Catwalk».

### 13 Hallen voller Klamotten:
### Modemessen

Jedes Jahr im Frühjahr und im Herbst finden in Düsseldorf und München die großen Modemessen statt. Die Hersteller präsentieren hier den Einkäufern der Geschäfte ihre neuesten Kollektionen. Die bestellen, was sie gut finden, und ein halbes Jahr später hängen die Sachen dann im Laden.

Hunderte von Modefirmen brauchen Hunderte von Models, um ihre Kleider auf der Messe vorzuführen. Meistens auf dem Laufsteg, oft sogar dreimal am Tag.

Einige der Schauen haben internationales Niveau und sind bei allen Models sehr begehrt. Pro Tag gibt es dafür ab 400 Euro.

Manche Firmen buchen nur wenige

Mädchen, und für jeden Einkäufer werden nur die Sachen angezogen, die ihn interessieren. Das klingt ganz einfach, kann aber heißen, dass man sich von morgens bis abends nonstop an- und auszieht. Das ist nicht der ganz große Spaß, aber für solche Firmen arbeitet man – wenn man will – oft viele Jahre lang.

## DÜNNE WÄNDE

In den großen Messehallen braucht man gute Nerven. Egal wie groß oder klein die Modefirma ist – jeder Stand versucht durch seine Musik so viel Stimmung und Aufmerksamkeit wie möglich zu erzeugen, und zwar jeder gegen jeden. Von morgens bis abends wird man ununterbrochen von allen Seiten mit einem undefinierbaren Musikbrei beschallt, denn die Lautsprecher stehen zum Teil sehr nah beieinander. Die einzelnen Messestände in den dreizehn Hallen sind nur durch etwa drei Meter breite Gänge voneinander getrennt. Die Außenseiten der Messestände sind gleichzeitig die Wände des Ganges.

Zusätzlich zum Generve durch die Musik kann es bei den Shows extrem hektisch zugehen, wenn die Umziehzeiten sehr knapp berechnet sind. Manchmal muss man sich innerhalb von eineinhalb Minuten komplett aus- und wieder anziehen. Einschließlich Strumpfhosenwechseln und sämtliche Knöpfe, Gürtel, Manschetten und Schnürbänder in ordnungsgemäßen Zustand zu versetzen. Da kann man schon mal aus dem Gleichgewicht kommen.

Genau das passierte mir bei einer meiner hektischen Umziehaktionen. Während ich damit beschäftigt war, mir den Pullover über den Kopf zu ziehen, fand ich im Blindflug nicht gleich den Einstieg in die Shorts, die mir meine Umkleidehilfe entgegenhielt, sondern ich blieb irgendwo darin hängen. Dadurch verlagerte sich mein Schwerpunkt so ungünstig, dass ich einfach gegen die Wand kippte. Die bremste mich kurzfristig etwas ab, um dann ebenfalls ihren nur durch zwei kurze Stifte fixierten Halt zu verlieren und zusammen mit mir auf den Gang zu krachen. Und da lagen wir nun, die Wand und ich. Niemand wurde ernsthaft verletzt, doch als ich am Abend in der Düsseldorfer Szenekneipe aufkreuzte, hatte schon jeder von der Geschichte gehört, wie ein Model mitten zwischen die Messebesucher gefallen war, bekleidet mit nichts als einem kleinen String.

## AUF TUCHFÜHLUNG

*Modenschauen in Geschäften*

Auch viele Einzelhandelsgeschäfte wissen, dass die meisten Outfits keinen «Bügelsex» haben. Das heißt, dass sie – so leblos am Kleiderbügel vor sich hin hängend – alles andere als verführerisch wirken. Die Verlockung entsteht erst, wenn die Kleider einen Körper umhüllen, umschmeicheln oder seine Formen betonen.

Deshalb veranstalten die Geschäfte Modenschauen, bei denen du im Laden direkt vor den Kunden die Outfits der Saison vorführst. Diese Jobs häufen sich zweimal im Jahr, immer wenn die neuen Kollektionen ausgeliefert werden, also im Februar und im Juli beziehungsweise August.

Für diese kleinen Shows gibt es pro Tag etwas weniger Geld als auf den Messen, aber dafür sind diese Kunden meist sehr treu und buchen gerne immer wieder dieselben Mädchen.

*Nadel, Schere, Schneiderkreide: Fittings*

Ganz besondere Vorführjobs haben einige Designer zu bieten. Bei ihren Fittings werden auf deinem Körper neue Schnitte ausprobiert, weiterentwickelt oder ausgetüftelt.

Dafür kommst du nur infrage, wenn du absolute Normmaße hast. Nicht nur die Größe, Brust, Taille und Hüfte, sondern auch Schulterbreite, Arm- und Beinlänge sowie Rückenlänge müssen zentimetergenau Konfektionsgröße 36 oder 38 entsprechen. Es hilft nichts, sich zwei Kilo abzuarbeiten, denn davon wird der Rücken nicht länger. Entweder du hast Glück und passt genau in die geforderten Zahlen auf dem Maßband, oder du bist für so einen Job nicht die Richtige.

Außerdem musst du natürlich als Typ zur Kollektion passen. Für die elegante Firma Escada wäre ein zu sportlicher Typ falsch. Für die Sport-Outfits von Venice Beach kann man keinen damenhaften Typ gebrauchen.

Was genau bei einem Fitting passiert, beschreibe ich im Kapitel «On the Catwalk».

Wenn du im Atelier eines Designers bei den Anproben arbeitest, hast du die Chance, auch bei seinen großen Shows mitzumachen. Und du lernst eine Menge über Kleider, Stoffe und Schnitte. Wer weiß, vielleicht kannst du das ja später mal gebrauchen ...

# KANNST DU
# MODEL WERDEN?

Vielleicht hast du es schon oft gehört: Du siehst klasse aus. Dir steht doch alles. Du solltest Model werden!

Aber das haben schon viele hübsche Mädchen gehört. Und zum Modeln gehört viel, viel mehr, als einfach nur schön zu sein. Eine erfolgreiche Modelkarriere erfordert nicht nur bestimmte körperliche Voraussetzungen, sondern auch die Bereitschaft, hart zu arbeiten. Außerdem: eine positive Lebenseinstellung und eine stabile körperliche und seelische Gesundheit.

Professionelle Modelscouts erkennen in wenigen Minuten, ob ein Mädchen Chancen als Model hat. In wenigen Minuten? Kann man in so kurzer Zeit fair sein? Angeblich schon. Das sagen jedenfalls alle Booker und Modelagenten. Das klingt hart, oder? Aber wenn du dich in der Modelbranche durchsetzen willst, wirst du dich daran gewöhnen müssen: Jede Entscheidung, egal wie viel für dich davon abhängt, wird sehr schnell getroffen.

Das Spannende ist, dass selbst die so treffsicheren Agenten hin und wieder mit ihrer Einschätzung danebenliegen. Denn was für eine Persönlichkeit gerade vor ihnen steht und wie sie sich vielleicht entwickeln kann, ist nicht immer so schnell zu erkennen. Und auch davon hängt sehr viel ab. Es gibt ein paar Richtlinien, welche Kriterien du in der Regel erfüllen solltest und was man sonst noch so von dir erwartet.

Also, schauen wir mal, wie deine Chancen stehen …

## FOTOGENITÄT

Es gibt so viele hübsche Mädchen, die auf Fotos «verschwinden». Und Gesichter, die in natura völlig unspektakulär sind, aber auf Fotos super aussehen, also sehr fotogen sind.

Ich kannte mal ein Mädchen, das auf jeder Party der Star war, bildhübsch und attraktiv. Aber auf Fotos war von seiner Schönheit nichts zu sehen: Bestimmte Proportionen «liebt» die Kamera, andere überhaupt nicht.

Jeder Booker, der ein neues Mädchen interessant findet, trifft aufgrund der mitgebrachten Fotos eine Vorentscheidung. Du bist ihm einen Versuch wert. Das definitive «Go» wird die Agentur erst geben, wenn die ersten professionellen Testfotos von dir auf dem Tisch liegen.

Möglicherweise ist einer der Schlüssel

zur Fotogenität, wie du dich vor der Kamera fühlst. Geht es dir gut dabei? Regt es dich an? Kannst du dich in verschiedene Gefühlslagen hineinversetzen? Magst du diese Art der Aufmerksamkeit?

Wenn du dich beim Fotografieren leicht, locker und gut fühlst – halt! Nicht verwechseln mit «gebauchpinselt»! –, ist das ein gutes Zeichen.

Vor kurzem habe ich zufällig einen alten Super-8-Film gesehen, auf dem ich mit Freunden auf der Luftmatratze gespielt habe. Ich muss ungefähr fünf Jahre alt gewesen sein. Für mich war es überraschend, dass ich in dem Moment, als ich gemerkt hatte, dass wir gefilmt wurden, angefangen habe, mit der Kamera zu flirten! Ich wusste nicht, dass ich schon als Kind so eine Affinität zur Kamera hatte.

Ob du es weißt oder erst jetzt darauf achtest: Wenn du dieses Gefühl kennst, kann es dir auf deinem Weg zum erfolgreichen Model sehr nützlich sein.

Ich habe übrigens unter Modelkollegen auch einige kennen gelernt, die normalerweise eher schüchtern sind, vor der Kamera aber geradezu aufblühen.

## DEIN GESICHT

Kaum ein Agentur-Booker, Fotograf oder Werbespezialist konnte mir sagen, welches Gesicht, welcher Typ Mädchen als Model funktioniert. In den Zeitschriften siehst du sportlich-jungenhafte Typen, Elfen, rassige Südländerinnen, elegante Damen, Mädchen mit Segelohren, sinnliche Amazonen, Kindfrauen, perfekte Beautys, schräge Vögel usw.

Es kommt einfach auf den Versuch an, ob dein Typ gerade gefragt ist und das entsprechende Echo in der Branche auslöst. Probier es!

Ob gerade du ankommst, hängt von so

unglaublich vielen Faktoren ab: von der Mode der Saison, vom neuesten Star am Himmel der Models, vom letzten trendauslösenden Film, von der Lust zu Träumen, der Sehnsucht nach Realität oder von der letzten Nacht des Bookers.

Die wenigen Anhaltspunkte, von denen Model-Booker öfter sprechen, sind: weit stehende Augen, langer Hals, hohe Wangenknochen, volle Lippen. Ein flächiges Gesicht ist besser als ein schmales. Denn das kann man leichter verändern. Je wandelbarer du als Model bist, desto vielseitiger bist du einsetzbar. Und du solltest möglichst eine klare, feinporige Haut haben, eine «pickelfreie Zone». Jeder Visagist schwärmt von Mädchen mit schöner Haut, auf der er malen kann wie auf einer Leinwand, ohne mühsam das Terrain zu ebnen.

Deine Haare können jede nur erdenkliche Farbe haben, Hauptsache, sie sind kräftig und gesund.

Auch der Fotograf beschäftigt sich lieber damit, deine Schönheit gut auszuleuchten, als ein Licht aufzubauen, das deine Makel verschwinden lässt.

Noch etwas: deine Zähne. Ein schönes Lachen ist viele, viele Euro wert!

In Amerika sagte man früher, dass du ohne schöne Zähne jede Hollywood-Karriere vergessen kannst. O. k., du willst keine Schauspielerin werden, aber für Models gelten dieselben Regeln. Es gibt viele Methoden, sie weißer, gerader, perfekter zu machen. Aber hüte dich vor großen Ausgaben, wenn dir die Agentur nicht dazu rät – Zahnspangen ausgenommen. Lieber mit vierzehn schon den Draht im Mund haben, als ihn mit achtzehn dann doch noch zu brauchen.

## DEIN KÖRPER

Von der Figur hängt sehr viel ab. Heutzutage ist der Body wichtiger denn je. Es kommt nicht so sehr darauf an, ob die Nase jetzt so ist oder so. Schöne Mädchen, im klassischen Sinne schön, arbeiten immer. Aber der angesagte Look für die Editorials ändert sich ständig, eigentlich jedes Jahr.

Du musst, wie gesagt, zwischen 1,75 und 1,80 Meter groß sein, mindestens aber 1,70 Meter. Ganz einfach deshalb, weil bei dir sonst sämtliche Hosensäume über den Boden schleifen. Wenn du viel größer bist, ist das nicht viel besser: Die Hosenbeine enden dann an den Waden und die Ärmel am Ellenbogen. Schmale Fesseln und Handgelenke sind sehr beliebt. Überhaupt ist ein graz+iler Knochenbau besser geeignet als die robuste Version. Man sieht auf

gen Beine ihr Markenzeichen sind, wurde sie sogar speziell deswegen für einen Werbespot gebucht: Normalerweise sind im engen Flugzeug lange Beine im Weg. Nicht so bei der Airline, für die Nadja wirbt. Da kann sie ihre superlangen Gehwerkzeuge gemütlich ausstrecken.

Kommen wir zu den Maßen. Du solltest Konfektionsgröße 38 tragen, 36 ist noch besser. Denke immer daran, dass nicht die Kleider den Models auf den Leib geschneidert werden, sondern die Models nach den Kleidern gebucht werden.

Wie viel darfst du wiegen? Diese Frage ist eigentlich kaum zu beantworten. Denn jeder Mensch hat eine andere Knochen- und Gewebestruktur.

Fotos sowieso immer kräftiger aus. Dein ganzer Körper sollte lang gestreckt wirken. Je mehr «Giraffe», desto besser. Hängende Schultern gehen überhaupt nicht, denn dann muss sich die Stylistin mit Polstern mühen, damit nicht jeder Blazer, jede Bluse aussieht wie ein Schlabbersack.

Und noch etwas liebt die Kamera: lange Beine. Im aktuellen Wettbewerb liegt nach wie vor Nadja Auermann auf einem der ersten Plätze. Weil die lan-

Eine Modelkollegin von mir hatte immer Figurprobleme. Ich traf sie irgendwann einmal im Fitnessclub, nachdem ich sie etwa ein halbes Jahr lang nicht gesehen hatte. Sie hatte plötzlich eine Superfigur. Ich fragte sie, wie viel sie abgenommen hatte. «Kein Gramm», antwortete sie, «ich habe nur drei Kilo in Muskeln verwandelt.» 55 Kilo sind nicht 55 Kilo! Normalerweise fragen Booker nicht nach dem Gewicht, sie halten sich an ihr Zentimetermaß. Dein Umfang sollte möglichst den klassischen Maßen 90–60–90 entsprechen. Überall ein paar Zentimeter weniger ist besser. Für die großen Designerschauen musst du sogar noch schmaler sein!

Das größte Problem sind normalerweise die Hüften. Je mehr sich die Hüftzentimeter nach hinten verteilen, also der Po schön ausgeformt ist, desto besser. Es gibt Mädchen, die ganz dünn und knochig sind, auch die Modelmaße einhalten, aber richtig breite Hüftknochen haben. Das ist leider ein echtes Manko.

Schuhgrößen über 41 können problematisch werden. Es gab mal ein Model mit einem wunderschönen Körper, aber Schuhgröße 44 – ein Riesenproblem. Sie konnte eigentlich nur für Kosmetik arbeiten.

Glaube nicht, dass du einen großen Busen brauchst. Im Gegenteil! Der kann eher störend wirken. Und mit Push-up-BHs und speziellen Einlagen kann man eine Menge machen, wenn es denn wirklich mal mehr sein soll. Ein großer Busen kann sogar im Weg sein. Viele Designersachen sehen besser und nicht anzüglich aus, wenn sie nur kleine Mäusefäustchen erahnen oder erblicken lassen. Sieh dir die Fotos von Designerschauen an: alles kleine, feste Brüste.

Bei Models, die für Wäsche- und Badefotos arbeiten, sind leichte Rundungen erwünscht.

(Lies dazu auch das Interview mit Sarah Rissen, Bookerin vom *Otto-Versand*.)

### UND DIE JUNGS?

Da ist die richtige Größe fast noch wichtiger als bei Mädchen. Bei Röcken kann man ein paar Zentimeter rauf oder runter tolerieren, Hosenbeine müssen immer die korrekte Länge haben. Deshalb wird es schwierig bei langen Kerlen über 1,88 Meter. Diejenigen unter 1,84 Meter ziehen buchstäblich den Kürzeren.

Die übliche Konfektionsgröße ist 98. Männliche Models sollten vor allem natürlich und selbstbewusst sein. Zu einer lockeren Ausstrahlung sind eine dicke Nase oder abstehende Ohren durchaus erlaubt. Es ist ungerecht, aber die Jungs haben beim Aussehen viel mehr Freiraum. Manche Kunden finden es sogar sexy, wenn ihre Männermodels seltsam aussehen.

Und über allem – ob Junge oder Mädchen – steht eins:

---

### DAS GEWISSE ETWAS

… das eigentlich niemand so richtig beschreiben kann. Aber man muss es haben, um als Model erfolgreich zu werden. Linda Naujok von *Mega Models*:

«Das gewisse Etwas setzt sich zusammen aus natürlichem Charme, einer offenen Art, einer guten Ausstrahlung. Das kann man nicht lernen. Wenn ein neues Mädchen reinkommt, kann ich sofort sagen, sie hat's oder sie hat's nicht. Bei den Jungs ist es genauso.»

---

### 14, 18, 25?

Das übliche Einstiegsalter liegt zwischen 16 und 18.

Obwohl alle Agenten sagen, dass sie selten Mädchen unter 16 nehmen, lass dich davon nicht bremsen. Du sollst ja nicht sofort die Schule schmeißen und nur noch durch die Welt fliegen.

Vielleicht stehst du ab und zu am Nachmittag für ein paar Stunden im Studio, machst ein paar Tests, oder arbeitest nur am Wochenende oder in den Ferien.

Dabei kannst du Erfahrungen sammeln und langsam mitkriegen, wie die Modelszene funktioniert. Es ist noch kein fertiges Model vom Himmel gefallen!

Du kannst langsam antesten, ob dir der Job überhaupt gefällt. Die Agentur kann frühzeitig sehen, wie Kunden auf dich reagieren. Denn wenn du eine gute Karriere machen willst, muss sie sorgfältig aufgebaut und erarbeitet werden.

Wenn du dann 17, 18 bist – im besten Modelalter –, hast du viel gelernt, genug Fehler begangen und herausgefunden, wo dein Platz im Modelbusiness ist. Also, auch wenn du noch keine 16 Jahre auf deinem zarten Buckel hast, starte ruhig den ersten Versuch!

Und die Obergrenze? Mit zweiundzwanzig ist es schon reichlich spät. Denn die gleichaltrigen Kolleginnen haben bereits eine gute Fotomappe unter dem Arm, und es ist nicht so leicht, deren Erfahrungsschatz aufzuholen. Zumindest die großen, ambitionierten Agenturen tun sich schwer, Anfänger in «fortgeschrittenem Alter» aufzunehmen. Man ist früh alt im Modelbusiness!

Bei den Jungs ist das anders, da ist man mit 28 Jahren immer noch im besten Modelalter, und die Grenze nach oben ist sehr viel flexibler. Wenn du Prospekte mit Männermode in die Hände bekommst, siehst du häufig gute, sogar etwas angeknautschte Typen mit grauen Schläfen.

Eine absolut ungewöhnliche Karriere hat die berühmte Isabella Rossellini hingelegt. Sie arbeitete als Moderatorin im italienischen Fernsehen. Dann lief sie Bruce Weber (einem der besten Fotografen der Welt) über den Weg. Er machte Fotos von ihr, die bei der italienischen *Vogue* landeten. Daraufhin interessierte sich Richard Avedon (ebenfalls einer der ganz großen Fotografen) für sie, und seine Fotos erschienen auf dem Cover der *Vogue*. Isabella Rossellini arbeitete 18 (!) Jahre als Model, davon allein 14 Jahre für den Kosmetikkonzern Lancôme. Als sie anfing, war sie 28!

## Bist du ein Chamäleon?

Der amerikanische Journalist Michael Gross beschreibt wirklich großartige Models so:

«Sie sind Engel, die auf dem Stecknadelkopf der Mode tanzen. Sie sind Chamäleons. Diese Mädchen erfinden sich für jedes Foto immer wieder neu. Sie sind kreative Frauen, die unvergessliche Momente der Mode erschaffen und damit Unsummen verdienen.»

Ein wandlungsfähiges Model kann – im Park joggend – aussehen wie ein fröhliches junges Mädchen. Auf dem nächsten Foto ist sie der verführerische Vamp, bei dem ein Business-Mann weiche Knie kriegt. Dann sieht man sie Kaffee trinken. Man glaubt ihr, dass der Kaffee so gut schmeckt, dass sie für diesen einen Moment an nichts anderes denkt als an ihr glückliches Dasein.

Denke nur an Kate Moss: Auf einem Foto ist sie eine aufmüpfige Punkerin, dann blätterst du die Seite deiner Zeitschrift um und siehst sie in der Chanel-Werbung als hochelegante Dame.

Du siehst, es hat oft nichts zu tun mit dem Aussehen, sondern mit dem Einfühlungsvermögen in eine bestimmte Situation. Das ist manchmal nicht viel anders als bei Schauspielerinnen. Du musst in der Lage sein, verschiedene Stimmungen glaubhaft rüberzubringen.

Darüber sprechen wir noch ausführlicher im Kapitel «Schokoladenseiten».

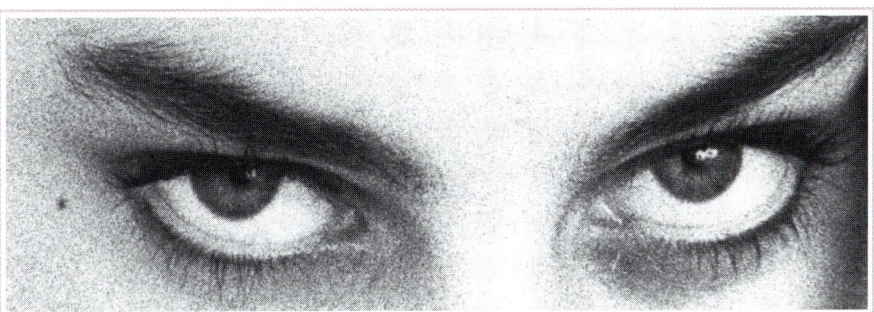

### NICHT FÜR 20 000 MARK

Valentina kommt aus einer Kleinstadt. Nicht viel los, jeder kennt jeden. Sie geht noch zur Schule und jobbt ab und zu in Kneipen. Eines Tages kreuzt ein Typ aus Frankfurt auf, der unbedingt Fotos von ihr machen will. Valentina kommt nach Hause, sagt ihrer Mutter: «Da ist so 'n Vollidiot, der will mich fotografieren.» Die Mutter telefoniert mit dem Fotografen, hält ihn für seriös. Valentina geht zum Test-Shooting. Sie denkt: Das kann ja nichts werden, einfach so vor einer weißen Wand. Aber die Bilder sind toll.

Ein paar Tage später meldet sich eine große Werbeagentur. Sie möchten Valentina als Model für eine Anzeige. Es geht um Wimperntusche, immerhin Lancôme. Sie zahlen 20 000 Mark.

Valentinas Augen erscheinen in ganzseitigen Anzeigen in allen Zeitschriften. Ein paar Wochen später das nächste Shooting. Diesmal bekommt sie 26 000 Mark. Und schon die nächsten Anfragen von Lancôme …

Ist das der Anfang ihrer Karriere als Model?

Nicht für Valentina. Sie spielt nicht einmal mit dem Gedanken. Im Modeljob sieht sie keinen Lebensweg für sich. Viel lieber ist ihr die Sicherheit einer festen Ausbildung. Die Vorstellung, dass sich alles um sie, um ihre Person dreht, ist ihr unangenehm.

Und dass sie vielleicht von Leuten auf der Straße angesprochen werden könnte, die meinen, sie zu «kennen».

Valentina hat viel mehr Spaß daran, hinter den Kulissen zu arbeiten. Und genau dort ist sie heute auch gelandet. Sie findet es wunderbar, dass sie die Model-Erfahrung machen konnte.

## SELBSTVERTRAUEN

Würdest du ein Kleid kaufen wollen, wenn darin ein schüchternes, verdrucktes Mädchen steckt? Sicher nicht. – Ein gewisses Selbstvertrauen ist vor der Kamera oder auf dem Laufsteg ganz wichtig.

Nicht nur, weil du als Model ohne ein gutes Gefühl mit dir selbst nicht gut «rüberkommst». Sondern auch, weil du dich in vielen alltäglichen Situationen nicht allzu sehr verunsichern lassen solltest. Situationen, die gar nicht so leicht zu handhaben sind.

Wenn du anfängst, als Model zu arbeiten, musst du so manches wegstecken, was andere Leute über dich sagen. Über dein Aussehen, deine Figur, deine Bewegungen, dein Verhalten. Alles wird bewertet. Egal wie gut du bist – das geht jedem so!

Das Business ist hart, und mit Models wird nicht immer sanft und sensibel umgegangen. Darüber wirst du in diesem Buch noch mehr erfahren.

Ich erinnere mich noch sehr gut daran, als das erste Mal jemand zu mir sagte, ich sei zu alt für einen Job. Da war ich neunzehn. Und es hat mich tief getroffen. Großer Fehler! Für andere Aufträge war ich zu jung. Ich war zu dick, zu dünn, zu groß, zu klein, zu arrogant, zu mädchenhaft, zu sonst was.

Irgendwann lernst du, damit umzugehen.

## KRAFTVOLL ZUBEISSEN

Kennst du noch die Werbespots von Blend-a-med? Bei denen am Ende eine Stimme aus dem Off sagt: «Damit Sie auch morgen noch kraftvoll zubeißen können»?

Nach bundesweitem Casting wurde ich ausgesucht, den neuen Spot zu drehen. Ich war ungefähr zwanzig und sollte die junge Mutter einer vierköpfigen Familie spielen. Mein erster Werbespot! Auf dem Hinflug nach Berlin saß ich zufällig neben den Kunden, die den ganzen Dreh in Auftrag gegeben hatten, alles bezahlten und dann im Fernsehen senden würden. Ich wusste vor Ehrfurcht nicht, was ich mit den hohen Herren reden sollte. Ich schwieg, den ganzen Flug lang. Offenbar spürten sie meine Verunsicherung deutlich, denn sie verabschiedeten sich mit: «Bis morgen. Na, dann wollen wir mal sehen, was das gibt mit Ihnen …»

Super! Genau das hatte ich gebraucht! Bis dahin hatte ich immer gedacht, die Menschen in der Werbung hätten Ahnung von Psychologie, könnten andere Menschen verstehen, hätten großes Einfühlungsvermögen. Von wegen!

Am nächsten Morgen wurden verschiedene Szenen mit meinen Fernsehkindern, meinem Fernsehmann und mir allein im Bild gedreht. Das war nicht schwierig und ging auch relativ schnell. Dann die Szene, in der ich meinen einzigen Satz sagen sollte: «Für meine Familie und mich gibt's nur noch Blend-a-med.» Im richtigen Moment musste meine Familie zu mir ins Bild kommen, und wir sollten uns liebevoll anschauen und umarmen. Klappte zwar mit meinem Mann, aber die Kinder kamen immer zu früh oder zu spät oder guckten nicht liebevoll genug oder rempelten aneinander. Glück gehabt, die ganze Aufmerksamkeit lag bei den anderen. Ich war aus der Schusslinie. Bis der Ablauf funktionierte, konnte ich auch meinen Satz überzeugend abliefern.

Danach die letzte Einstellung: der Biss in den Apfel. Der sieht im Fernsehen so einfach aus. In Wahrheit geht das so: Man beißt mit viel Kraft in einen sehr harten, saftigen Apfel. Dabei soll nichts ins Gesicht spritzen, man darf den auslaufenden Saft nicht nachschlürfen, die Bisskante muss glatt und symmetrisch sein, das ausgebissene Stück soll nicht zu groß und nicht zu klein sein, und man muss nach dem Abbeißen den Apfel in Richtung Kamera drehen, damit das alles auch zu sehen ist. Dabei lacht man leicht und beißt mit geschlossenen Lippen noch etwas auf dem Apfelstückchen im Mund herum. Präzisionsbeißen ist kein Lehrberuf.

Nachdem der Regisseur mir alles erklärt hatte, biss ich los. Bei jeder Einstellung war irgendwas anderes falsch. Die ersten Stücke schluckte ich herunter, aber ab Apfelbiss Nummer 15 war mein Apfelbedarf vorübergehend gedeckt. Und ich war verunsichert. Hatten sie *das* gestern gemeint? Ich kriegte es einfach nicht hin. Ein Versuch folgte auf den nächsten.

Siebenunddreißig angebissene Äpfel später hatten wir die Szene im Kasten. Lautes Klatschen von allen Seiten. Aber warum? Ich war eine Versagerin! Bis ich den richtigen Biss raushatte, war die Geduld aller Anwesenden strapaziert, kostbare Drehzeit vergeigt, und ich hatte mich an sechsunddreißig Äpfeln voll verbissen. Wollten sie mich jetzt auch noch verhöhnen in meiner Niederlage?

Der Etatdirektor und der Regisseur kamen auf mich zu und gratulierten mir. Ich hatte den «Blend-a-med»-Apfelbissrekord gebrochen! Mein schnellster Vorgänger musste mehrmals abbrechen wegen Zahnfleischbluten und hatte satte zweiundfünfzig Äpfel gebraucht.

Langsam kam doch Stolz in mir hoch. Ich hatte mich wider Erwarten gut durchgebissen!

## SCHULE, ABI ODER MODELN?

«Es gibt viele dumme Models. Genauso wie es viele dumme Tänzer und dumme Politiker gibt.»

Marie Helvin

Wie bei jeder anderen erfolgreichen Karriere auch brauchst du als Model eine gute Bildung. Aber für viele Mädchen stellt sich irgendwann die Frage: «Soll ich am Dienstag den 1000-Euro-Job machen oder zur Schule gehen?» Das Geld lockt. Es ruft: «Ich bin so leicht zu haben. Nur dieser eine Tag!» Auch wenn es hin und wieder vorkommt, dass du die Schule Schule sein lässt, behalte langfristige Ziele im Auge. Du wirst für dich entscheiden müssen, was dir wichtiger ist. Eine gute Agentur wird dich dabei beraten und unterstützen.

Immer mehr Models realisieren heutzutage, dass es für die eigene Persönlichkeitsentwicklung von großem Nutzen ist, die Schule abzuschließen.

Die guten Agenturen bestehen sogar darauf, dass die Schule beendet wird. Dazu Helen von *Mega Models*: «Einige unserer Models, die sehr, sehr viel Geld verdienen, sagen sich: ‹Ich bin doch nicht blöd und mach jetzt Abitur. In keinem Beruf kann ich später so viel Geld verdienen.› Aber die arbeiten dann mit einem Privatlehrer. Das ist die Ausnahme. Wir sagen immer, dass die Schulbildung wichtig ist, weil das auch die Disziplin schult. Das ist die Basis.»

Die besten und erfolgreichsten Models sind charmant, kontaktfreudig und – intelligent! Die Kamera sieht nicht nur die äußere Schönheit, sondern auch, was im Inneren stattfindet. Du kannst auf einem Foto definitiv erkennen, ob ein Model intelligent ist. Ob sich in den Augen die Seele spiegelt oder ob da nur eine leere Hülle posiert. Davon hängt ab, wie weit du es bringen kannst.

Abgesehen davon: Du machst nie einen Fehler, wenn du dich bildest, deinen Grips schulst und an dir arbeitest. In der Modelbranche musst du viele Entscheidungen treffen. Je klarer du dabei im Kopf bist, desto besser.

Der beste Weg ist, langsam – schon während der Schulzeit – mit dem Job anzufangen, Abitur zu machen und dann so lange als Model zu arbeiten, wie es für dich richtig ist.

Denke dran: Man kann kaum vorhersagen, wie lange eine Karriere dauern wird. Und dann hast du wenigstens ein Abiturzeugnis, auf das du zurückgreifen kannst. Ein Studium kannst du auch mit 26 noch anfangen. Aber nach fünf Jahren Pause wieder auf die Schulbank? Das ist kaum zu schaffen.

### «ES GEHT VORAN»:
### SUSANNE HOPPE

Obwohl sie hustet und die Nase läuft – Susanne erscheint pflichtbewusst zum Interviewtermin. Sie ist in Köthen aufgewachsen, einer kleinen Kreisstadt in Sachsen-Anhalt. Vor sechs Jahren begann sie, als Model zu arbeiten. Selbst mit flachen Schuhen kommt sie locker auf 1,80 Meter. Auf den Fotos der Sedkarte sieht man ihre sportliche Figur – kein Wunder, Susannes persönliche Bestzeit beim letzten Marathon lag bei vier Stunden. Gerade hat sie per Fernstudium ihr Abi nachgemacht.

### Wie bist du zum Modeln gekommen?

Ich hatte Bilder eingeschickt zu einem Wettbewerb, der von *Mega Models* mitveranstaltet wurde. Ich kam in die engere Auswahl und wurde schon für einen Test fotografiert. Ein paar Wochen später war ich mit meinen Eltern in Österreich im Urlaub. Plötzlich kam ein Anruf: *Mega Models*. Die hatten die Nummer über meine Oma rausgekriegt. Ich sollte in Düsseldorf eine Modenschau laufen.

Ich kam dann da an, ein Mädel vom Land. Mit Brille und Pickeln im Gesicht.

Ich war vollkommen nervös, fühlte mich verloren und alleine. Die ganzen fremden Menschen, die verschiedenen Sprachen. Das war eine vollkommen neue Welt. Wie ein Sprung ins kalte Wasser.

Aber alle waren total lieb zu mir und zeig-

nach Hamburg in die Agentur, machte Testfotos und hatte auch direkt die ersten Aufträge.

Ted Linow (*der Chef der Agentur*) erzählte mir später, dass er mich schon von Anfang an aus den Hunderten von Bewerberinnen, die ihre Fotos eingeschickt hatten, ausgeguckt hatte. Ich fand, das waren ganz peinliche Bilder.

**Was waren deine ersten Jobs?**

Als ich mit meinen Eltern in der Agentur war und besprach, wie denn nun alles weitergehen sollte, ob Schule weitermachen oder nicht, da sagte Ted ganz nebenbei, dass ich für Neckermann nach Amerika fliegen sollte. Bisher war ich gerade erst einmal geflogen, nach München zum *Freundin*-Model-Wettbewerb.

Dann ging alles ganz schnell. Nach einem Jahr war ich aus der Schule raus.

**Wie haben deine Eltern das gefunden?**

Das war eine gemeinsame Entscheidung. Ich war zwar immer sehr gut in der Schule, wollte auch immer Abitur machen. Auf einmal kam diese andere Möglichkeit, die Welt kennen zu lernen. Die Agentur hat gesagt: Wir garantieren dir nichts, aber wir sehen, dass du das Potenzial hast. Du musst nur mitziehen. Und es gab ja die Möglichkeit, das Abitur später noch zu machen. Ich hatte von Anfang an viel Geld verdient. Also habe ich die Schule abgebrochen.

Ich habe mir gesagt: Wenn es ganz

ten mir, wie das geht. Es war auch nur eine einzige Schau, mit ganz vielen Anfängern. Uns wurden die Hände und Füße bemalt, wir hatten keine Schuhe an. Als ich dann vor all den Leuten über den Laufsteg lief, dachte ich: Jetzt ist ein Traum in Erfüllung gegangen.

**Warst du das schönste Mädchen in der Klasse?**

Ich war mir meines Äußeren lange gar nicht so bewusst.

In der Klasse war ich «das Mondgesicht». Und weil ich so dünn war, sagte mein Opa immer zu mir: Dich fegt nochmal der Wind weg.

**Wie ging es nach dieser Schau weiter?**

Dann ging alles ganz schnell. Ich kam

schlecht läuft, kann ich in einem Jahr immer noch zurück. In der Zwischenzeit habe ich mich durch das Fernabitur weitergebildet. Das war allerdings gar nicht so einfach, weil ich so viele Jobs hatte, dass ich kaum zum Lernen gekommen bin.

**Du warst am Anfang ja erst sechzehn. Hast du viel mit deinen Eltern telefoniert?**

Ja, ganz oft. Die hatten immer viel mehr Angst als ich.

**Wie haben deine Mitschüler reagiert?**

Einige haben sich distanziert. Ich hatte im ersten Jahr an die hundert Fehltage. Da haben die schon rumgemuckt. Ich hatte immer Entschuldigungen, aber alle wussten, was ich wirklich machte.

**Hast du bereut, dass du die Schule geschmissen hast?**

Nein, ich habe mir immer gesagt: So eine Chance kriege ich nie wieder. Ich hätte mein Fernabi nur schneller machen sollen. Ich habe zu sehr rumgetrödelt, das war nicht gut.

**Hast du am Anfang gezweifelt, ob das eine richtige Entscheidung war?**

Ich bin mit einer totalen Euphorie rangegangen. Alles oder nichts. Das war auch richtig.

**Wie ist es, wenn du jetzt deine ehemaligen Mitschüler triffst?**

Neulich stand ich bei einer Ausstellung eines alten Freundes neben einer früheren Klassenkameradin. Die hat mir nur die ganze Zeit erzählt, wo sie mich überall gesehen hat. Das hat mich ziemlich genervt, weil sie mich nur auf den ungewöhnlichen Beruf reduziert hat, den ich nun mal habe. Bei manchen merke ich auch, dass sie nur deshalb mit mir sprechen, weil ich als Model arbeite. Das ist dann kein echtes Interesse an mir als Person.

**Jetzt hast du dein Abitur. Was möchtest du studieren?**

Früher wollte ich immer Innenarchitektin werden. Aber inzwischen bin ich mir da nicht mehr so sicher. Ich dachte auch immer, ich sei kreativ. Aber ich habe so viele kreative Menschen kennen gelernt und weiß jetzt gar nicht mehr, ob ich es wirklich selbst auch bin. Wenn bei mir nicht alles gleich flutscht, dann verliere ich die Lust.

**Vielleicht eine Folge dessen, dass du es als Model bisher extrem leicht gehabt hast?**

Kann sein, ich gebe immer zu schnell auf. Da muss ich noch lernen.

**Was möchtest du in zehn Jahren machen?**

Zum Mond fliegen!

Abgesehen davon habe ich neulich bei einem Managertraining mitgemacht. Das war ganz interessant. Jeder hat von sich erzählt. Da kam auch ganz viel von meinen Ängsten raus. Ich habe immer damit zu kämpfen: Mache ich alles richtig? Was ist morgen? Vielleicht auch Existenzängste.

Der Weg, den ich jetzt gehe, war ein Sprung ins kalte Wasser. Aber ich habe

auch viel gelernt. Auf bestimmte Art fordert der Job mehr von dir, als wenn du ein Studium machst. Manchmal beneide ich die Leute, die von Anfang an wissen, was sie wollen, und die ihren Weg gradlinig gehen. Aber das sind eben auch andere Menschen.

Aber ich habe auch noch eine Lektion zu lernen, weil ich noch keine Verantwortung für mich übernehmen möchte. Noch nicht. Jetzt habe ich erst mal das Abi in der Tasche. Es geht voran.

# ZU KLEIN, ZU DICK, ZU ALT, NICHT SCHÖN GENUG?

Du bist nicht die geborene langbeinige, grazile Schönheit?

Trifft die Überschrift dieses Kapitels eher auf dich zu?

Zieht es dich trotzdem vor die Kamera?

Und hast du Spaß an der Darstellung, vielleicht sogar am Schauspielern? Dann bitte weiterlesen, denn es gibt auch für Typen wie dich Jobs in der Werbung und beim Film.

Sieh dir die Anzeigen in den Zeitschriften an oder achte gezielt auf die Werbespots. Da siehst du Ärzte, Floristinnen, Banker, Anwältinnen, Großmütter, Apotheker. Die meisten von ihnen sind keine Models. Es sind ganz normale Menschen, die hin und wieder vor der Kamera stehen.

Keiner würde bei jemandem wie Cindy Crawford eine Versicherung abschließen. Und bei Sodbrennen möchte man sich auch nicht von Nadja Auermann beraten lassen. Die sind einfach zu schön dafür. Und die meisten Modelkollegen und -kolleginnen auch. Deshalb gibt es auch einen Markt für «Typen», «People» oder «Character».

## WIE KOMMST DU AN JOBS?

Einige so genannte People-Agenturen haben sich auf die Vermittlung von Nicht-Models spezialisiert. Ebenso gibt es Agenturen, die mit sehr großem Erfolg die dickeren Models vertreten. Der Markt für große Größen ist gerade in Deutschland am Aufblühen.

Diese Agenturen erfahren regelmäßig von den Jobs, bei denen «Normalos» wie du gesucht werden. Du kannst dich aber auch direkt an die Casting-Firmen wenden. Dort werden auf Video-Tapes alle Leute gecastet, die für einen Job infrage kommen. Auch die Casting-Büros haben ihre eigenen Karteien und machen sich die Mühe, geeignete Kandidaten einzeln anzurufen.

Adressen von People-Agenturen und Casting-Firmen findest du im Anhang dieses Buches. Wenn du also etwas moppelig geraten bist, irgendwie schräg aussiehst, schon etwas älter oder auch einfach ganz normal bist – vielleicht wirst gerade du gesucht!

## «WIR SUCHEN IMMER»: VICKI HINRICHS

Das Casting-Büro Hinrichs gibt es seit acht Jahren. Viele Menschen, die du in deutschen Spots spielen siehst, sind vorher im Studio von Vicki und Kathrin Hinrichs gecastet worden. Die Besetzungsliste liest sich wie ein abendlicher Werbe-Break im Fernsehen: Commerzbank, Fewa, Persil, Neckermann, Tchibo, Jacobs Kaffee usw. Vicki Hinrichs erzählt von Jobs für Nicht-Models.

**Wie viele Anfragen habt ihr im Jahr?**

Durchschnittlich drei Werbespots pro Monat.

**Wie viele Leute sind in der Kartei?**

Ungefähr 8000 Schauspieler und 2000 Kleindarsteller, also ungelernte Komparsen. Wir haben auch Zugriff auf alle in Deutschland organisierten Schauspieler und Models.

**Was für Menschen sind für euch interessant?**

Wir suchen speziell Typen für TV-Werbung. Wir haben oft Leute besetzt, die im Leben nicht daran gedacht hätten, dass sie infrage kommen. Wenn wir sie auf der Straße angesprochen haben, dachten sie erst mal, wir wollten sie veralbern.

**Macht ihr von jedem gleich ein Video-Tape?**

Nein. Wir brauchen aussagekräftige Fotos und einen Steckbrief, auf dem auch besondere Fähigkeiten stehen. Wenn wir einen Job haben, der auf das Anforderungsprofil zugeschnitten ist, dann melden wir uns. Wir wissen nie, was wir nächste Woche gerade suchen. Wir brauchten mal einen Tai-Chi-Meister. Das findet man nicht in der Kartei, sondern da muss man richtig recherchieren.

Jetzt suchen wir gerade jemanden mit einem echten Adelstitel und einem eigenen Schloss.

**Wenn eine Zahnarztfrau oder ein Arzt gesucht wird, muss das stimmen?**

Wir haben gerade einen Spot besetzt, da sitzt eine Frau am Computer und lädt sich den neuesten Zahnpflegemittel-Test herunter. Die hat noch nie etwas damit zu tun gehabt. Aber sie sieht authentisch aus.

**Was müssen die Leute mitbringen oder können?**

Erst mal müssen sie sehr viel Geduld haben. Und sie sollten sich gerne darstellen, leicht exhibitionistische Züge haben.

**Gibt es bestimmte Mindestanforderungen an das Aussehen?**

Sie dürfen gerne nicht schön sein, sollten aber irgendwie Charakter haben. Wir haben letztes Jahr einen Spot besetzt, da wurden vier hässliche junge Männer gesucht. Im Spot durfte die Erbschaft erst ausgezahlt werden, wenn diese vier unter die Haube gebracht waren. Die wurden für den Film dann noch extra hässlich geschminkt.

Charakteristische Gesichter können manchmal viel mehr transportieren, als es Schönheit vermag. Manche Kunden können sich viel besser mit jemandem identifizieren, der nicht so makellos ist, zum Beispiel schiefe Zähne hat.

**Hat sich das in den letzten Jahren verändert?**

Ja, das ist aus England zu uns gekommen. Bis vor ein paar Jahren war nur die perfekte Schönheit gefragt.

**Was bekommt man für einen Werbespot?**

Laiendarsteller bekommen zwischen 500 und 2000 Euro Tagesgage.

Und für die Rechte an der Ausstrahlung kommen nochmal 300 Prozent dazu. Aber man arbeitet eben nur sporadisch.

Man muss diese Jobs schon wie eine Art Abenteuerausflug betrachten. Man darf nicht erwarten, dass man davon leben kann. Das ist ein Extra-Taschengeld.

# DU UND DEINE AGENTUR

Wie sehr sich eine Agentur um ihre Models kümmert, ist ganz unterschiedlich.

Die berühmte New Yorker «Mutter aller Modelagenten», Eileen Ford, nahm die ganz jungen Models sogar in ihr Privathaus auf. Dort wurden sie behandelt wie Kinder, denen man gute Manieren und die richtige Einstellung zum Leben und zum Job beibringt.

Diese Art der Bemutterung gibt es heute nicht mehr. Aber wenn du mit 16 ganz allein ins Leben einer fremden Großstadt eintauchst, ist ein Booker mit fürsorglichen Eigenschaften sehr willkommen! Eine gewisse Verantwortung für dein neues Leben sollte eine gute Agentur schon übernehmen.

Normalerweise hast du einen festen Booker (oder Bookerin) in der Agentur, der dich betreut und dein Ansprechpartner ist. Er ist von jetzt an dein Manager und berät dich in allem, was deinen Job betrifft. Im besten Fall entsteht eine freundschaftliche Beziehung zwischen euch.

Zunächst mal brauchst du eine ganze Menge Unterstützung von deiner Agentur: Sie hilft dir, gute Fotos zu bekommen, macht dich mit Kunden bekannt, bringt dich auf den Markt.

Kurz gesagt: Sie bringt deine Karriere als Model ins Laufen. Dafür bekommt die Agentur 20 Prozent von allem, was du verdienst.

Am Anfang werden dich deine Booker mit ein paar Tipps versorgen, was dein Äußeres betrifft. Vielleicht solltest du doch nicht gerade in Birkenstock-Sandalen zu Kunden gehen? Und ist dein Haarschnitt richtig angesagt? Wie wäre es mit Fitness-Training? Würdest du mit ein paar hellen Strähnchen etwas frischer aussehen? Keine Angst, niemand will einen anderen Menschen aus dir machen. Aber dein Booker erkennt mit geübtem Blick, was in dir steckt und wie du dich besser präsentieren kannst. Manchmal sind diese Kleinigkeiten wichtiger als du denkst. Du musst seinen Ratschlägen nicht folgen wie ein Sklave. Aber denk ernsthaft darüber nach, was dir da ein Profi rät ...

Dein Booker wird mit dir daran arbeiten, wie man sich vor der Kamera bewegt. Linda von *Mega Models*: «Es ist vorgekommen, dass uns der Testfotograf während des Shootings anrief und sagte: Es klappt nicht, es kommt nichts Gutes dabei heraus. Das ist dann mühsam für den Fotografen und meist auch für das Mädchen. Schon an den Polaroids sieht man ja viel. ‹Ach, du lieber Himmel, da habe ich ja ein schiefes Gesicht. Das habe ich ja eigentlich gar nicht.›

> **CHRISTY (TURLINGTON) UND ICH HABEN EIN PRINZIP:**
> **FÜR WENIGER ALS 10 000 DOLLAR AM TAG STEHEN WIR GAR NICHT ERST AUF.** LINDA EVANGELISTA

Wir schicken bei den ersten Aufnahmen einen Booker von uns mit ins Studio. Der kann ihr dann zeigen, worauf sie achten sollte.

Auch wenn dann die Filme aus dem Labor kommen, sehen wir sie uns gemeinsam mit den Mädchen an. Wir erklären ihnen dann, was sie besser machen können. Man muss aber sehr aufpassen, sie nicht zu sehr zu kritisieren, dass sie dann entmutigt werden. Im Gegenteil! Wir versuchen sie in ihren Stärken zu unterstützen.»

Wo du hingehörst, wirst du schnell merken. Deine Agentur wird dich testen und mit dir zusammen rausfinden, wo deine Stärken liegen.

Aber behalte im Kopf, dass du auch in den Beruf reinwachsen wirst. Nach den ersten Jobs, bei denen du manchmal an dir zweifeln kannst, lernst du, mit den vielen unterschiedlichen Situationen, den verschiedenen Leuten und vor allem auch mit dir selbst umzugehen. Du wirst dir mehr zutrauen, sicherer werden – und vielleicht auch manches ausprobieren, wovon du früher nicht zu träumen gewagt hättest.

Das heißt zum Beispiel, dass dein Booker darauf achtet, wie Kunden auf dich reagieren. Wenn viele deine schönen Haare bewundern, wirst du häufiger für Frisurenfotos vorgeschlagen werden. Kommst du auf deinen ersten Modenschauen besonders gut an, wird dein Booker sich bemühen, dass dich die wichtigen Leute für Shows kennen lernen. Nach relativ kurzer Zeit wisst ihr, welche deine stärksten Seiten sind und in welchem Bereich du deinen Platz findest.

Für deine gesamte Karriereplanung kann das auch heißen, dass deine Agentur dich probeweise ein paar Wochen zum Beispiel nach London oder Paris schickt. Vertraue ihnen auch in dieser Hinsicht, denn sie wissen besser als du, wo dein Typ die besten Chancen hat.

## Kleine Agentur – grosse Agentur

Vielleicht hast du die Möglichkeit, bei verschiedenen Agenturen anzufangen, oder willst irgendwann wechseln. Eine kleine Agentur hat den Vorteil, dass du nicht so viel Konkurrenz innerhalb der Agentur hast und vielleicht mehr Aufmerksamkeit bekommst. Dafür kommt sie möglicherweise nicht an die ganz guten Jobs ran und kann dich nur bis zu einem bestimmten Punkt bekannt machen.

Eine große Agentur hat meistens die besseren Kontakte, bessere Jobs und kann dich mit mehr Macht auf den Markt bringen. Aber sie hat sehr viel mehr Models in ihrer Kartei und kümmert sich vielleicht nicht so intensiv um jede, wie es nötig wäre.

Ich habe zum Beispiel den Fehler gemacht, zu spät zu einer größeren, besseren Agentur zu wechseln. Ich hätte schon viel früher die besser bezahlten und angeseheneren Jobs haben können, als ich dachte.

In jedem Fall ist es gut, es erst mal bei der besten Agentur der Stadt zu versuchen. Wenn es nicht klappt – geh zur zweitbesten.

## Day to day

Egal, ob du gerade auf einem Job bist, einen Test machst oder dir zu Hause die Nägel feilst: Jeden Abend rufst du in deiner Agentur an. Dann erfährst du, ob du neue Buchungen oder Optionen hast. (Wenn sich ein Kunde noch nicht entscheiden kann, ob er dich bucht, oder der Termin noch unklar ist, macht er eine Option. Das heißt, vorsichtshalber reserviert er dich.)

In jedem Fall ist es gut, ein Handy zu haben, denn du solltest immer erreichbar sein. Es gibt Tage, an denen du fünfmal mit deinem Booker telefonierst. Und es gibt Abende, an denen du erfährst, dass du am nächsten Morgen um sechs Uhr nach Paris fliegst.

Wenn du eine Buchung hast, notierst du dir alle Details. Vor allem auch die Telefonnummer vom Kunden, falls du dich verspätest – was natürlich nicht vorkommen sollte – oder die Adresse falsch ist. Doch, doch, das ist möglich! Alle Einzelheiten schreibst du in deinen Kalender, vergiss lose Zettel. Die machen sich manchmal auf mysteriöse Weise selbständig. Und Booker hassen es, Infos zu wiederholen.

Sobald du Tage hast, an denen du aus triftigem Grund nicht arbeiten kannst, musst du diese deinem Booker mitteilen – wenn du zum Beispiel Trauzeuge bist oder deinen Geburtstag mit deiner Familie feiern willst. Eine normale Verabredung mit einer Freundin reicht normalerweise nicht. Wenn ein wich-

tiger Job kommt, geht der immer vor!

Kommentare, die Kunden über dich machen, gehen immer an die Agentur. Manches werden sie an dich weitergeben, aber nicht alles. Denn auch Kunden können launisch sein, oder die Chemie mit einem Model stimmt nicht. Oder die Buchung ist einfach falsch. Dann können Kunden auch sehr unfair sein.

Ich war einmal für einen Katalogjob nach Miami gebucht, zwei Wochen mit einem englischen Fotografen, den ich noch nicht kannte. Am ersten Tag stellte sich heraus: Alle Klamotten waren zu groß. Er beschwerte sich bei meiner Agentur, ich sei viel zu dünn, und wollte mich nach Hause schicken. Es gab viele aufgeregte Telefongespräche. Ich wollte das nicht akzeptieren, denn ich hatte genau die Maße, die auf meiner Sedkarte (siehe auch Seite 69) standen. Dann erzählte mir die nette Stylistin heimlich, dass dies ein Katalog für große Größen war und der Fotograf bei der Buchung nicht aufgepasst hatte. Nun wollte er mir den Ausfall und die Flüge nicht zahlen. Als das Ersatzmodel ankam, eine Größe 40, musste er das natürlich zugeben – und zahlen.

## Das «akademische Viertel»

Die häufigsten Beschwerden, die Agenturen von Kunden hören, kannst du leicht vermeiden:

Deutschland ist ein pünktliches Land. Wenn du um neun Uhr zum Job erwartet wirst, solltest du auch um neun dort sein. Falls dir die U-Bahn vor der Nase weggefahren ist oder der eigenwillige Wecker nicht geklingelt hat und du dich um mehr als eine Viertelstunde verspätest (das «akademische Viertel»), dann ruf unbedingt beim Kunden (oder der Agentur) an. Es gibt Fotografen, die sonst schon einen Ersatz anfordern. Dann kannst du den Job vergessen.

In anderen Ländern wird das sehr viel lockerer gehandhabt. Bei den Franzosen zum Beispiel heißt neun Uhr: nicht vor zehn Uhr. Es hat schon viele Models gegeben, die mit deutscher Pünktlichkeit um neun vor verschlossener Studiotür standen und sich fragten, ob der Job nicht doch am Freitag statt am Donnerstag war.

Zurück in Deutschland, muss man sich die zeitliche Lockerheit schnellstens wieder abgewöhnen, sonst gibt es auf Dauer Ärger mit der Agentur.

## «Entweder du fliegst, oder du fliegst»

Dein Booker sollte dich gerne vermitteln. Wenn du zu oft Jobs aus (vermeintlich) unwichtigen Gründen ablehnst, hat er keine große Lust mehr, etwas für dich zu tun.

Es sei denn, du willst gar nicht so viel arbeiten, sondern nur etwas Geld nebenher machen, zum Beispiel neben einem Studium. Das solltet ihr aber unbedingt absprechen, sonst gibt es Frust auf beiden Seiten.

Ganz deutliche Töne bekam vor ein paar Jahren eine Kollegin von mir zu hören, die gerade von einem längeren Job in Afrika zurückgekommen war. Sie sollte am nächsten Tag schon wieder nach Spanien fliegen. Das war ihr zu viel. Daraufhin sagte ihr Dorothee Parker (die Chefin der Agentur) knallhart: «Entweder du fliegst, oder du fliegst!» Sie stieg in den Flieger. Aber inzwischen haben die meisten Agenturen begriffen, dass man auch als Model seine Grenzen hat und ab und zu relaxen muss.

Ansonsten gilt: Lass deine Booker merken, dass du hungrig auf Jobs bist!

# DEIN WEG
# INS BUSINESS

## BLAUE SHOW

Ich hatte eine Buchung für eine Modenschau. Meine erste!

Eine Berliner Modefirma wollte ihre Sommerkollektion vorstellen. Man sagte uns Models, dass sehr viel Presse im Publikum sei und die Show für die Firma von großer Bedeutung. Wir sollten alles geben. Aber was konnte ich schon geben? Ich konnte nicht mal auf hohen Absätzen laufen! Bis dahin gab es für mich nur Turnschuhe oder Clogs.

Ich war unglaublich nervös. Im Zuschauerraum herrschte schon Unruhe. Bei uns hinter der Bühne, erzählten und lachten die Models miteinander, sie kannten sich alle. Keiner kümmerte sich um mich. Ich stand einfach rum und wusste nicht, wie ich mich verhalten sollte. Eigentlich sollte es um acht Uhr losgehen. Aber das Flugzeug der Redakteurin einer wichtigen Modezeitschrift hatte Verspätung. Also wurde gewartet. Und damit die Gäste nicht beleidigt waren, weil alle wegen einer so unglaublich wichtigen Redakteurin ausharren mussten, wurde Champagner ausgeschenkt. Auch wir Models sollten bei Laune gehalten werden und bekamen ein paar Gläser spendiert.

Der Champagner wirkte hervorragend. Noch ein Gläschen. Meine Anspannung ließ nach, immer mehr, verschwand fast. Noch ein Schluck. Die Ängstlichkeit verwandelte sich allmählich in Übermut. Und nochmal wurde nachgeschenkt. Um es kurz zu machen: Als um neun die Show endlich beginnen sollte, war ich überhaupt nicht mehr verschüchtert, dafür aber total betrunken.

Und raus auf die Bühne. Wir sollten die Kollektion tanzend vorführen. Meine Modelkolleginnen tanzten alle höchst anmutig über die Bühne. Und ich? Keiner merkte, dass ich nicht in hohen Schuhen laufen konnte. Das hier hatte mit Laufen gar nichts mehr zu tun, es war irgendetwas zwischen Tanzen, Stolpern und Taumeln, was ich da machte. Irgendwie erreichte ich sogar das Ende des Laufstegs und fand auch den Weg zurück. Aber bis heute weiß ich nicht, warum ich nicht vom Laufsteg gefallen bin. Nie wieder habe ich vor einer Show Champagner angerührt.

## TESTS, TESTS, TESTS

Es geht los! Jetzt tauchst du ein ins Leben der Models. Du wirst viele spannende Erfahrungen machen und auch viel lernen.

Als Erstes arrangiert deine Agentur Tests für dich. Das heißt, ein Fotograf wird die ersten professionellen Fotos von dir machen.

Und Fotos brauchst du jetzt ganz dringend. Sie landen in deiner Mappe, deinem «Buch». Damit stellst du dich später bei Kunden vor. Aber immer schön der Reihe nach:

Für die Agenturen sind die ersten Testfotos wichtig, weil sie daran sehen, wie du unter «richtigen» Bedingungen aussehen kannst.

Und für dich sind das die ersten Erfahrungen vor der Profi-Kamera. Das ist schon etwas anderes, als mal so eben lustige Fotos auf einer Party, Schnappschüsse mit Freunden oder Urlaubsbilder zu machen.

Jede Agentur hat spezielle Studios, mit denen sie gerne für Tests zusammenarbeitet. Häufig sind das bekannte Fotografen oder auch deren Assistenten, die auf dem Sprung sind, sich selbständig zu machen. Dafür brauchen sie dann eigene Bilder, obwohl sie noch keine Aufträge haben. Ein bereits professionelles Model für einen Tag zu bezahlen wäre zu teuer. Deshalb arbeiten sie gerne mit Anfängern zusammen, die noch nichts kosten.

Auch du solltest nichts zahlen müssen, nur das Filmmaterial. In Ausnahmefällen verlangt der Testfotograf ein kleines Honorar, aber das wird die Agentur dir auslegen, bis du die ersten Jobs hast und es zurückzahlen kannst.

Wenn jemand für Testfotos viel Geld von dir haben will – Vorsicht! Das ist wahrscheinlich ein unseriöser Zeitgenosse, der deinen Wunsch, Model zu werden, als Geldquelle missbraucht.

Bei Testfotos arbeiten in der Regel alle umsonst: du, der Fotograf, der Visagist, der Stylist. Denn alle haben etwas davon. Der Fotograf testet sein Licht, der Stylist Kombinationen von Klamot-

ten und Accessoires, der Visagist ein neues Make-up. Und du? Du probierst dich selber aus.

Für dich sind das gute Gelegenheiten, das Business kennen zu lernen und herauszufinden, wo dein Platz darin sein könnte und ob du dich in der Situation überhaupt wohl fühlst. Vielleicht dauert dir alles zu lange, oder dir fehlt die Energie, die du vor der Kamera aufbringen musst! Vielleicht fühlst du dich verunsichert und denkst, das kriegst du nie in den Griff.

Möglicherweise stellst du dabei fest, dass alles ganz anders abläuft, als du es erwartet hast, und dass du in den nächsten Jahren doch lieber etwas anderes machen möchtest. Oder du merkst, dass du dich schon ganz wohl fühlst, und bekommst eine Ahnung, was daraus werden könnte.

All das kannst du nicht wissen, bevor du es nicht ausprobiert hast. Nicht nur die Agentur muss herausfinden, ob du dich für den Job eignest, sondern auch du! Egal wie schön du bist – wenn du deine ganz speziellen Qualitäten nicht in die Kamera transportieren kannst, wird daraus nichts.

Die meisten Models lieben diese Testsituation, denn es gibt keinen Kunden, der Vorgaben macht. Keine Aufgaben, die zu erfüllen sind. Keinen Druck, etwas abliefern zu müssen.

Du musst keine Bedenken haben, weil du ein Anfänger bist. Jeder im Studio weiß, wie man sich dabei fühlt. Jeder Einzelne von ihnen war irgendwann im Leben in genau dieser Situation. Keiner erwartet von dir, dass du schon ein perfektes Model bist.

Alle wollen dasselbe: möglichst gute Fotos für ihre Präsentationsmappen. Und alle sind auf der Suche nach einem besonderen Stil, einem ungewöhnlichen Make-up, einer guten Idee für die nächsten Jobs. Die meisten neuen Foto- und Styling-Ideen entstehen nicht am Schreibtisch, sondern bei solchen Probeaufnahmen.

Das Shooting läuft fast genauso ab wie ein richtiger Job. Was genau dabei passiert, liest du im Kapitel «Arbeiten als Profi».

Ich fand Tests immer besonders lustig und locker. Man kann sich richtig ausleben mit Make-up, Klamotten, Bewegungen. Meine liebsten Fotos sind bei Tests entstanden. Einmal zückte der Visagist am Ende des Tages einen Wassersprüher und spritzte mir immer wieder Wasser ins Gesicht. Daraus entstanden die schönsten lachenden Fotos von mir.

Komischerweise mögen ganz viele Mädchen am Anfang keine Fotos von sich, auf denen sie lachen. Sie denken, man müsse lasziv oder etwas arrogant und abgehoben aussehen, unerreichbar sein. Aber genau das ist falsch. Die Kunden lieben einen fröhlichen, positiven Ausdruck, weil er einfach mehr Lebensfreude «verkauft». Und letzten Endes geht es im Modeljob vor allem ums Verkaufen.

Bei deinen ersten Tests solltest du möglichst viele verschiedene Gesichter von dir zeigen. Zuerst nur ganz wenig geschminkt und natürlich. Dann mit etwas mehr Make-up und am Ende vielleicht mit starkem Glamour-Make-up und hochgesteckten Haaren.

Bei den Fotos, auf denen du von Kopf bis Fuß zu sehen bist, müssen deine Figur und deine Proportionen zu erkennen sein. Versuche einfach, verschiedene Posen einzunehmen. Deine Crew im Studio wird dir dabei helfen. Probier dich aus. Frage im Studio alles, was du wissen willst. Lockere dich, fühle dich so frei wie möglich. Es kann riesig viel Spaß machen!

Du solltest darauf achten, dass du die Testfotos hinterher auch wirklich gebrauchen kannst. Mich hat mal ein (guter!) Fotograf zu einem Test eingeladen, bei dem ich auf allen Fotos in vielen verschiedenen Lichtstimmungen in einem Sessel sitzen sollte. Man konnte im Gegenlicht nur mein Profil erkennen – für das Buch völlig unbrauchbar. Ihm ging es offenbar nur darum, das optimale Licht für seinen Sessel zu finden. Als damit der ganze Tag vertan war, handelte ich mit ihm einen weiteren Test aus, nur für mich. (Den haben wir dann fairerweise auch gemacht, und die Fotos landeten auf meiner Sedkarte.)

Dein Booker sucht aus, auf welchen Fotos du am besten rüberkommst. Es kann sein, dass deine Agentur sie ganz super und vielversprechend findet. Vielleicht sind sie aber auch nicht so gut geworden wie erwartet. Das kann durchaus vorkommen. Sei nicht enttäuscht. Schließlich bewegst du dich auf Neuland, und da kann nicht alles gleich klappen. Das ist nicht deine einzige Chance, und mit einem einzigen Test ist es sowieso nicht getan. Ganz selten buchen die Kunden Newcomer mit nur drei Fotos im Buch.

Also: auf zum nächsten Test! Wenn der erste im Studio stattgefunden hat, wirst du jetzt vielleicht Fotos draußen, «auf Location», machen, damit es völlig anders aussieht und du eine neue Seite von dir zeigen kannst.

Im Studio musstest du dich erst mal daran gewöhnen, dass die vielen Blitze dich immer wieder geblendet haben. Jetzt irritiert dich vielleicht der Wind. Oder die Leute auf der Straße, die dir zuschauen. Versuche einfach, alles gelassen zu nehmen. Konzentriere dich auf das, was du tust. Damit bist du erst mal genug gefordert.

Jane, die heute erfolgreich in New York arbeitet, beschreibt ihre Erfahrungen so: «Ich habe zwar eine ganze Menge gelernt, aber nach drei Tests dachte ich: Das reicht erst mal. Jetzt muss es doch endlich losgehen! Ich war so ungeduldig, aber ich hatte keinen einzigen Job. Ich habe echt an mir gezweifelt. Die Agentur würde mich sicher gleich wieder rausschmeißen. Aber sie haben mich immer wieder beruhigt und zu den nächsten Tests geschickt. Die Hälfte davon landete im Papierkorb. Der ganze Aufwand – alles umsonst! Aber nach zwei Monaten kamen die ersten Buchungen. Es hatte sich doch gelohnt!»

Testfotos machst du nicht nur am Anfang deines Model-Daseins. Auch Vollprofis, die schon länger arbeiten und viel Geld verdienen, gehen für null Euro immer wieder zum Testen.

Warum? Das steht im nächsten Kapitel.

### DAS BUCH

Deine besten Testfotos landen in deiner Präsentationsmappe, deinem «Buch». Das ist ein schmaler Plastikordner mit dem Namen deiner Agentur darauf. Ein tolles Gefühl, wenn du ihn zum ersten Mal in den Händen hältst!

In deinem Buch sind viele zunächst leere Plastikseiten, die darauf warten, mit guten Fotos von dir bestückt zu werden. Und die Innentasche der Vorderseite wird bald mit deinen schönen neuen Sedkarten gefüllt werden. Aber ganz so weit sind wir noch nicht. Zunächst mal beäugt dein Booker kritisch die Tests, und vielleicht gibt er dir ein paar Ratschläge (mehr dazu im Kapitel «Schokoladebseiten»). Anhand des Kontaktbogens sucht er aus, was in die Mappe kommt. Auf einem Kontaktbogen sind alle Fotos eines Films zu sehen, allerdings ziemlich klein. Die ausgewählten Bilder werden dann auf das Format des Buches vergrößert, auf 24 x 30 Zentimeter. Jetzt füllen sich die ersten Seiten.

Selbst wenn du nicht so ganz damit einverstanden bist, solltest du die Auswahl deines Bookers akzeptieren. Er weiß, wie er dich am besten präsentieren kann und was die Kunden sehen wollen. Mit deiner Meinung solltest du dich am Anfang weitgehend zurückhalten. Er ist der Experte und hat die nötige Erfahrung. Vertraue ihm!

Später, wenn du schon gearbeitet hast und Bilder von dir in Zeitschriften erschienen sind, freut sich dein Buch

über die zusätzlichen Seiten. Diese Veröffentlichungen nennt man auch «tear sheets» (aus dem Englischen: «ausgerissene Seiten»). Mehr und mehr werden «tear sheets» deine Testfotos ersetzen. Arbeitsbeweise sind viel wert. Die Kunden sehen das als ein Zeichen für Professionalität und Erfahrung.

Ausnahmen bestätigen die Regel: Die Model-Bookerin einer großen deutschen Zeitschrift antwortete mir auf die Frage, welches Model ihr das liebste sei: «Immer das jüngste und frischeste. Am besten ist es, wenn sie hinreißend aussieht und überhaupt noch nichts gemacht hat.» Wie gesagt, das kommt sehr selten vor.

Als Model wirst du gebucht wegen deines Aussehens. Wegen deiner Einmaligkeit. Jeder Mensch hat etwas nur ihm Eigenes. Und bei Models muss das spezielle Aussehen genau mit den Bedürfnissen der Kunden übereinstimmen. Die Modefirma möchte ihre neue Kollektion an einem rassigen Typ zeigen, das Collier der Diamantendynastie gehört auf ein edles Dekolleté, die Modezeitschrift braucht für die Gymnastikübungen ein sehr sportliches, biegsames Mädchen, und der Kosmetikkonzern hätte gerne, dass die Bodylotion über einen schönen, zarten Rücken fließt.

Deine Fotos zeigen dem Kunden, wie du aussiehst oder aussehen könntest.

Man mag es kaum glauben, aber die Erfahrung zeigt, dass die Kunden und Artdirektoren nur ein begrenztes Vorstellungsvermögen haben. Sie buchen dich immer gerne für etwas, das sie möglichst ähnlich schon in deinem Buch sehen. Das geht nicht nur Models so, sondern allen Beteiligten. Dazu der Fotograf Joachim Baldauf: «Ich hatte mal ein Oben-ohne-Cover in meinem Buch. Das war wie eine Kettenreaktion. Danach kamen immer und immer wieder solche Anfragen. Hast du einmal so ein Foto in deinem Buch, dann machst du das immer wieder. Du musst alles, was du machen willst und kannst, in dein Buch packen. Wenn ein Model keine Nacktfotos machen will, darf es so was nicht in seinem Buch haben.»

Deshalb musst du mit deinem Booker sehr genau besprechen, wie du gestrickt bist. Was du gerne machen würdest und was auf gar keinen Fall. Je genauer er das weiß, desto besser werdet ihr zusammen arbeiten können.

Mit der Auswahl der Fotos kann man also sehr gut steuern, was für Jobs man bekommt. Alles, was besonders gelungen ist an dir, sollte im Buch erkennbar sein.

Wenn der liebe Gott dich mit besonders schönen Haaren ausgestattet hat: Sieh zu, dass du sie im Buch zeigen kannst. Ist dein Bauch ein röllchenfreies, muskulöses Wunderwerk – her mit dem Bikinifoto! Verbergen deine Lippen eine perfekte Reihe Zähne – gib uns dein Zahnpastalachen!

Von allen Veröffentlichungen solltest du dir gleich mehrere Exemplare besorgen, bei besonders guten mindestens fünf. Die brauchst du nicht nur für das Buch, das du mit dir herumträgst, sondern auch für die Bücher deiner Agentur. Häufig kommen Anfragen aus anderen Städten. Oder du bist gerade nicht da, wenn jemand sich für dich interessiert. Dafür hat die Agentur ein oder zwei Extrabücher, die dann verschickt werden. Außerdem gehst du sicher irgendwann ins Ausland, und auch dort braucht dein Agent gutes Material von dir. Abgesehen davon: Es ist nicht ausgeschlossen, dass du auch mal die Agentur wechselst. Dann ist es in jedem Fall gut, ein paar Fotos in Reserve zu haben.

Solltest du Originaldias haben: Gib sie nie, nie, nie aus der Hand (außer zum Drucker für deine Sedkarte)! Mir hat mal jemand in einer Werbeagentur, bei der ich mich vorgestellt hatte, einen ganzen Kasten meiner besten Dias verschlampt. War ich sauer!

Von allen guten Fotos lässt du Abzüge im Format 24 x 30 cm oder Laserkopien machen, die werden auch akzeptiert. Wenn kurz hintereinander sehr gute Editorials (redaktionelle Bilder in Zeitschriften) von dir erschienen sind, kann sich dein Buch von heute auf morgen total verändern. Vielleicht hast du aber auch ein superschönes Bild von dir, das sich mehrere Jahre lang hält. Zum Beispiel, wenn kein vergleichbar besseres entsteht und du immer noch genauso aussiehst wie auf dem Foto.

Das Buch sollte mindestens sechs, aber nicht mehr als 20 Fotos zeigen, sonst erschlägst du die Kunden mit dem Überangebot.

Übrigens: Du kannst dir gar nicht vorstellen, in welchem Zustand manche Bücher sind. Abgeknickte Ecken, Zettel darin, Reste von Make-up auf dem Cover. Das schreckt jeden Kunden ab! Gehe mit deinem Buch also pfleglich um, es ist deine Visitenkarte und soll dir Türen öffnen. Genauso wie:

## DIE SEDKARTE: BEST OF YOU

Sobald du genügend gute Bilder hast, wird deine Agentur eine Sedkarte zusammenstellen. Das ist eine Karte im Format DIN A5, auf der man eine kleine Auswahl deiner besten Fotos sieht.

Auf der Vorderseite prangt dein Gesicht ganz groß, auf der Rückseite (oder den nächsten Seiten, wenn sie aufwändiger ist) sind mehrere kleinere Fotos, auf denen deine Figur zu erkennen sein muss. Außerdem stehen deine Größe, dein Brust-, Taillen- und Hüftumfang darauf, ebenso deine Schuhgröße und die Farbe deiner Haare und Augen. Die Kunden müssen diese Informationen haben, damit

sie dich richtig einordnen können und sehen, ob du ihren Anforderungen entsprichst.

Nur Super-Models wie Claudia Schiffer brauchen keine Zentimeter mehr auf der Karte anzugeben, da zählt nur die Persönlichkeit. Inzwischen weiß jeder, dass sie eine Traumfigur hat, an der alles super aussieht.

Es gibt verschiedene Versionen von Sedkarten:

Die «normale» Karte wird von einer Druckerei hergestellt und kostet ungefähr 0,50 Euro pro Stück, bei einer Auflage von 1000 Stück. Das hört sich nach viel an, aber meistens reichen sie nicht länger als ein halbes Jahr. Müssen sie auch nicht, denn du solltest möglichst oft eine neue Sedkarte machen lassen, auf jeden Fall aber dann, wenn du deinen Look änderst oder schöne neue Veröffentlichungen erschienen sind. Je aktueller die Fotos sind, desto besser.

Deshalb gibt es immer häufiger «Lasercards». Sie sind in der Bildqualität nicht so perfekt wie eine gedruckte Karte, dafür aber viel billiger. Viele Agenturen können sie inzwischen selbst am Computer herstellen. So ist es ganz einfach, mal eben zehn ganz frische Karten mit den neuesten «tear sheets» auszudrucken und am selben Tag rauszuschicken.

Mega✛

Mega✛

Mega Model Agency
Kaiser-Wilhelm-Strasse 93
D-20355 Hamburg
Phone +49.40.355 220-0
Fax +49.40.355 220 22
women@megamodelagency.com
www.megamodelagency.com

# Christina Kruse

**height** 5'10.5" | 179
**bust** 35 | 89
**waist** 23.5 | 59
**hips** 35 | 89
**shoes** 9.5 | 41
**hair** blonde | blond
**eyes** blue | blau

Dein Booker stimmt mit dir ab, wann Zeit ist für eine neue Version, denn sie geht auf dein Konto. Bis sich genügend Euro bei dir angehäuft haben, zahlt die Agentur die ersten Rechnungen für dich.

Die meisten deiner Sedkarten bleiben für den Versand in der Agentur, ein kleines Päckchen nimmst du für den persönlichen Einsatz mit nach Hause.

Ungefähr zehn bis zwanzig sollten in der Innentasche deines Buches stecken. Wann immer du zu Kunden gehst, lässt du eine Karte da. Sie ist die wichtigste Buchungsunterlage. Denn wie sonst soll sich der arme Kunde an alle fünfzig Mädchen erinnern, die sich am selben Tag bei ihm vorstellen?

Behandle deine Sedkarten wie dein Buch: sehr, sehr sorgsam.

## GUTE FOTOS – SCHLECHTE FOTOS: GIGI KONEN

Gigi Konen haben wir schon kennen gelernt. Sie war früher Model und arbeitet heute als Stylistin. Sie ist häufig dabei, wenn Models ausgewählt werden.

**Wie denkst du heute, wenn du Sedkarten oder Modelbücher in die Hand bekommst?**

Wenn die Karte zum Beispiel viele Seiten hat, ich aber nie ein Lächeln sehe, gehe ich davon aus, dass das Mädchen nicht lachen kann. Oder nicht lachen sollte, weil es dabei vielleicht nicht so gut aussieht oder sie keine schönen Zähne hat. Wenn ich dann aber ein Mädchen brauche, das lachen können muss, nehme ich ein anderes. Also kann auch das, was man *nicht* auf der Karte sieht, entscheidend sein.

**Wie entscheidet sich ein Kunde für oder gegen ein Model?**

Wenn wir Modelbücher ansehen, weiß ich heute: Die Entscheidung, ob ein Mädchen gebucht wird oder nicht, hängt nicht an den besten Fotos. Die Entscheidung für das Aus ist immer das schlechteste Foto auf der Karte. Oft sage ich zu den Mädchen: Dieses Foto würde ich rausnehmen. Dann sagen sie – ein Fehler, den ich selbst auch oft gemacht habe –: Das Foto soll drinbleiben, weil es das einzige ist, auf dem ich z. B. lache oder springe. Aber genau das ist falsch. Denn das ist offenbar eine Seite von dir, die du entweder noch nicht gut beherrschst oder die noch nicht gut fotografiert worden ist. Wenn du zeigst, dass du springst, und das schlecht, ist das ein Makel.

Wenn man dich im ganzen Buch nur von deiner Schokoladenseite sieht, wirst du erfolgreicher, als wenn du die anderen schlechten oder nicht so guten Seiten auch noch zeigst.

# Go-Sees
# und Castings

## Standby am JFK

Passagierhalle am John F. Kennedy Airport in New York. Eine Familie hat seit drei Tagen auf dem Fußboden geschlafen. Sie sind alle unausgeschlafen und übermüdet. Seit drei Tagen warten sie auf einen Standby-Flug: Vater, Mutter, Kinder und die vierzehnjährige Tochter Kate.

Es gibt Menschen, die haben «das Auge». So nennt man die Fähigkeit, unter Millionen von Menschen diejenigen zu erspähen, die Millionen machen können. Sarah Doukas, Chefin der Londoner Modelagentur *Storm*, hat das Auge.

Auch sie wartet am JFK auf einen Flug, wie immer telefonierend. Sarah beendet das Gespräch, dreht sich um – und ihre Augen bleiben an einem dünnen Mädchen in der Schlange vor ihr hängen. Sarah spricht sie an. Ob sie schon mal daran gedacht hätte, Model zu werden. Kate denkt an ihre dunklen Augenringe und antwortet: «Was? Wollen Sie mich verarschen?»

Dennoch schaut Kate Moss einige Tage später bei der Agentur vorbei.

Für die Modeindustrie ist sie ein Geschenk Gottes, für eine ganze Generation von Models ein Vorbild geworden.

Aber das ist nicht die ganze Geschichte. Kate ist drei Jahre lang von Go-See zu Casting zu Go-See gezogen, bevor sie angefangen hat, als Model Geld zu verdienen.

## Go-Sees

Nun hast du alle Voraussetzungen, um wirklich als Model zu arbeiten: eine Agentur, ein Buch, die Sedkarte und – dich! Du kannst stolz sein, du hast schon die ersten Schritte getan, und dein Booker schickt dich ins Rennen.

Zunächst mal müssen die Kunden merken, dass es dich gibt. Sie müssen dich kennen lernen. Deine Agentur macht für dich Termine mit Redakteuren, Fotografen, Designern und Werbeagenturen, also mit den Leuten, die zu entscheiden haben, wer jetzt oder irgendwann später für ihre Jobs gebucht wird.

Diese Termine nennt man «Go-Sees» (gehen und sehen).

Dabei geht es häufig nur darum, dass der Kunde sich einen persönlichen Eindruck von dir macht, auch wenn er vielleicht im Moment keinen Job zu vergeben hat. Aber er *könnte*, irgendwann einmal …

Deine Go-Sees erfährst du am Tag vorher von deinem Booker. Jeden Nachmittag zwischen 17 und 18 Uhr rufen alle Models in ihrer Agentur an und erkundigen sich nach Neuigkeiten: Buchungen, Go-Sees und Castings (darüber mehr im nächsten Abschnitt). Davon gibt es meistens mehrere am Tag, das kann in einen richtigen Marathon ausarten. Plane deinen Go-See-Tag großzügig. Sieh dir auf dem Stadtplan genau an, wie weit die Wege sind.

Tipp: «Falk-Pläne» sind die besten, weil darin nicht nur Straßen, sondern auch U- und S-Bahn-Systeme auf derselben Karte eingezeichnet sind!

Plane Pausen mit ein, du bist wahrscheinlich den ganzen langen Tag auf den Beinen. Deshalb solltest du deine High Heels zu Hause lassen und deine Füße mit flachen, bequemen Schuhen verwöhnen. Pack eine Flasche Wasser ein und vielleicht auch kleine Snacks, Müsli-Riegel oder Ähnliches. Und das Wichtigste: dein Buch inklusive Sedkarten.

Sei möglichst bei allen festen Terminen ein paar Minuten früher da. Zeige, dass du zuverlässig und pünktlich bist. Wenn du schon beim Go-See zu spät kommst, rechnet der Kunde damit, dass du auch mit seiner Buchung so schlampig umgehst. Also bucht er lieber eine andere.

Für die meisten Go-Sees werden offene Zeitspannen angegeben, man erwartet dich zum Beispiel zwischen 10 und 12 Uhr. Und nicht nur dich, sondern alle Models von allen Agenturen der Stadt, die angefragt worden sind.

Du wirst also meistens auf viele, viele andere Kolleginnen und Konkurrentinnen treffen. Alle warten im selben Raum, und alle wollen dasselbe: einen Job. Das ist eine der unangenehmsten Situationen überhaupt, so Auge in Auge mit der Konkurrenz.

Alle sind ein bisschen aufgeregt und nervös, zumindest die «Frischlinge». Irgendwann gewöhnt man sich daran, aber am Anfang geht es auf die Nerven. Manche Mädchen kennen sich schon und tauschen die Erlebnisse ihrer letzten Jobs und Reisen aus, was ganz interessant sein kann. Die anderen mustern sich mehr oder weniger verstohlen, schätzen sich ab, vergleichen. Auch du versuchst, deine Chancen zu peilen. Ist da eine viel schöner? Viel größer? Hat sie dickere Haare? Einen volleren Mund? Wie sind ihre Beine? Diese Gedanken gehen durch alle Köpfe, auch durch deinen. Es macht dich unsicher. Immer ist jemand da, der dir besser geeignet erscheint!

Du machst es dir leichter, wenn du deine Nase in ein mitgebrachtes Buch

gerade mal fehlt. Auch wenn es vorher kategorisch heißt: kein Make-up, habe ich die Erfahrung gemacht, dass diese kleinen Hilfsmittel immer akzeptiert werden und dich ein wenig besser aussehen lassen. Vor allem auf Polaroids.

**WENN ICH MORGENS AUFWACHE, SEHE ICH AUCH NICHT AUS WIE CINDY CRAWFORD**

CINDY CRAWFORD

steckst, das dich fesselt. So kannst du diese Gedanken, die dich nur verunsichern, einfach ignorieren. Glaube mir, du wirst viel klarer sein, viel mehr «bei dir», wenn du dann endlich zum Kunden hereingerufen wirst. Denn dann solltest du möglichst natürlich, locker und selbstbewusst auftreten. Und auf keinen Fall denken, das klappt ja doch nicht.

Wenn überhaupt, trage nur ein leichtes Make-up. Die Kunden sollen sehen, was andere aus deinem Gesicht machen können, nicht, was *du* machen kannst. Leichtes Make-up kann heißen: Wimperntusche, etwas Abdeckstift unter den Augen (falls du dunkle Schatten hast), farbloser oder dezent getönter Lipgloss. Ein Hauch Rouge mogelt dir Frische ins Gesicht, falls sie

Polaroids werden bei den meisten Go-Sees gemacht, damit der Kunde sich hinterher an dich erinnert. Nur mit der Sedkarte, die er ebenfalls behält, ist das manchmal gar nicht so leicht. Es gibt Mädchen, die auf den Bildern ihrer Karte kaum wiederzuerkennen sind. Die Kunden möchten meist auch deine Figur sehen oder sie zumindest erahnen. Deshalb solltest du keine zu weiten Pullis oder Baggy-Hosen anhaben, die alles verbergen.

Linda von *Mega Models*: «Wenn wir bei einer Anfängerin sehen, dass sie sehr schöne Beine hat, kann es vorkommen, dass wir sagen: Was läufst du immer in Hosen herum? Geh gepflegt zu den Kunden. Und zeig, dass du Schönheit verkaufst!»

Irgendwann fragst du dich: Wieso

gehe ich überhaupt dahin? Die können doch mein Buch und meine Sedkarte auch ohne mich anschauen.

Falsch! Es kommt sehr darauf an, was du für ein Mensch bist, welche Ausstrahlung du hast, ob du dich bewegen kannst, was man aus dir machen kann. Das spielt eine sehr viel größere Rolle, als die meisten denken.

Dazu der Kommentar der Bookerin einer Modezeitschrift:

«Die Persönlichkeit ist uns sehr wichtig. Zu uns kommen so viele wunderschöne Mädchen. Und dann sitzen sie in meinem Büro und sagen kein Wort. Ich schaue mir ihr Buch an, und sie starren nur an die Wand oder ziellos im Raum umher. Sie signalisieren mir, dass sie am liebsten ganz woanders wären. Überall, nur nicht hier. Ich will schon eine gewisse Energie spüren. Wenn ein Mädchen hier so desinteressiert herumsitzt, dann kann ich mir nicht vorstellen, dass sie im Studio beim Fotografieren fröhlich, aktiv, lebendig und voller Power ist.

Wenn ich aber das Gefühl habe, dass sie gerne hier ist, sich wohl in ihrer Haut fühlt und ihren Job liebt, dann denke ich ganz anders über sie und ihre Fotos.»

Also, versuche mit den Kunden einfach frei und offen zu sein. Die meisten sind sehr nett, und es ist ganz einfach, mit ihnen ein bisschen Small Talk zu machen. Hauptsache, du antwortest nicht nur mit Ja und Nein. Es kommt sowieso nicht darauf an, *was* du sagst, sondern *wie* du es sagst, solange du dieselbe bleibst, die du immer bist. Versuche bloß nicht, eine Rolle zu spielen, dich selbst zu verleugnen. Das natürliche Mädchen, das du auch bei deinen Freunden bist, ist schon ganz in Ordnung.

Ein Fotograf erzählte mir von einem Casting in seinem Studio. Es liegt in einem Hinterhof, und durch ein Fenster ist der Weg von der Straße einsehbar. Er beobachtete ein Model auf dem Weg zu seinem Casting. Sie bog um die Ecke, kramte aus ihrer Tasche Pumps hervor, zog die Turnschuhe aus und stieg in die High Heels. Damit stöckelte sie in Richtung Studio. Die Show war enttarnt. Dumm gelaufen!

Manchmal kann es aber sehr hilfreich sein, hohe Schuhe dabeizuhaben, etwa wenn du zu einem Vorstellungstermin für eine Show eingeladen bist. Dann möchte der Designer vielleicht sehen, wie du läufst, und du musst auf hohen Absätzen auf und ab gehen. Da ist es schon sehr angenehm, die eigenen dabeizuhaben, die dir auch wirklich passen. Aber bitte im Rucksack transportieren und nicht an den Füßen!

Es kann auch sein, dass du ein paar

Teile anprobieren sollst. Der Kunde will wissen, ob deine Figur und dein Typ zur Kollektion passen.

Ein guter Tipp: Beobachte die Reaktion der Kunden auf deine Fotos. Du wirst merken, dass ein Foto besonders gut ankommt, ein anderes vielleicht überhaupt nicht. Wie schnell wird geblättert? Wo bleibt der Blick hängen? So siehst du, was du vielleicht aus deinem Buch herausnehmen oder welche Richtung du verstärken solltest. Sprich auch mit deinem Booker darüber, denn er bekommt meist nicht so genaue Rückmeldungen zu deinem Material.

Einen Fehler machen viele Models immer wieder, aber du wirst ihn hoffentlich vermeiden: abwertende Kommentare über das Buch machen wie: «Dieses Foto mochte ich eigentlich noch nie.» Oder: «Ach, das haben wir nur so nebenbei gemacht.» Oder: «Ich würde es gerne rausnehmen, aber mein Booker will es unbedingt drinhaben.» Das kommt nicht gut! Steh zu deinen Fotos, sei stolz auf sie! Wie soll der Kunde sie mögen, wenn du sie ablehnst?

Kommen wir zu den Kunden. Wie gesagt, sind die meisten sehr nett. Aber leider nicht alle. Bleib möglichst freundlich, auch wenn es dir schwer

fällt. Ein paar Beispiele für mieses Kundenverhalten:

- Er fragt dich nach deiner Größe und deinen Maßen, obwohl alles auf der Karte steht. (Einfach antworten, wahrscheinlich fällt ihm kein anderes Gesprächsthema ein.)
- Er blättert lustlos dein Buch durch, sieht kaum hin oder überspringt gleich ein paar Seiten. (Es ist nicht sein Tag, oder er hat absolut kein Interesse an deinem Typ. Kann beim nächsten Mal ganz anders sein. Für heute: Vergiss es.)
- Sie kommentiert ein ganz neues Foto spitz mit den Worten: Ach, das ist wohl schon älter? (Entweder bringt sie hier etwas durcheinander, oder sie ist eine Zicke. Höflich erklären, dass das Foto gerade letzte Woche entstanden ist.)

Ich habe einmal einen ganz blöden Fehler gemacht. Bei einem Test entstanden sehr schöne Bilder, auf denen ich eine Zigarette in der Hand hielt und lasziv rauchte. Ein Foto davon landete in meinem Buch. Als es eine Kundin durchblätterte, war ihr Kommentar: «Ach, eine Zigarette. Und was schließen wir daraus?» Ich verstand gar nicht, was sie meinte. Sie erklärte mir, dass ich laut Gesetz mindestens dreißig sein müsste, um auf Werbefotos zu rauchen. Das hatte ich nicht gewusst. Ich zeigte ihr meinen Ausweis, um zu beweisen, dass ich gerade mal 23 war. Sobald ich ihr Büro verlassen hatte, flog das Foto aus dem Buch!

Wundere dich nicht, wenn der Kunde minutenlang schweigt, dann ein knappes «Danke» sagt und du schon wieder draußen bist. Oder es eine halbe Stunde dauert und du ein Outfit nach dem anderen anprobieren sollst.

Was auch immer bei einem Go-See passiert: Bleib cool. Nach einer Weile wirst du darin Routine bekommen und mit der Zeit ein gesundes Selbstver-

trauen entwickeln. Entspannt und freundlich sein. Auch bei Go-See Nr. 10 am Tag. Das ist Teil des Jobs.

Selbst Models, die bereits gut arbeiten, stellen sich immer wieder vor. Wenn es beim ersten Termin nicht klappt, vielleicht beim zweiten oder dritten. Das ist häufig Glückssache. Auch wenn du aus dem Ausland zurückkommst, machst du noch einmal die Runde. Du bist gereift, siehst anders aus, hast mehr Erfahrungen.

Die Mode ändert sich, du änderst dich. Heute bekommst du ein «Nein», morgen ein «Super».

## GO-SEE BEIM *OTTO-VERSAND*: SARAH RISSEN

Sarah Rissen ist eine der wichtigsten Personen in der Branche. Sie leitet die Abteilung Model-Booking beim *Otto-Versand*.

*Wie viele Models buchen Sie pro Saison?*
Für den Hauptkatalog, den «Apart»-Katalog und alle anderen Spezialkataloge: schätzungsweise 100 – 150.

*Wie viele Models stellen sich bei Ihnen vor?*
Wir haben jeden Tag Go-Sees. Da kommen jeweils bis zu acht Mädchen zu uns ins Haus. Macht übers Jahr gerechnet etwa 2400.

*Worauf achten Sie bei den Buchungen für den Hauptkatalog?*
Weiblichkeit. Sympathie. Das müssen ganz freundliche, offene Fotomodelle sein. Fotogenität, gute Ausstrahlung, gute Bewegung.

*Da kann man doch viel manipulieren. Bei einem Mädchen sind auf einem Film 30 gute Aufnahmen, bei einer anderen sind es nur zwei. Können Sie das wirklich beurteilen?*
Wir haben schon irre Sachen erlebt. Ein tolles Buch – und bei der Produktion wirkte das Mädchen ganz anders. Hinterher stellte sich heraus, sie hatte das Buch ihrer Schwester geschickt. Natürlich kann man schummeln: Wir können uns nur ab-

sichern, wenn wir das Mädchen persönlich sehen.

Der persönliche Eindruck ist ganz, ganz wichtig. Da sehen wir, wie jemand sich bewegt.

**Können Sie Ihre Kriterien beschreiben?**

Das ist ganz unterschiedlich. Wenn wir für den Apart-Katalog jemanden suchen, sind die Mädchen ganz andere als für die Young Fashion im Hauptkatalog.

Der Apart-Katalog ist immer hochwertiger, elitärer, spezieller und auch teurer. Und die Models sind auch schon etwas älter.

**Wie alt ist «älter»?**

Ich kann nur sagen, wie alt sie aussehen sollen. Sie sollen wirken wie Ende zwanzig. In der Realität sind sie dann eher Anfang, Mitte zwanzig.

**Können Sie den Typ beschreiben?**

Es gibt eine bestimmte Philosophie, die dahinter steckt. Sie müssen feminin wirken, Größe 36 bis 38 haben, auch ein bisschen Busen. Das ganz Dünne kommt bei uns überhaupt nicht an. Auch wenn der Trend zwischendurch ein anderer war. Wir haben es ausprobiert, im jungen Segment beispielsweise. Aber die extrem Dünnen kommen beim Kunden nicht so gut an.

**Was sollte ein Model, das sich bei Ihnen vorstellt, im Buch haben?**

Wir achten nicht darauf, ob sie schon für andere Kataloge gearbeitet hat. Es müssen aktuelle Fotos im Buch sein. Alte Sachen mögen wir überhaupt nicht. Dann möch-

ten wir Ganz-Figur-Bilder haben. Damit wir auch die Beine sehen können. Wenn wir natürlich jemanden für Wäsche- oder Badeaufnahmen suchen, müssen wir auch Oberweite sehen. Zumindest ein Polaroid. Wenn eine richtige Anfängerin kommt, die nur ein paar Tests in ihrem Buch hat, muss man sehr individuell entscheiden. Es gibt Fotografen, denen wir ein so junges Mädchen anvertrauen können. Der weiß, wie er mit ihr arbeitet, und wir vertrauen ihm. Es gibt andere Fotografen, die haben nicht diese Muße, da muss einfach ein Vollprofi her.

**Ist es wichtig, wie ein Model beim Go-See angezogen ist?**

Überhaupt nicht. Es gibt ja Models, die aus Osteuropa kommen und ein anderes Modeverständnis haben. Sie müssen «sauber und gepflegt» sein. Denn das ist nicht nur bei uns, sondern auch beim Team der Eintritt. Die Chemie im Team muss stimmen.

**Sollen sich die Models komplett ohne Make-up vorstellen?**

Ein bisschen Make-up soll schon sein. Es soll aber natürlich aussehen.

**Wenn sich ein Mädchen bei Ihnen vorstellt, wie lange dauert es, bis Sie wissen: Die will ich oder die will ich nicht?**

Ein bis zwei Minuten. Wir sehen es schon, wenn sie reinkommt. Ich habe so einen Scanner-Blick. Der geht rauf und runter, und dann weiß ich ziemlich schnell, wer bei mir infrage kommt. Und auch für welchen Katalog und für welche Warengruppe.

Man muss immer Verschiedenes bedenken: zum einen, dass die Auswahl immer
Geschmackssache sein kann. Artdirektoren können einen ganz anderen Geschmack als Fotografen haben. Zum anderen, dass wir es mit Menschen zu tun haben. Es kann sein, dass wir hier ein ganz
fröhliches Mädchen zum Go-See erleben.
Wir finden sie ganz entzückend. Dann geht
sie zum Shooting – und da stimmt etwas
nicht. Sie ist plötzlich überhaupt nicht
mehr so fröhlich und witzig. Menschen
verändern sich, haben Launen und Stimmungen. Das muss man verstehen.

Von meinen Models wurden bisher glück-
licherweise nur wenige Mädchen nach
Hause geschickt. Klar, das hat es auch
schon gegeben. Aus den letzten drei, vier
Jahren kann man das aber an einer Hand
abzählen.

Zum Beispiel eine ganz andere Haarfrisur.
Ich buche sie mit langen braunen Haaren,
und sie kommt mit kurzen blonden. Oder:
extrem zugenommen. Das passiert sogar
ziemlich oft. Es wäre dann besser, vorher
zu sagen, dass man diese Produktion nicht
annehmen kann.

## CASTINGS

Eng verwandt mit den Go-Sees sind
die Castings. Das sind ebenfalls Vorstellungstermine, aber es gibt einen
wesentlichen Unterschied: Während
die Kunden bei Go-Sees oft nur mal sehen wollen, wer gerade neu in der
Stadt ist, geht es hier immer konkret
um einen Job.

Normalerweise erfährst du von deiner
Agentur, um was für eine Anfrage es
sich handelt und was der Kunde sehen
will: deine Haare, Hände, deinen Rücken oder überhaupt alles an dir.
Wenn du das weißt, kannst du davon
ausgehen, dass du auch infrage

kommst, sonst würde dich dein Booker gar nicht erst hinschicken.

Wundere dich nicht, wenn du zu Kunden geschickt wirst, bei denen du
schon warst oder für die du sogar gearbeitet hast. Jeder Job ist anders. Jedes
Mal wird auf andere Eigenschaften,
Merkmale oder Fähigkeiten geachtet.
Vielleicht ist dieses Mal auch der Auftraggeber einer Werbekampagne dabei, der sich selbst ein Bild machen
und mitreden will.

Schon auf dem Weg zum Casting
denkst du an die vielen Euro, die dir
entgegenlachen. In deiner Fantasie
siehst du dich bereits in der Anzeige

oder auf den redaktionellen Seiten einer Modezeitschrift.

Und so geht es allen, die zum Casting eingeladen sind. Der Konkurrenzdruck ist noch größer als bei den Go-Sees. Jedes Model weiß, worum es geht, und jede will den Job. Genau wie bei Go-Sees kommen so viele wie möglich. In Miami gab es im letzten Jahr ein Casting, bei dem 176 Models auf einen einzigen Job hofften. Branchenjargon für so etwas: Viehauftrieb.

Auch hier gilt: Lass dich nicht beirren, schon gar nicht verunsichern von den anderen. Jeder ist einmalig, auch du!

---

### DER HERR VON MON CHÉRIE

Casting-Termin in einem großen Hamburger Hotel. Das ist nicht ungewöhnlich. Häufig buchen Kunden, die von außerhalb kommen, ein Hotelzimmer oder eine Suite, wenn beim Fotografen gerade produziert wird.

Es ging um eine große Kampagne für Kirschpralinen, Mon Chérie. Guter Job, viel Geld.

Ich fuhr mit dem Fahrstuhl in die 11. Etage, ging zu Zimmer 1123. Merkwürdig, dachte ich. Kein anderes Model vor der Tür. Vielleicht waren alle anderen schon da gewesen? Oder schon drin? Das konnte sein, es war sowieso schon zehn vor zwei. Das Casting ging nur bis um zwei Uhr.

Ich klopfte an der Tür. Ein Mann öffnete. «Ja, bitte?» Er sah nicht gerade aus wie der Chef der Werbeabteilung eines großen Süßwarenkonzerns – eher wie sein bester Kunde: sehr dick und sehr verschwitzt.

Ich hörte mich fragen: «Sind Sie der Herr von Mon Chérie?»

Er zögerte einen kurzen Moment, machte dann einen Schritt zur Seite und sagte: «Kommen Sie doch rein!» Ich sah keine weiteren Personen im Raum, auch das Bett hatte noch kein Zimmermädchen gesehen. Irgendetwas stimmte hier nicht!

Ich haspelte noch ein schnelles «Ich muss mal eben telefonieren», dann war ich auf dem Weg in die Rezeption.

Mein Booker gab mir am Telefon die richtige Zimmernummer: 1213.

Das Casting war bereits abgeschlossen, als ich oben ankam.

Mon Chérie ist ein häufiger Name für Puffs. Der Mann von 1123 hatte umsonst gehofft.

## BEAUTY-CASTING:
## CHRISTOPH VON JENISCH

Christoph arbeitet seit 30 Jahren als Fotograf in Hamburg. Nach vielen Modeproduktionen im In- und Ausland setzt er jetzt ausschließlich Schönheit in Szene. Christoph ist Spezialist für Beauty-Shootings.

*Wie entscheidest du, wen du buchst?*

Der erste Eindruck ist wichtig. Das sehe ich auf dem fünf Meter langen Weg von der Treppe bis zum Tisch. Entscheidend ist die Ausstrahlung, denn die macht die Schönheit aus.

*Mit welchen Models arbeitest du immer wieder?*

Mit denen, bei denen ich kein Wort sagen muss. Ich korrigiere nie, das bremst den Fluss der Bewegung.

*Worauf achtest du besonders, wenn ein Mädchen zu dir zum Casting kommt?*

Ich schaue mir sehr, sehr genau Haut und Haare an. Ob sie gepflegt sind, ob die Haare kräftig sind. Und auch die Farbe.

*Was ist, wenn ein Model zum Casting mit mittelblonden Haaren erscheint, sich aber am nächsten Tag hellblonde Strähnchen machen lässt?*

Das darf nicht passieren. Dann gibt's Ärger. Ich fotografiere sehr viel für Haarkosmetik-Firmen wie «Wella» und «Schwarzkopf». Da muss die Haarfarbe genau richtig sein, wenn ein bestimmtes Produkt gezeigt werden soll. Die Mädchen müssen genau so aussehen wie gecastet. Deshalb mache ich das Casting möglichst kurz vor dem Job. Es kann sein, dass ein Mädchen Montag zum Casting eingeladen wird und gleich am Dienstag bei mir arbeitet.

*Wenn Fotos für Haarfarbe gemacht werden, muss man dieses Produkt dann auch wirklich anwenden?*

Ja. Wir können uns normalerweise auf die Angaben der Hersteller verlassen, ob etwas kaum färbt oder ganz stark. Wir sagen das den Models natürlich vorher, was auf sie zukommt.

*Ist das schon mal schief gegangen?*

Ich erinnere mich an einen Fall, bei dem ein schwarzhaariges Mädchen eine rote Schaumtönung mit einem Kamm auf die Haare auftragen sollte. Es ging ganz schnell, ich hatte nur ein oder zwei Filme geschossen. Der Hersteller sagte uns, dass die Farbe hinterher nicht zu sehen sein würde.

Am nächsten Morgen ein wütender Anruf von der Agentur des Mädchens: Sie hatte einen roten Irokesenstreifen auf dem Kopf! Die ganze Nacht hatte sie versucht, das wegzukriegen. Keine Chance.

Das endete dann mit einem Streit zwischen den Anwälten der Agentur und des Herstellers. Offenbar stimmten die Angaben oder die Zusammensetzung nicht.

*Wie kann man so etwas verhindern?*

Ich rate den Mädchen bei solchen Jobs, mit einer Nagelschere ein kleines Büschel

Haare im Nacken abzuschneiden und vorher auszuprobieren, wie die Haare reagieren.

**Hast du einen Tipp, wie man am besten «rüberkommt?»**

Uns ist anerzogen worden, nicht narzisstisch zu sein. Aber für den Job braucht man eine gesunde Portion Exhibitionismus. Man muss sich nackt im Spiegel anschauen können und sich mögen. Sich gerne zeigen. Und man muss die Situation im Studio und vor der Kamera mögen.

## VIDEO-CASTINGS

Eine spezielle Situation sind die Castings für Commercials, also Werbespots. Dabei werden Probeaufnahmen von dir auf Video gemacht. Dabei geht es etwas anders zu als bei Foto-Castings.

Du bekommst vorher ganz genaue Anweisungen, zum Beispiel, was du anziehen sollst. Oder du musst einen Text lernen. Wenn es eine längere Passage ist, übe am Tag vorher, denn du weißt nicht, wie lange du dafür brauchst. Manche Werbetexte sind so schlecht geschrieben, dass sie einfach nicht im Kopf hängen bleiben wollen. Versuche, den Text zu analysieren:

Kommt Freude darin vor? Überraschung? Spielst du eine freche Person? Eine raffinierte, verliebte, zärtliche, fröhliche oder emanzipierte? Von solchen Überlegungen kannst du profitieren, denn du kannst deinen Text überzeugender rüberbringen. Spreche ihn zu Hause laut. Nur so vor sich hin zu nuscheln ist etwas anderes, als klar und deutlich in die Kamera zu sprechen.

Sei bitte pünktlich, also lieber ein paar Minuten zu früh im Casting-Studio. Jedes Model ist zu einem festen Zeitpunkt bestellt, weil die Aufnahmen etwas länger dauern und der ganze Tag durchgeplant ist.

---

### FÜR 30 SEKUNDEN UM DIE WELT

Einer meiner besten Jobs führte mich nach Australien. Dabei hätte ich ihn fast vertrödelt!

Ich war gerade von einer Buchung aus Miami zurückgekommen. Die Nacht war sehr kurz gewesen, als morgens um zehn meine Agentur anrief:

«Du musst zum Casting für einen Werbespot für ein Waschmittel. Das geht aber nur noch bis zwölf.» Ich hatte überhaupt keine Lust, mich jetzt auch noch zu beeilen. Für ein Waschmittel! Aber irgendwie raffte ich mich dann doch auf. Um fünf vor zwölf war ich im Casting-Studio. Last Minute, das mögen sie überhaupt nicht! Ich hörte, dass sich schon über 120 Models für diesen Job beworben hatten. O. k., dachte ich, jetzt bist du schon durch die halbe Stadt gefahren, jetzt machst du es trotzdem.

Ich musste nur ein paar Worte in die Kamera sagen:

«Was gut für mich ist, weiß ich selbst am besten!» So kurz der Satz auch ist, du kannst durch unterschiedliche Betonungen und Stimmlagen schon kleine Varianten hineinbringen. Aber ich machte mir sowieso keine Hoffnungen und spielte einfach so locker mit diesem Satz herum. Mehr als Übung für mich.

Eine Woche später kam der Anruf: «Du hast die Buchung nach Australien!»

Wir flogen für zehn Tage nach Sydney. Nur für einen einzigen 30-Sekunden-Spot! Dort drehten wir viele verschiedene kurze Szenen, draußen in der sommerlichen Novembersonne. Es sollte aussehen wie ein deutscher Sommer auf Sylt. Und in Europa gab es um diese Zeit kein Entkommen vor den Regenwolken.

Ich bekam für jeden Drehtag 4000 Mark. Dann noch einmal dieselbe Summe für das Buy-out. Exklusivrechte hielten sie nicht für nötig, denn der Spot sollte so oft laufen, dass mich sowieso kein anderer Kunde für ein Waschmittel buchen würde. So war es dann auch. Pech gehabt.

Der Spot lief ständig. Viele denken, dafür würde man jedes Mal bezahlt. Aber das ist nur in den USA so. Dort bekommst du immer wieder Geld, wenn dein Spot läuft.

Allerdings gab es dann doch noch ein zweites Buy-out für mich. Das kam so: Alle Szenen des Spots sollten in den Farben des Produkts gehalten sein: Rot-Weiß-Blau. Wie die «Sunil»-Packung. Beim Dreh wunderte ich mich, dass alles noch einmal in Grün-Gelb-Weiß aufgenommen wurde. Der Artdirektor erklärte mir, dass vielleicht das Packungsdesign geändert werden würde. Damit gab ich mich erst mal zufrieden. Doch dann lief ein zweiter Spot im Fernsehen. Grün-Gelb-Weiß für «Sunil Citrus», ein neues Waschpulver mit Zitronenduft! Die Werbeagentur war also nicht so ganz korrekt gewesen. Meine Agentur erstritt ein weiteres Buy-out für den zweiten Spot. Es hatte sich wirklich gelohnt, zu diesem Casting zu gehen!

Ich weiß nicht, warum, aber die Kamera verwandelt selbst eine frische 19-jährige Pfirsichhaut in eine graue Speckschwarte. Bei Videoaufnahmen solltest du also unbedingt Make-up tragen. Häufig sind Visagisten beim Casting dabei, die dich entsprechend präparieren. Nimm aber sicherheitshalber immer deine Notausrüstung mit:

- eine Foundation, nicht zu transparent, lieber gelblich als rosa;
- einen etwas helleren Abdeckstift für Schatten unter den Augen («Touche Éclat» von Yves Saint Laurent);
- feinen, losen Puder, den du dünn über das ganze Gesicht aufdrückst, nicht nur darüber streichst;
- beigen Lidschatten und für die Augenwinkel einen etwas dunkleren Ton;
- viel Wimperntusche, die aber keine Fliegenbeinchen verursachen darf;

- unbedingt ein leichtes Rouge in Bräunlich-Rosé, niemals Pink!;
- wenig Lippenstift oder Gloss, auch in braun-rosa Tönen;
- keine dunkle Augenumrandung, keinen harten Lippenkonturenstift!

## VOR DER VIDEOKAMERA

Wenn du an der Reihe bist, wird erst einmal ein Polaroid gemacht, dann geht es vor die Kamera. Vielleicht blühst du dabei auf, fühlst dich ganz locker. Dann kann ich nur sagen: Herzlichen Glückwunsch.

Aber für die meisten Models ist diese Situation zunächst ungewohnt:

Das Licht blendet dich, du kannst weder die Kamera erkennen noch den Menschen dahinter. Du stehst ganz allein da, fühlst dich der Situation ausgeliefert. Plötzlich sind deine Hände überflüssig. Wohin damit?

Zur Not hängst du sie locker in die Hosentaschen. Ein absolutes «No» sind vor der Brust verschränkte Arme, das signalisiert Verschlossenheit und Abwehr!

Entspann dich, atme ruhig und tief durch. Wenn du richtig aufgeregt bist: nicht zu viel Luft holen. Achte vor allem darauf, dass du tief *ausatmest* (alter Schauspielertrick gegen Lampenfieber). Durch diese Situation musst du durch. Das erste Mal ist es hart, aber man gewöhnt sich schnell daran.

Jemand fragt, wie du heißt, wo du herkommst und vielleicht noch, wer du bist oder was du machst. Lege dir vorher ein paar Antworten auf die Frage nach deinen Interessen zurecht. «Ääh, ja also, eigentlich, ich weiß nicht ...» oder Ähnliches kommt nicht so gut an. Sprich darüber, was du gerade liest oder dass du oft ins Kino gehst, und erwähne den letzten Film, den du gesehen hast. Oder dass du gerne spazieren gehst und wo es besonders schön ist. Irgendwas, was für dich angenehm ist und woran du gerne denkst.

Keiner interessiert sich wirklich dafür, *was* du sagst. Es geht bei solchen Fragen nur darum, herauszufinden, ob du in der Studiosituation normal und bei dir selbst bleiben kannst und nicht völlig steif und erstarrt dastehst wie ein verschrecktes Kaninchen. Sprich lebendig und setze ruhig deine Hände ein, wie du es normalerweise auch machst.

Nachdem du dich vorgestellt hast, wirst du gebeten, dein Profil zu zeigen. Dreh dich langsam nach rechts und links. Immer schön freundlich bleiben!

Jetzt kommt deine Szene. Versuche, deinen Text nicht nur zu sprechen, sondern ihn zu spielen. Fühle dich ein in die Person, die du darstellst.

Wenn es möglich ist, biete mehrere Versionen an mit unterschiedlicher Betonung oder unterschiedlichem Gesichtsausdruck. Aber nicht übertreiben, sonst wirkt es albern.

Bitte darum, dass du dir die Aufnahme anschauen kannst. Achte darauf, ob du dir selber glaubst, was du da sagst. Wenn du es besser machen kannst, wiederhole die Szene. Ich habe mir jedes Casting – und das waren sehr, sehr viele – hinterher auf dem Monitor angesehen und viel dabei gelernt!

Nutze die Zeit im Studio, um deinen Job so gut wie möglich zu machen. Man lernt nur durch Erfahrung, was die Kamera mit dir macht und was nicht.

Ich selbst musste für mein Gefühl meine Gesten und meinen Gesichtsausdruck immer ziemlich übertreiben. Bei anderen ist es genau umgekehrt, da kann Zurückhaltung besser sein. Das musst du für dich selbst herausfinden. Auch wenn du nur eine kurze Sequenz ohne Worte spielen sollst, gelten die gleichen Regeln. Transportiere das Gefühl auch ohne Worte.

Bei einem Casting sollte ich eine Erbse von einer Dose Tunfisch wegblasen. Es war eine Aufnahme, bei der mein Gesicht nur von den Augenbrauen abwärts ganz groß zu sehen war. Diese Einstellung sollte im fertigen Spot die letzte sein, man sollte die Dose noch einmal richtig sehen können. Eine Erbse wegblasen kann jeder, dachte ich. Und ein schönes Profil haben auch 98 Prozent aller Models. Also versuchte ich mich mit einer etwas kecken Wegblasbewegung hervorzuheben: die Lippen aus einem Lachen her-

aus ganz kurz gespitzt, Erbse gepustet, dann wieder Lachen.

Der Regisseur bestätigte mir hinterher, dass das genau den Ausschlag für meine Buchung gegeben hatte.

Also: Versuche, jede noch so simple Einstellung so interessant wie möglich zu gestalten. Mit der Zeit wirst du darin immer besser werden.

## «GNADENLOSE TÖNE»: HELEN

**Sind gute Fotomodelle bei Werbspots genauso erfolgreich?**

Die Fotokamera erwartet oft relativ viel Bewegung, während beim Werbespot weniger Bewegung erforderlich ist. Für Mädchen, die viele Fotojobs machen, ist das manchmal schwierig. Ein Regisseur beim Werbespot wird dann vielleicht sagen: Die hampelt zu viel rum. Da muss man schon ein eigenes Körpergefühl entwickeln. Alle, die sich gut bewegen können, ob das jetzt Showstars oder gute Mannequins sind, haben das trainiert. Durch Sport, durch Ballett, Tai Chi oder Ähnliches. Man muss lernen, seinen Körper in Einklang zu bringen.

**Werbespots fordern ja ganz spezielle Fähigkeiten. Werden die Mädchen von Anfang an dafür vorgeschlagen?**

Nein, erst nach einer gewissen Zeit, wenn

sie schon ein paar Erfahrungen gemacht haben. Die Werbung sucht in den seltensten Fällen 14-Jährige, eher 19- bis Mitte 20-Jährige. Das Talent dafür ist schon sehr früh erkennbar. Aber jemand, der fotogen ist, ist nicht unbedingt telegen.

**Was hört ihr hinterher von den Kunden?**

Fotografen sagen beim Casting oft: Ja, sie ist schon o. k., vielleicht nicht für mich, aber sonst schon. Die Werbefilmproduktionen sind dagegen ziemlich gnadenlos. Da hören wir dann Töne wie: Also, die brauchst du mir nicht mehr zu schicken! Sie haben sehr hohe Anforderungen. Und es wird immer wieder neu gecastet, für jeden einzelnen Job, auch wenn wir hinterher hören: Die ist ja toll gewesen letzte Woche. Da könnten sie das Band doch noch mal zum Kunden mitschicken. Nein, die Mädchen müssen immer wieder neu kommen.

## GEMACH, GEMACH!

Jedes Go-See, jedes Casting kann zu einem Job führen. Muss aber nicht. Manche Models absolvieren mehrere Wochen lang viele Vorstellungstermine hintereinander – ohne Erfolg. Andere arbeiten vom Fleck weg.

Erwarte nicht nach jedem Vorstellungstermin eine Buchung, auch wenn du glaubst, der Kunde fand dich genau richtig. Manchmal blättern sie auch so lustlos in deinem Buch, dass du ihnen am liebsten ans Schienbein treten möchtest – und dann buchen sie dich. Man weiß nie …

Wenn es bei dir nicht gleich losgeht, solltest du dir keine großen Gedanken machen. Das ist auch Mädchen passiert, die später Superstars wurden. Als Claudia Schiffer am Anfang ihrer Karriere nach Paris geschickt wurde, fanden die französischen Kunden, sie sehe aus wie ein «Milchmädchen».

Es ist für viele das Härteste am Job, sich ständig zu bewerben und immer wieder abgelehnt zu werden. Dabei ist es ist doch ganz logisch: Wenn sich für eine Buchung fünfzig Models bewerben, bekommt ihn eine, und neunundvierzig gehen leer aus. Immer wieder gibt es diese Enttäuschungen. Oft bist du einfach nicht richtig für diesen speziellen Auftrag.

Am besten geht man damit um, indem man auf das Casting oder Go-See geht und es dann einfach vergisst. Hoffe hinterher nicht darauf, dass etwas klappen könnte! Du ersparst dir unnötigen Frust und vermiest dir nicht die langen Tage des Wartens. Wenn dann doch eine Buchung kommt, kannst du dich umso mehr darüber freuen.

Wenn du zu ungeduldig wirst, sprich mit deinem Booker darüber. Vielleicht gibt es Gründe, die du nicht kennst. Manche Kunden geben der Agentur ein Feedback über die Mädchen, die sich bei ihnen vorgestellt haben. Sollte sich ein bestimmter Kommentar ständig wiederholen, ist das vielleicht schon ein Hinweis in die richtige Richtung.

Immer wieder in deiner Laufbahn als Model wirst du hoffen, dass ein Job klappt – und enttäuscht werden.

Sind ein paar Monate vergangen und du hast noch immer keine Buchungen bekommen? Hast du alles versucht, um Fuß zu fassen? Den Typ, die Frisur verändert, das Buch neu zusammengestellt? Noch immer keine positiven Reaktionen? Berate dich mit deiner Agentur, wie es weitergehen soll. Manchmal muss man in eine andere Stadt oder ins Ausland gehen, wo ein anderer Typ Model gefragt ist. Das kann dann die Wende bringen. Lies dazu auch das folgende Interview mit Christina Kruse.

Aber du solltest dich an diesem Punkt auch fragen, ob Modeln wirklich der richtige Job für dich ist, ob du für die Modelwelt gemacht bist. Keiner gibt gerne seine Pläne auf, aber einer falschen Spur solltest du nicht allzu lange folgen. Das ist erst einmal eine Enttäuschung. Aber du kannst dir – wenn es wirklich nicht klappt – wenigstens sagen, du hast es probiert, und musst nicht den Rest deines Lebens einem Job hinterherträumen.

## DER STILLE STAR: CHRISTINA KRUSE

Wenn du ihr Gesicht einmal gesehen hast, vergisst du es nie. Du wirst sie auf jedem Foto sofort wiedererkennen, auch wenn sie durch starkes Make-up oder eine ganz andere Frisur völlig verändert ist.

Eine gewisse Faszination strahlt Christina aus. Liegt es an ihrer Ruhe, ihrer Sicherheit? Das hektische Leben eines supererfolgreichen Models scheint an ihrer Schönheit abzuprallen und ihr Inneres unberührt zu lassen.

Vor zehn Jahren fing alles an. Christina war 16. Sie lebte in einem kleinen Dorf in der Lüneburger Heide. 3000 Einwohner, nichts los. Das verlockende Hamburg lag nur 30 Minuten Bahnfahrt entfernt. Einmal in der Woche ging sie mit der besten Freundin in der Stadt bummeln.

Sie schlenderten über den Jungfernstieg. Plötzlich sprach sie ein wildfremder Mann an. Es war Ted Linow, Chef der Agentur *Mega-Models*. Ein treffsicheres «Trüffelschwein», wenn es darum geht, neue Models zu entdecken ...

**Was hast du gedacht, als Ted dich ansprach?**

Ich war irgendwie neugierig und stand gleich am nächsten Tag mit meiner ganzen Familie in der Agentur. Ted hat mich dann zu einem Fotografen geschickt, der die ersten Fotos machen sollte.

**Was ist da in dir vorgegangen?**

Eigentlich nicht viel. Ich habe einfach alles ausprobieren wollen. So richtig Gedanken über all das, was da losging, habe ich mir erst viele Jahre später gemacht.

**Hast du dann vom Fleck weg gearbeitet?**

Das ging so allmählich los. Zuerst hatte ich einige Jobs für die *Freundin*, für Kataloge usw. So richtig doll war es nicht am Anfang. Ich hatte das erste halbe Jahr nur ab und zu was zu tun. Manche haben auch über mich gelacht, haben «Ente» zu mir gesagt. Das hat mich allerdings nicht sehr gestört.

**Du lebst jetzt in Paris. Bist du sofort dorthin gezogen?**

Erst war ich eine Zeit lang in Mailand. Aber außer ein paar Tests lief nicht viel. Da hab ich dann schon daran gezweifelt, ob das alles was werden kann. Ich kriegte die ganze Partyszene mit. Ich hatte auch einen Freund, der eine Art Playboy war. Der Einzige, der immer an mich geglaubt hat, war Ted Linow, mein Agent.

**Wie ging es dann richtig los?**

Ted meinte, ich müsse nach Paris. Nach der ersten Show stand ich so herum, und Ted, der dabei war, sagte zu mir: «Bleib genau da stehen, wo du bist! Steven Meisel (einer der besten Fotografen der Welt) hat während der ganzen Show nur auf dich geschaut!» Ted hat ihn dann geholt, und er hat mich auch sofort gebucht.

Danach bekam Christinas Karriere den entscheidenden Schub. Sie arbeitet mit den besten Fotografen und ist auf allen großen Designer-Shows zu sehen. Wir hören später noch mehr von ihr.

# ARBEITEN ALS PROFI

### BIST DU BEREIT?

«Allzeit bereit» gilt ganz besonders für Models. Dein erster oder nächster Job kann ganz überraschend kommen, von heute auf morgen. Wenn du immer gut vorbereitet und informiert bist, machst du nicht nur dir, sondern auch deinen Kunden das Leben leicht. Hier sind die besten Tipps:

Als Botschafterin der Schönheit musst du immer gepflegt sein, von Kopf bis Fuß. Fangen wir oben an: Deine Haare sollten immer gut getrimmt sein, mit einem ausgewachsenen Schnitt kann kein Haarkünstler eine gute Frisur zaubern. Wenn du die Haare tönst oder färbst, vermeide herausgewach-

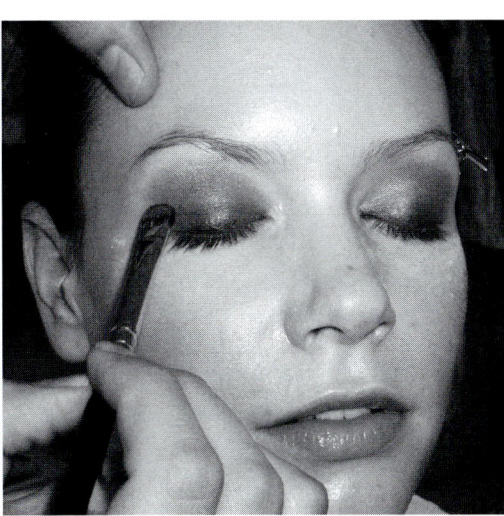

sene Ansätze. Von allen Teilen deines Körpers müssen die Haare am meisten leiden: Föhnen auf höchster Stufe, heißes Brenneisen, Haarspray, Toupieren, all das lassen sie ständig über sich ergehen. Vermeide Dauerwellen und benutze so oft wie möglich gute Haarpackungen und -spülungen!

Wenn du magst, lass dir die Wimpern färben. Zu allen Fotojobs gehst du vollkommen ungeschminkt, und viele Mädchen finden sich mit ein paar sichtbaren Wimpern ums Auge nicht ganz so farblos.

Sorge dafür, dass unter deiner zarten Haut im Gesicht keine Pickel schlummern, die dann ausgerechnet am Tag des Jobs an die Oberfläche drängen. Oft sind Schokolade und Süßes daran schuld. Kannst du darauf verzichten? Ich weiß, das ist verdammt schwer, aber manchmal bringt es den entscheidenden Unterschied. Sonst kannst du auch die Kosmetikerin einschalten. Oder im Härtefall deinen Frauenarzt, denn daran können auch die Hormone schuld sein. Außerdem hilft auch mal ein sanftes Peeling.

Kommen wir zu den Dschungelzonen. Unter den Armen und an den Beinen gibt es nur eins: Kahlschlag. Und für Wäsche- und Badeaufnahmen darf nur eine schmale Allee auf dem Venushügel stehen bleiben. Du solltest ausprobieren, was bei dir zur Rodung am besten funktioniert, am wenigsten schmerzt und beim erneuten Austrieb keine Nachwuchspickel produziert.

Meine Erfahrungen mit den verschiedenen Methoden sind:

- Rasieren: angenehm und unaufwendig. Muss man aber alle zwei Tage wiederholen. Im Revier der Venus geht es nur in Wuchsrichtung. Entweder drei Tage vor dem Job oder am selben Morgen – wegen drohender Rötungen.
- Wachsen: je nach Anwendergeschicklichkeit schmerzhaft oder gerade noch auszuhalten.
- Epiliermaschinen: Folterinstrumente. Nur für Masochisten.

Selbstverständlich hast du immer gepflegte Hände mit schön gefeilten Nägeln, nicht zu lang und nicht zu kurz. Nägel sind nicht zum Knabbern da. Wenn du magst, kannst du transparenten Lack auftragen, keinen farbigen. Auch die Füße sollten jederzeit vorzeigbar sein, mit kurz geschnittenen Nägeln. Du weißt nie, wann ein paar offene Riemchensandalen auf sie warten.

In deiner Tasche (besser und bei Orthopäden hoch angesehen: Rucksack) solltest du bei jedem Job Folgendes dabeihaben:

- Ein von dir erprobtes Deo oder Antitranspirant. Es ist für alle (!) Beteiligten angenehmer, wenn du frisch duftest. Du wirst sehen, dass der physische Abstand zwischen dir und dem Visagisten oder Stylisten manchmal auf wenige Zentimeter schrumpft. Außerdem schätzen es die Kunden gar nicht, wenn sie ihre Klamotten vermüffelt zurückbekommen.
- Zahnbürste oder Mundwasser. Deren diskreter Gebrauch fühlt sich nach dem Essen für dich und dir Nahekommende sehr angenehm an.
- Tampons und / oder Slipeinlagen für unvorhergesehene Überraschungen.
- Hautfarbener BH (am besten trägerlos) und Slip oder, besser noch, String. Gute Stylisten haben so etwas immer dabei. Aber es gibt auch nicht so gute Stylisten.
- Vorsichtshalber dein Make-up, obwohl immer jemand dafür gebucht wird. Aber ich habe mal eine Fotografin erlebt, die ausflippte, als die Visagistin zu spät kam und zwei von uns vier Models kein Make-up dabeihatten.
- Dein Buch.

- Ein Buch. Manchmal muss man sehr, sehr lange warten.

Am Tag vorher bekommst du von deiner Agentur alle Details der Buchung. Schreib dir alles genau auf, in jedem Fall auch die Telefonnummer des Studios. Plane deinen Anreiseweg großzügig. Wenn du morgens zu spät kommst, hast du sofort alle gegen dich.

Am Abend vor einem Job solltest du möglichst *nicht* feiern, jedenfalls nicht zu ausgiebig. Am nächsten Morgen könntest du es bereuen. Feiern kannst du *nach* dem Job. Schlafe lang genug. Aber nicht zu lange, das macht ebenso dicke Augen wie zu viel Alkohol.

Am Morgen nimmst du dir genügend Zeit: Gut ausgeschlafen steigst du unter die Dusche, wäschst die Haare, frühstückst in Ruhe.

Und dann machst du dich frisch und guter Dinge auf zum Job …

### HILFE, DER ERSTE FOTOJOB!

Es ist so weit: Du hast deine erste Buchung. Jetzt geht es endlich los, das ist ganz schön aufregend. Je besser du vorbereitet bist, desto ruhiger kannst du diesen Tag angehen.

Denke daran: Jedes Supermodel hat genauso angefangen wie du. Und jeder, der an diesem Tag mit dir zusammen arbeitet, hat auch irgendwann noch nicht gewusst, wie der Hase läuft. Deshalb kann jeder nachfühlen, wie es dir heute geht. Gehe davon aus, dass alle dasselbe wollen: die besten Fotos zu bekommen, die möglich sind. Und dass dir alle helfen werden, deinen Teil dazu beizutragen.

Wenn du sehr aufgeregt bist, höre morgens noch ein paar Takte deiner Lieblingsmusik oder mache sonst irgendwas, was dir ein gutes Gefühl verschafft. Das Beste überhaupt sind übrigens ein paar Minuten Schmusen. Egal, ob mit dem Bettgenossen oder dem Teddybär.

Am besten kommst du ein paar Minuten zu früh ins Studio. Dort triffst du folgende Personen: den Fotografen und seinen Assistenten, jemanden für Haare und Make-up (manchmal auch zwei), jemanden fürs Styling und einen Kunden. Das kann der fesche Artdirektor einer Werbeagentur sein, eine eher bodenständige Vertreterin eines Versandhauses oder die hip gekleidete Redakteurin eines Modemagazins.

Der Kunde ist der Auftraggeber und der wichtigste Mensch am Set, also an dem Ort, an dem fotografiert wird. Er hat sich vorher, vielleicht mit dem Fotografen zusammen, das Konzept überlegt und bestimmt, wie am Ende alles aussehen soll.

### EIN NEUES DU ENTSTEHT

Du kommst mit völlig nacktem Gesicht. Keine Wimperntusche, kein Rouge, höchstens ein bisschen Fettstift auf den Lippen. Die Haare sind sauber und nicht gestylt, frei von jeglichem Klebstoff wie Gel oder Spray. Rein äußerlich gesehen bist du heute eine Leinwand, die der Visagist und die Stylistin in ein Kunstwerk verwandeln sollen.

Zunächst vertraust du dich den Händen des Make-up-Künstlers an. Ein professionelles Foto-Make-up kann bis zu 90 Minuten dauern.

Er (oder sie) wird Foundation auftragen, vielleicht mit verschiedenen Farbtönen Konturen modellieren, Abdeckstift unter die Augen geben, ungewohnt viel losen Puder auf deine Haut stäuben (fühlt sich an wie Mehl), sich in den Lidschattentönen austoben, deinen Brauen den richtigen Schwung geben, die Wimpern verzehnfachen, dir rosa Bäckchen verpassen und eine hübsche Schnute.

Im Lauf des Tages und von Motiv zu Motiv wird er vielleicht die Farben nochmal verändern oder verstärken.

Dann sind die Haare an der Reihe. Ihnen wird die richtige Form gegeben. Das kann nochmal eine halbe Stunde dauern.

Solltest du dir jetzt irgendwie fremd vorkommen, dann betrachte das, was du im Spiegel siehst, einfach als eine neue Version von dir. Davon wird es noch viele andere geben. Im Laufe deiner Modelkarriere wirst du noch oft staunen, was man aus dir alles machen kann. Hauptsache, du nörgelst nicht daran herum.

Denn es geht hier nicht darum, wie du dich siehst, sondern darum, dass dein Look dem entspricht, was sich der Kunde vorgestellt hat.

Dann geht's zum Styling. An einer Stange hängen viele verschiedene Outfits, und du wirst vielleicht einige anprobieren, bis Stylistin und Kunde zufrieden sind. Wenn etwas nicht passt,

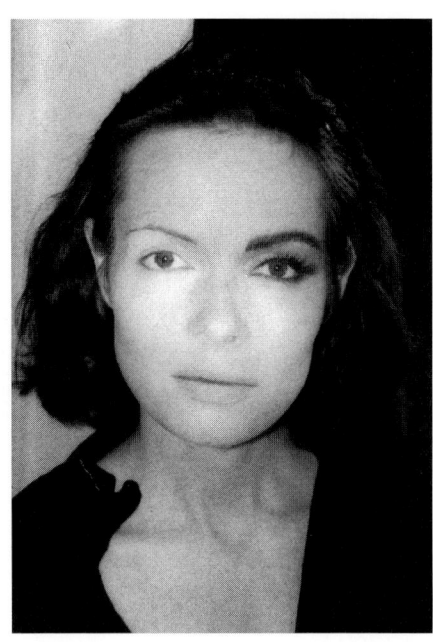

kommen Klammern an eine Stelle, die die Kamera nicht sieht. Oder Sicherheitsnadeln. Oder der Reißverschluss bleibt offen. Vielleicht wird ein Kleidungsstück auch aufgeschnitten – das ist alles schon vorgekommen. Denk dir nichts dabei, selbst an Superfiguren passt vieles nicht perfekt.

Inzwischen sind schon mindestens zwei Stunden vergangen, und es geht zum Fotografieren. Im Studio steht meist ein Frühstück bereit. Hast du Hunger bekommen? Das ist ein schlechter Zeitpunkt zum Futtern, jetzt wollen alle anfangen. Die beste Zeit zum Essen und Trinken ist, während jemand an deinen Haaren werkelt. Ist der Lippenstift schon drauf? *Ganz* vorsichtig sein, Croissantkrümel mag der Visagist überhaupt nicht!

---

### DER MANN MIT DEM MESSER

Das Messer ist schon ganz dicht vor meinem linken Auge. Es kommt näher. Ich habe Angst. Ich will aufstehen und fliehen. Aber der Mann steht direkt über mir. Ich soll ihm vertrauen. Es ist ein Tomatenmesser. Ganz spitz, mit geriffelter Schneidefläche. Er hat es gerade eine Minute vor den heißen Föhn gehalten. Es muss fast glühen. Wie, verdammt nochmal, soll es mich schöner machen? Der Mann, Brazzo, spürt meine Furcht. Ich weiche immer weiter zurück. Wie beim Zahnarzt.

«Vertrau mir, es passiert dir nichts», sagt er mit ruhiger Stimme. Ich ergebe mich. Misstrauen können Visagisten überhaupt nicht leiden. Okay, meine Wimpern waren immer schon kurz, dünn und mickrig. Wenn er sie jetzt absäbelt, muss ich eben die nächste Zeit mit angeklebten arbeiten. Hauptsache, er verletzt mich nicht.

Brazzo legt das heiße Messer mit der scharfen Seite an die Oberseite meiner Wimpern, ganz dicht am Ansatz. Ich spüre die Hitze. Von unten drückt er mit dem Daumen dagegen. Jetzt zieht er das Ganze langsam vor bis zur Wimpernspitze. Es zieht, aber es schmerzt nicht. Dasselbe am anderen Auge. Meine Wimpern haben einen schönen Schwung bekommen, nach dem Prinzip «Geschenkband-Ringeln».

Brazzo hat den Ehrgeiz, aus jedem Mädchen eine Filmdiva zu machen. Dazu ist ihm jedes Mittel recht. Aber hätten es nicht auch falsche Wimpern getan?

Auf dem Foto sieht man später gar nichts von meinen toll geschwungenen Wimpern. War es nur eine Übung in «Hingabe an den Visagisten»?

(Bitte diesen Trick nicht nachmachen! Das kann aus physikalischen Gründen nicht

bei dir selbst klappen. Eine anständige Wimpernzange mit Silikongummis funktioniert mindestens genauso gut.)

## VOR DER KAMERA

Wenn du anfängst, weißt du noch nicht, wie man sich vor der Kamera bewegt. Darin wird man von Shooting zu Shooting besser.

Zunächst hörst du am besten darauf, was der Fotograf dir sagt. Er erwartet nicht, dass du loslegst wie ein alter Hase. Vielleicht sagt er dir, wie du deine Beine stellen sollst, dein Gewicht leicht verlagern, den Arm anwinkeln, die Blickrichtung verändern, leicht lächeln, fröhlich lachen oder einen Salto schlagen sollst.

Spaß beiseite – alles ist möglich, und jeder Job ist anders. Auch erfahrene Models versuchen ganz genau mitzukriegen, was der Fotograf sehen will. Manchmal wird es sich völlig unnatürlich anfühlen. Aber der Blick durch die Kamera verändert die Proportionen, und man muss erst mal lernen, das umzusetzen. Selbst wenn du schon länger im Business bist, wirst du manchmal überrascht sein. Aber gehe davon aus, dass der Fotograf das beste Bild, das beste Licht will, das für diesen Schuss möglich ist.

Ganz am Anfang macht er ein Polaroid, auf dem er kontrolliert, ob Licht, Aufbau und die Perspektive stimmen und wie du wirkst. Danach wird vielleicht noch manches geändert, das Make-up korrigiert, ein Hauch Puder, und dann geht es los.

### *Werden sie dich mögen?*

Versuche, mit dem Fotografen während des Shootings zu kommunizieren und seine Ratschläge anzunehmen. Lass dich von ihm inspirieren. Betrachte seine Anweisungen nicht als Kritik an deiner Person, sondern als Anregungen.

Jeder Fotograf arbeitet anders. Der eine ist eher langsam und kommentiert jede deiner Bewegungen. Der andere schießt schnell wie ein Maschinengewehr, fast ohne hinzuschauen. Der dritte macht nur blöde Witze. Bei einem anderen darfst du so herumtoben, wie du Lust hast. Der nächste erwischt immer genau den Moment, wenn auch du das Gefühl hast, jetzt ist es gut. Versuche, den Rhythmus des Fotografen zu erfühlen. Merke dir, wann du gute Reaktionen bekommst, wann nicht so gute. Dadurch lernst du am meisten.

Von jedem Motiv werden viele, viele Filme geschossen. Aus den Hunderten von Bildern wird dann jeweils das beste herausgesucht.

Manchmal geht es auch ein bisschen zu schnell mit der Auswahl. Im Quelle-Katalog haben sie mal ein Foto von mir gedruckt, auf dem ich die Augen geschlossen hatte. Offenbar hatte der Graphiker nur darauf geachtet, dass das Kleid perfekt im Wind flattert.

Wenn die Chemie stimmt zwischen dir und dem Fotografen, wird er dich wahrscheinlich gerne wieder buchen. Daraus können gute und schöne Arbeitsfreundschaften entstehen. Die berühmteste: Linda Evangelista und Steven Meisel. Sie inspirierten sich gegenseitig. Linda verwandelte sich von einer blonden Marilyn Monroe in eine rassige schwarzhaarige Flamenco-Tänzerin, in eine rothaarige Evita Peron, in einen frechen Straßenjungen. Sie war seine Muse, verkörperte seine Visionen. Er ließ sich anregen von ihrer spielerischen Wandlungsfähigkeit. Über mehrere Jahre hinweg arbeiteten die beiden immer wieder zusammen, und dabei entstanden viele eindrucksvolle Klassiker der Modefotografie.

## DRINNEN UND DRAUSSEN

Wenn dein erstes Shooting im Studio stattfindet, bist du erst mal geblendet von den ständigen Blitzen. Nicht hineinschauen! Danach bist du minutenlang blind. Aber der Fotograf kann hier das Licht genau kontrollieren und alles ist überschaubar.

Wenn draußen fotografiert wird, geht es auch um den Hintergrund und das Licht. Wenn es nicht gerade stürmt oder schneit, kann man auch mal nach Sylt fahren oder in der Stadt sein Glück versuchen.

Bei Jobs in Deutschland heißt das leider häufig: frieren, bis die Finger blau sind. Denn dünne Sommerklamotten werden im Frühjahr fotografiert, Wintersachen im Spätsommer. Auch das kann ungemütlich werden. Bei einer Produktion auf Mallorca stand ich – mit dicken Cordhosen, Pullover, Mantel, Handschuhen und Schal gut eingepackt – in einer schmalen, windstillen Gasse in Palma vor der Kamera. Das Straßenpflaster glühte unter der 43 Grad heißen Sonne. Mir lief das Wasser nur so herunter. Nach jedem dritten Foto kam die Visagistin, um mein Gesicht mit Puder wieder in einen matten, fotografierbaren Zustand zu bringen. Unter meinem Mantel war ich pitschnass. Nach vier Tagen hatte ich etwa vier Kilo verloren.

## WALKIE-TALKIE

Redaktionelles Shooting auf dem Hamburger Rathausmarkt. Wir waren drei Models und sollten alle zusammen im Bild sein. Das hieß: drei Flatterkleidchen in frischer norddeutscher Brise. Meistens klebten die dünnen Fummel an unseren Beinen. Die Böen gestatteten uns nur kurze Pausen, in denen die Kleider aussahen wie Kleider und nicht wie Klebefolien. Sobald der Wind etwas nachließ, stürmte die Stylistin heran, zupfte jede Falte im Stoff zurecht. Währenddessen versuchte der Haar-Stylist in Windeseile, aus wilden Wuscheln wieder Frisuren herzustellen. Wenn alles fertig war, konnten wir wieder mit dem Fotografieren beginnen. Aber die Windpausen waren meist zu kurz, und nach wenigen Fotos musste alles wieder aufs Neue hergerichtet werden. Der Fotograf arbeitete mit einer sehr langen Linse, einem Teleobjektiv. Für die Perspektive sehr schön, aber Fotograf und Models standen etwa dreißig Meter voneinander entfernt. Wir konnten uns nur über Walkie-Talkies verständigen. Der Fotograf hatte seins um den Hals hängen, unseres lag außerhalb der Bildkante etwa drei Meter von uns entfernt auf dem Boden. Es war deshalb auf größte Lautstärke gestellt.

Wir hatten uns schon seit einer halben Stunde vom Wind tyrannisieren lassen, uns war kalt in den dünnen Kleidern, und alle wurden ungeduldig.

Die nächste Flaute. Stylistin zupft, Haar-Stylist frisiert, alles fertig, Spannung, wir lächeln tapfer. Der Fotograf fotografiert nicht. Unser Lächeln friert etwas ein. Er fotografiert einfach nicht. Schließlich rufe ich ihm mit lauter Stimme zu: «Was ist los?» Die Antwort kommt mit noch lauterer Stimme aus dem Walkie-Talkie: «Wir müssen warten, bis die fetten Idioten hinter euch endlich aus dem Bild watscheln!» Die fünf Touristen hinter uns hatten sich in aller Ruhe das Hamburger Rathaus angeschaut und wunderten sich nun, mit welchen Tönen sie bei ihrem Stadtbummel begrüßt wurden.

Als sie die Situation endlich begriffen hatten, waren sie empört. Über uns arrogante Modemenschen! Sie blieben einfach hinter uns stehen. Selbst die Entschuldigungen des Fotografen konnten sie keinen Zentimeter wegbewegen. Wir mussten unsere Fotos woanders machen.

## FOTOREISEN

Das heißt oft: Reisen an die schönsten Orte der Welt. Dorthin, wo die Sonne scheint, ein laues Lüftchen weht, das Meer türkisblau ist. Das sind natürlich die Sahnestückchen, nach denen alle sich die Finger lecken!

Nicht nur Bademoden, sondern auch ganz normale Kleider und Werbung werden «auf Location» fotografiert. Wo vor unserer Haustür kann man schon im Februar draußen eine schöne Landschaft und ein akzeptables Klima erwischen?

In Gegenden wie Südafrika, Miami, San Diego und der Karibik hat das Licht eine andere Farbe. Viele Teams fotografieren dort mehrmals im Jahr.

Geschminkt, frisiert und gestylt wird meistens in großen, extra dafür eingerichteten Location-Bussen. Um das beste Licht zu erwischen, muss man zum Frühaufsteher werden: gegen vier Uhr Wecken, um fünf die Ersten zum Schminken, um halb sieben losfahren, um sieben vor der Kamera stehen. Frisch und fröhlich strahlend. Und immer schön die Augen offen halten, auch wenn die Sonne blendet. Dann wird etwa bis elf Uhr fotografiert. Danach ist das Licht zu steil und macht zu harte Schatten. Pause bis etwa zwei Uhr. Nein, nicht abschminken. Auch wenn es noch so heiß ist und du schon ein halbes Pfund Puder im Gesicht hast – da wird vor der Nachmittags-Session nur nochmal nachgearbeitet. Um drei stehst du wieder vor der Kamera, bis etwa um sechs Uhr. Danach bist du erst mal etwas k.o. Abschminken, duschen. Endlich!

Schließlich finden sich alle zum Abendessen zusammen, und es wird meistens ziemlich lustig. Man hat einen langen Tag gehabt, viel gearbeitet, und nun wird ein bisschen gefeiert!

# VERSCHIEDENE FOTOJOBS

## EDITORIALS

So nennt man Fotos für den redaktionellen Teil von Zeitschriften. Die besten von ihnen, allen voran die *Vogue*, haben in vielen Ländern ein Mode bestimmendes Renommee. Auch *Elle* und *Marie Claire* gelten als Trendsetter. Wenn ein Outfit, eine neue Linie, ein bestimmtes Styling dort abgebildet ist, gilt es als trendy.

Wenn du es schaffst, in die Modemagazine zu kommen – in die besten kommen nur ganz wenige –, geht deine Modelkarriere steil nach oben. Aber Veröffentlichungen in Zeitschriften wie *Allegra*, *Glamour*, *Petra*, *Cosmopolitan* und *Brigitte* haben ebenfalls ein gutes Renommee, und es ist sehr viel leichter, dort hineinzukommen.

Du arbeitest mit den besten Leuten der Branche, und häufig reist man auch in ferne Länder. Du trägst die neuesten Designerklamotten, die noch nicht in den Läden hängen. Denn für Modezeitschriften wird mindestens acht Wochen vor dem Erscheinungstermin produziert. Damit die Modeseiten aktuell sind, werden die Musterteile der Hersteller fotografiert und sofort zurückgeschickt, weil schon die nächste Redaktion darauf wartet.

Bei so vielen Klamotten, die jede Saison auf den Markt kommen, fragst du dich sicher: Was kommt ins Heft? Häufig die Sachen derjenigen Hersteller, die auch Anzeigen buchen.

Editorials sind sehr kreative Jobs, bei denen oft bis hin zur Körperhaltung alles millimetergenau geplant wird. Je nach Konzept der Redaktion ist manchmal aber auch gerade die Fantasie des Models und seine Freude an der Bewegung das Ausschlaggebende. Der Redakteur oder «Fashion-Editor» achtet sehr genau darauf, dass seine Idee so gut wie möglich realisiert wird. Vom Eyeliner bis zum Nagellack, vom Täschchen bis zum Säckchen.

Das gilt natürlich auch für die redaktionellen Kosmetikseiten, bei denen das neueste Make-up in Feinstarbeit aufgelegt und dann – mit ganz kleinen Bewegungsveränderungen – in speziellem Beauty-Licht fotografiert wird. Mehrmals am Tag werden Outfit, Frisur und Make-up komplett verändert.

Aber insgesamt werden für redaktionelle Seiten nur wenige Motive fotografiert, meistens nicht mehr als vier bis sechs am Tag.

Für gute Editorials zu arbeiten ist für

jedes Model eine Auszeichnung. Der höchste Ritterschlag ist das Cover, zur Königin wirst du mit deinem Gesicht auf dem Titel der *Vogue*. Es gibt aller-

dings nie eine Buchung für den *Vogue*-Titel, nur für einen Titel-Versuch. Die letzte Entscheidung darüber, wer das neue Heft repräsentieren darf, fällt die

Redaktion in langen, langen Diskussionen.

Viel Geld bekommt man nicht für die redaktionellen Buchungen, davon allein kannst du kaum die Miete zahlen. Pro Tag gibt es kaum mehr als 400 Euro, für den Titel der *Vogue* gerade mal 150 Euro. Aber das macht nichts, denn gute redaktionelle Veröffentlichungen in deinem Buch öffnen dir andere Türen. Die Werbeagenturen studieren sehr genau, wer wo erscheint. Und durch gute Veröffentlichungen kommt gute Werbung, kommt also gutes Geld.

## WERBUNG

Bei Werbefotos geht es ähnlich zu wie bei Editorials, außer dass viel mehr Leute am Set sind: nicht nur das Fototeam, sondern auch mindestens ein «Kreativer» aus der betreuenden Werbeagentur und häufig der Kunde, vielleicht auch der Werbeleiter und noch mehr sehr, sehr wichtige Leute. Alle haben die Idee, das Konzept erdacht und abgesegnet. Und alle wollen mitreden, weil sie die Verantwortung für das viele Geld tragen, das mit dieser Produktion ausgegeben wird und das mit dieser Produktion auch wieder hereinkommen muss.

Jemand bastelt Dekorationen, ganze Räume werden aufgebaut, Hintergründe gemalt.

Alles ist da, man hat viel Zeit, manchmal einen ganzen Tag für ein einziges Foto. Das muss dann aber genauso aussehen wie auf dem Entwurf.

Bei einer Werbeproduktion mit einem Fotografen, für den ich schon oft gearbeitet hatte, sagte ich leise zu ihm: «Wir haben schon so viele Versionen gemacht, mir fällt nichts mehr ein.» Er flüsterte zurück: «Mach einfach dasselbe immer wieder von vorn. Wir haben es längst im Kasten, aber wir müssen den ganzen Tag beschäftigt sein. Sonst sind wir alle zu teuer.»

## DER FOTOGRAF: JOACHIM BALDAUF

Wenn man das unspektakuläre Studio in einem Hamburger Hinterhof betritt, merkt man schnell: Hier schlägt der Puls der Zeit.

Joachim arbeitet für alle namhaften deutschen Zeitschriften wie *Elle* oder *Marie Claire* und wurde auf dem internationalen Markt bekannt durch seine ausgefallenen Fotostrecken in *Wallpaper*, *dem* englischen Lifestyle-Magazin. Joachim arbeitet ständig in London und Paris.

Beim Interview ist auch sein Visagist Armin Morbach dabei. Joachim bezeichnet ihn als seinen «Animateur».

**Buchst du gerne einen bestimmten Typ Mädchen?**

Joachim: Ja, kaum amerikanische. Mädchen, die Models werden wollen, haben eine bestimmte Motivation. Die meisten amerikanischen Mädchen sind zu sehr gedrillt auf das rein Körperliche. Sie sind äußerst diszipliniert in der Ernährung und im Sport. Aber sie können sich nicht fallen lassen. Die haben oft kein Vertrauen zu den Fotografen. In dem Moment, wo sie das Haar-Styling nicht mögen, fühlen sie sich hässlich und bringen nichts mehr.

Armin: Wir arbeiten fast immer mit den gleichen Mädchen.

**Was erwartest du von ihnen?**

Joachim: Vertrauen und Mut. Ich arbeite für Zeitschriften nie mit Mädchen, mit denen ich vorher noch nichts gemacht habe, zumindest ein Gespräch oder ein paar Polaroids oder Tests.

Armin: Alle Mädchen, die wir haben, sind schön und klar, keine Mädchen mit Ecken und Kanten, sondern alle auf dem Weg zur schönen Frau. Es sind Mädchen, die meist wissen, was sie wollen, die auch andere Interessen haben. Wie reden beim Fotografieren nicht nur über Paris und New York, sondern darüber, ob die Mama wieder gut gekocht hat.

**Sieht man es einem Mädchen an, ob es noch andere Interessen hat? Oder wollt ihr es einfach netter haben im Studio?**

Joachim: Wenn ein Mädchen hübsch ist, aber blöd, würde ich sie schon deshalb nicht buchen.

Armin: Doch!

**Gibt es viele Fotografen in Deutschland, die so arbeiten wie ihr?**

Armin: Nein. Ein Model wird normalerweise nicht persönlich genommen, sondern als Produkt.

Joachim: Bei Peter Lindbergh ist es mit Sicherheit auch so. Oder bei Mario Testino. Oder früher bei Irving Penn. Für mich ist dies der richtige Weg.

**Wie viele Sedkarten sind in deiner Kartei?**

Joachim: 8000!

**Mit wie vielen Mädchen arbeitet ihr immer wieder?**

Joachim: Vielleicht mit zehn. Ihnen allen ist eine gewisse Klarheit gemein.

**Wie kannst du einer Newcomerin beibringen, wie sie sich in die Kleider hineinfühlen soll?**

Joachim: Schwierig. Aber du siehst beim Casting, wie sich jemand bewegt. Wenn ein Fotograf sagt, das Mädchen kann sich nicht bewegen, dann hat er falsch gebucht.

**Wie läuft ein Shooting bei euch ab?**

Armin: Wir sind hier im Studio total locker. Die Mädchen denken manchmal, wir nähmen sie nicht ernst.

Joachim: Bei uns ist es lustig, es geht schnell, es sieht gut aus, und man hat was fürs Buch. Für uns ist es wichtig, dass wir so arbeiten, wie wir gerne leben. Wir haben eine familiäre Stimmung.

Habt ihr eher lange oder kurze Arbeitstage?

Armin: Unsere Mädchen wissen: Wenn es gut ist, ist es gut. Dann hört Joachim schon nach einer Rolle auf.

Joachim: Es ist wichtig, dass die Mädchen das vorher wissen. Wir arbeiten zum Beispiel an einem Cover. Ich fotografiere das in zehn Minuten. Das sage ich vorher, damit sie nicht denkt: Er hat es jetzt gemacht, obwohl er mich eigentlich gar nicht will.

Kommen die Kunden damit klar, wenn es so schnell geht?

Armin: Ich musste mir schon anhören: Kannst du ein bisschen langsamer schminken, wir haben ja nur ein Foto. Das gibt es nur in Deutschland, wir haben hier eine 8-Stunden-Mentalität.

Gab es Models, die ihr am liebsten wieder weggeschickt hättet?

Joachim: Wir hatten ein Model in Paris, das kam vier Stunden zu spät. Ich mag es auch nicht, wenn keine Kommunikation stattfindet.

Armin: Oder wenn sie mit dem Essen unzufrieden ist und nur jammert, dass es zu kalt sei. Wenn sie beim Schminken zappelig ist, die Haare unmöglich findet, wenn wir den Eindruck haben: Da fühlt sich jemand nicht wohl.

Joachim: Manche Fotografen schmeißen ein Mädchen raus. Aber das ist dann normalerweise ein Problem der Buchung. Da ist dann einfach die Buchung falsch.

Da werden oft 16-jährige Mädchen gebucht, und dann diskutiert der Kunde in ihrer Gegenwart, ob ihr Hintern zu breit ist für das Foto. Warum haben sie denn dann kein Casting gemacht?

# SIEBENMILLIONEN-MAL DU

### KATALOGFOTOS

Die höchste Auflage von allen gedruckten Fotos haben Kataloge. Der *Neckermann*-Katalog zum Beispiel bringt es auf etwa sieben Millionen. Insgesamt werden für eine Katalogausgabe 3,5 Millionen Fotos gemacht, und das zweimal im Jahr! Alles muss straff organisiert werden, damit der Bestellkunde rechtzeitig den neuen Katalog in den Händen hält.

Fotoproduktionen für Kleidung werden häufig ein halbes Jahr im Voraus gebucht, immer dort, wo die Sonne scheint. Die meisten Models werden für vierzehn Tage gebucht, manchmal arbeitet man auch mit verschiedenen Teams hintereinander. Dann kann die ganze Reise schon mal sechs Wochen dauern. Der Lohn: keine Fotos fürs Buch, aber ein fettes Konto. Gute Katalogmädchen erarbeiten sich Häuser oder Eigentumswohnungen.

Katalogarbeit ist Fließbandarbeit. Das Pensum ist knallhart. Am Tag müssen bis zu zwanzig Fotos entstehen, je nach Budget und Anspruch des Versandhauses. Du musst also funktionieren. Du musst wissen, dass man im Blazer die Arme nicht einfach runterhängen lässt, sondern sie leicht anwin-

kelt, dass du im Hosenanzug am besten in einer leichten Schrittbewegung hin- und herschaukelst. Wie du ein Kleid leicht zum Schwingen bringst, damit es locker und bewegt aussieht. Gute Tipps bekommst du am Anfang von Stylisten und netten Kolleginnen. Frage ruhig, du hast nichts zu verlieren. Die Stylisten sind bei Katalogen sehr wichtig, weil die Klamotten perfekt aussehen müssen. Das kann heißen, dass du fünf Klammern und Sicherheitsnadeln im Rücken hast. Ich habe immer versucht, mit den Stylisten gut zusammenzuarbeiten. Wenn zum Beispiel am Ärmel der Stoff schon richtig drapiert ist, mache lieber andere Bewegungen und verändere die Armhaltung für ein paar Schüsse lang nicht. Für so etwas sind Stylisten sehr dankbar, und man ist schneller fertig. Achte darauf, wie du dich auf die Kamera beziehst, damit der Werbeleiter hinterher nicht sagt: «Sie steht ja ganz nett da, aber das Foto sagt nicht: ‹Kauf mich!›» Bei Katalog-Shootings sitzt du häufig lange herum, weil immer vier oder mehr Models am selben Tag arbeiten. Du musst aber trotzdem immer in Bereitschaft sein. Nimm ein gutes Buch mit, dann kannst du die Zeit gut nutzen.

Früh aufstehen muss man immer bei Katalogjobs, deshalb solltest du längere Discoabende auf arbeitsfreie Zeiten verlagern.

Katalogkunden sind treue Kunden, gehe pfleglich mit ihnen um!

---

### RAUSGEFLOGEN

Es war eine von diesen Katalogbuchungen, bei denen man sich am besten nicht im Spiegel ansieht. Die Kleider, die wir anziehen mussten, waren eines scheußlicher als das andere.

Die Artdirektorin war eine Dame von ungefähr sechzig Jahren, ein echtes Fossil in der Branche. Sie gab sich betont jugendlich, hätte aber locker unser aller Großmutter sein können.

Schon den ganzen Tag machten wir Models untereinander flapsige Kommentare über die dunkelgrün, graublau oder beige gestreiften Kleider. Inzwischen herrschte der übliche Lästerjargon, den man braucht, um solche Produktionen zu überleben.

Ich bekam ein neues Kleid, diesmal graulila gemustert. Es machte mich mindestens zwanzig Jahre älter. Die Stylistin versuchte ihr Bestes: Silberkette, Perlenkette, Ohrclips in Silber, Ohrclips in Gold? Nichts davon half wirklich. Das Kleid und ich blieben abgrundtief hässlich. Letzter Stylingversuch: auberginefarbene Handtasche und auberginelila Kette. Ich schaute in den Spiegel und sagte nur: «Sieht doch jetzt echt geil aus!» – Eigentlich ein normaler Satz.

Die Artdirektorin zog plötzlich ihre Augenbrauenstriche hoch und fauchte mich an: «So ein Wort möchte ich in unserem Haus nicht hören, und von einem Model schon gar nicht! Sie können gehen!»

Ich wurde auf der Stelle nach Hause geschickt. Dieser Satz hat mich um zehn Tage Arbeit und viele Tausend Mark gebracht.

---

### «IN ZWEI MINUTEN ZUM OLDIE»: GIGI KONEN

Gigi Konen über ihre speziellen Erfahrungen als Stylistin:

Was ist, wenn ein Mädchen sagt: Dieses Kleid will ich nicht anziehen?

Oh, ja, das kennen wir. Meistens sind das ganz junge Mädchen. Wenn sie anfangen, denken sie, es gäbe nur Armani, Prada und Gucci. Aber das gibt es nur für ganz wenige.

Dann komme ich mit meinen Kleidern. Und dann sage ich: Ich brauche jetzt zwei

D
198.–
auch in Schw

REINE SCHURWOLLE
PURE LAINE VIERGE

Minuten, und ich mache aus dir einen Oldie. Das finden sie dann noch lustig, sie glauben nicht, was ich da sage.

Wenn sie dann aber in einem 4-Bahnen-Rock dastehen, der irgendwo auf der Mitte der Wade endet, dazu noch einen Blockabsatz, den man noch vage von seiner Volksschullehrerin erinnert – dann sehe ich, wie ein hübsches Mädchen mit toller Figur in den Spiegel schaut, und alles in ihr bricht zusammen.

Dann sage ich zu ihr: Du musst dir jetzt vorstellen, das sei der neueste Schrei von Karl Lagerfeld. Guck jetzt weg, dreh dich um. Du musst dir vorstellen, es ist ganz teuer, ganz exklusiv und du bist die Einzige, die es tragen darf! Damit kann man einigen schon ein ganzes Stück weiterhelfen. Es gibt aber auch andere, bei denen ich

den Spiegel mit einem großen Tuch abhänge, weil ich merke, sie werden damit nicht fertig. Das sind dann meistens Mädchen, die vielleicht noch zwei, drei Jahre brauchen, bis sie das rüberbringen.

**Muss man als Model pfleglich mit den Sachen umgehen?**

Meine Erfahrung ist: Je erfolgreicher und teurer die Models sind, desto kooperativer arbeiten sie. Eine Linda Evangelista schmeißt ihre Klamotten niemals irgendwohin, sie hängt sie auf den Bügel. Auch Claudia Schiffer ist irrsinnig diszipliniert.

Alle Mädchen, die gerade anfangen, Karriere zu machen, verhalten sich wie Prinzessinnen. Sie lassen die Kleider einfach vom Körper fallen. Manche steigen auch so aus den Klamotten heraus, dass – alles verdreht und ineinander gezogen – geradezu ein Kunstwerk entsteht.

Das ist diese Haltung: Ich bin ein Model, ich bin wer. Es sind aber meistens gerade die Mädchen, die man nicht sehr lange sieht.

**Gibt es Mädchen, an denen jedes Outfit gut aussieht?**

Oh, ja! Mir fällt da ein wunderschönes Mädchen ein, Claudia Galhando, die sieht man in vielen Katalogen. Sie hat nicht nur einen schönen Körper, bei dem die Proportionen stimmen, sondern kann auch alles anziehen. Sie guckt sich das an und weiß sofort: In diesem Rock stehe ich so, das Bein stelle ich etwas nach vorne, in der

# DAZED

& CONFUSED 8:

KISS ME, STUPID

WHATEVER HAPPENED TO MY OCK'N'ROLL?

# CHRISTINA KRUSE

# SUSANNE HOPPE

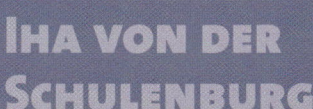

IHA VON DER
SCHULENBURG

Bluse winkle ich den Arm leicht ab usw. Egal, ob das ein Teil für 5 Euro oder für 500 ist. Solche Models sind dann auch ihre 5000 Dollar am Tag wert.

Wenn ein Mädchen sich selbst motivieren möchte, kann sie sich sagen: Dieses Outfit sieht zwar doof aus, aber an dir ist es toll! Du bringst das rüber, du bist ein Typ, an dem sogar so etwas gut aussieht! Es ist kein Kunststück, in Armani gut auszusehen. Dorthin zu kommen, dass du nur in solchen teuren Designer-Outfits fotografiert wirst, das ist das Kunststück.

**Was viele wissen wollen: Wie läuft das Styling bei Männerunterwäsche?**

Gerade bei Männern kann das sehr lustig sein. Die sind meistens sehr cool drauf. Wenn ich so eine Opahose, Breitripp mit Eingriff, habe, nähe ich erst mal den Eingriff zu. Es schließt eben nicht richtig!

Es gab einmal eine herrliche Szene: Der Junge zieht eine Unterhose an. Ich sehe ihn an, sage: Da muss jetzt was rein. Also kommt das Schulterpolster. Ich verfrachte es hinein, und er weiß eigentlich gar nicht, wie ihm geschieht. Ich stelle plötzlich fest, dass das Polster gar nicht mehr vonnöten ist. Also nehme ich es wieder raus und sage zu ihm: Anfänger! Daraufhin brauche ich das Schulterpolster dann doch wieder …

## MODELN FÜR DEN *OTTO-KATALOG*: SARAH RISSEN, CHEFIN DER ABTEILUNG MODEL-BOOKING

**Buchen Sie auch echte Anfängerinnen?**

Nein, das können wir uns nicht leisten. Wir haben immer lange Fotostrecken. Wenn wir da ein Mädchen haben, das wirklich blutige Anfängerin ist, das noch gar nicht weiß, wie's läuft, ist es zu anstrengend für das Team und das Mädchen.

**Was verstehen Sie unter «wissen, wie's läuft»?**

Sie muss wissen, dass wir viele Einstellungen machen pro Tag. Dass dauernd neue Schminke, neue Haare gemacht werden. Dass wir von einer Location zur anderen fahren. Das ist schon ein hartes Pensum. Das kann man nicht vergleichen mit einer redaktionellen Zeitschriftenproduktion, z. B. für die *Vogue*, die mehr Zeit für die Aufnahmen hat.

**Wie viele Einstellungen machen Sie pro Tag?**

Das ist von Projekt zu Projekt unterschiedlich. Im Schnitt zehn bis zwölf Aufnahmen. Es können aber auch mal mehr sein. Vor ein paar Jahren haben wir viel mehr gemacht. Aber wir haben gemerkt, dass das die Qualität mindert.

**Mit wem sprechen Sie nach einer Produktion darüber, wie es gelaufen ist?**

Der Artdirektor berichtet uns, wie die Mädchen sich bewegt haben, ob man schnell und effektiv mit ihnen arbeiten kann.

Wir sehen hinterher auf den Fotos, ob das Team harmonisch war oder nicht. Entscheidend ist aber letztlich die Qualität der Fotos.

**Wir schlagen jetzt irgendeine Seite des Hauptkatalogs auf. Ich würde gerne ein paar Kommentare von Ihnen hören … Nehmen wir diese beiden Mädchen hier.**

Die kamen gut an, haben extrem gut verkauft. Das ist für uns natürlich ein Kriterium, sie wieder zu buchen.

**Dies hier ist ein Model, bei dem jedes Mädchen sagen würde: Das könnte ich auch sein.**

Das ist genau richtig. So soll es auch sein, sie dürfen auf keinen Fall abgehoben wirken.

**Sagen wir mal, dieses Mädchen wird zwanzigmal fotografiert. Können Sie feststellen, ob die Kleider, die sie trägt, besonders gut verkauft werden?**

Das gibt es. Aber nicht nur das Model macht den guten Verkauf aus, sondern die ganze Inszenierung, Location, Styling, Haare, Make-up. Diese beiden Mädchen arbeiten seit vier Jahren bei uns. Sie waren 16, als sie anfingen. Die sind mit uns älter und reicher geworden.

**Hier haben wir eine Seite mit einer Dunkelhäutigen und einer Blonden. Die sieht dagegen richtig blass aus.**

Ja, gegen die Brasilianerinnen haben es Eu-

ropäerinnen schwer, die müssen schon ein besonderer Typ sein. Ich finde es schon erstaunlich: Sobald die Mädchen ein bisschen gebräunt sind, vielleicht sogar brasilianisch aussehen, lassen sich gerade Bademoden und Wäsche besonders gut verkaufen.

**Sollten hellhäutige Europäerinnen auf die Sonnenbank gehen?**

Sie sollen nicht richtig braun sein. Ein bisschen vielleicht, sodass es gesund aussieht. Aber mehr auch nicht.

**Dieses Model ist sehr jung, sie sieht aus wie 13.**

So junge Modelle haben wir gar nicht, sie ist ungefähr 16. Jüngere möchten wir auch nicht.

**Würden Sie dieses Mädchen wieder buchen?**

Nein.

**Warum nicht?**

Sie hat zu wenig Ausdruck im Gesicht. Sie ist ganz hübsch, aber sie sieht auf dieser Doppelseite immer gleich aus. Es muss schon ein Spektrum da sein.

**Jetzt sagen Sie: Die buche ich nicht wieder. Was könnte das Mädchen dafür tun, dass Sie es mal wieder ausprobieren?**

Die Agentur muss sich darum kümmern und dafür sorgen, dass das Mädchen mehr Routine bekommt. Deshalb arbeiten wir auch nur mit seriösen, bekannten Agenturen. Wir beobachten neue Agenturen sehr lange, bevor wir mit ihnen zusammenarbeiten. Denn zurzeit schießen sie nur so aus dem Boden.

**Dieses Model ist schon etwas älter, sieht aus wie Mitte dreißig. Wo ist die altersbedingte Obergrenze?**

In diesem etwas älteren Segment sind tatsächlich einige, die zwischen 35 und 40 sind. Wir haben sogar eine fünfzigjährige Dame. Das ist aber eine Ausnahme. Es gibt auch nur einen ganz kleinen Kreis guter älterer Models.

**Alles älter gewordene Profis?**

Ja, da gibt es keine Anfänger. Das sind alles Damen, die immer noch attraktiv sind. Normalerweise ist mit Ende zwanzig Schluss. Claudia Schiffer ist jetzt 31, aber sie ist auch eine Ausnahme.

**Wie viele Mädchen gibt es, die Sie im Alter von 35 noch buchen würden?**

Da gibt es vielleicht weltweit 100. Sie sind ganz rar. Und sie haben alle gut zu tun.

**Dieses Model ist auch ein toller Typ.**

Ja, sie ist schon acht Jahre bei uns. Wir haben immer gesagt, wenn sie mal ausfällt, wüssten wir nicht, was wir tun. Jetzt ist sie schwanger. Das ist ja menschlich. Das ist ein Mädchen, bei dem es immer wieder die Diskussion gibt: Ist sie nicht zu alt? Aber sie bringt so viel Sympathie und auch Umsatz, dass sie eigentlich nicht wegzudenken ist.

**Können die Agenturen mit den Preisen hochgehen, wenn ein Mädchen mehrmals hintereinander gebucht wird?**

Nein, so einfach ist das nicht. Wir sind treue Kunden. Die Mädchen und die Agentur wissen unsere Treue zu schätzen: Zweimal im Jahr kommt eine lange Buchung. Sie halten sich dann auch diese zwei Wochen frei.

**Auf diesen Seiten haben wir eine harte Aufgabe: Hosen.**

Torso-Fotografie wird immer unterschätzt. Man muss eine Superfigur haben, einen ganz tollen Po, ganz lange schmale Beine. Und was ganz schwierig ist: Man muss sich sehr schön bewegen können. Das hat man, oder man muss es sich schwer erarbeiten.

**Und noch ein schwieriges Feld: Wäsche. Höchste Anforderungen an den Körper!**

Die Mädchen müssen eine schöne Figur und schöne Haut haben und dürfen nicht zu dünn sein.

**Machen alle Mädchen, die für Wäsche arbeiten, viel Sport?**

Ja, das ist Bedingung, ganz diszipliniert.

**Wenn man genau hinschaut: Auch im Sitzen haben sie immer eine gestreckte Haltung. Bauchfältchen haben da gar keine Chance.**

Das ist sehr anstrengend, der Fotograf gibt ganz genaue Anweisungen. Es gibt Posen, die nennen wir Erfolgsposen. Die verkaufen besonders gut.

**Spielt es eine Rolle, ob der Busen echt ist oder nicht?**

Ehrlich gesagt: nein.

# HANDMODELS

### BYE-BYE BEINE

Die Arbeit als Handmodel kann ganz schön unbequem werden. Gigi Konen berichtet von einer Fotoproduktion:

«Als Handmodel braucht man sehr, sehr viel Geduld. Geduld bis zum Atemstillstand. Bei einer Werbekampagne von Bitburger war immer das Bierglas der Mittelpunkt,

und ganz unscharf sah man einen Teil des Körpers, der Sport, Eleganz, Familie usw. transportieren sollte. Ich saß dort in einem Tennisröckchen. Auch die Tennisschuhe sollten im Anschnitt zu sehen sein. Meine Hand mit dem Bierglas war natürlich voll im Bild. Man muss dazu sagen, dass es eine richtige Wissenschaft ist, eine perfekte Krone auf ein Bier zu zaubern. Es gibt viele Künstler, die nur darauf spezialisiert sind. Und das perfekte Glas Bier muss immer wieder neu präpariert werden, mit verschiedenen «Zaubermitteln», die zum Teil giftig sind. Man darf das Zeug nie trinken. Auch das Bierglas wird speziell ausgeleuchtet. Es kann dauern, bis alles stimmt.

Das heißt, ich musste sehr lange in ein und derselben Position sitzen. Meine Füße konnte ich nicht mit eigener Kraft in dieser Stellung halten. Also haben sie sie in Schraubstöcken festgeklemmt. Ich musste fast 2 Stunden millimetergenau in dieser Position verharren. Da schläft einem alles ein. Aber man muss es aushalten, denn wenn man in der Situation sagt, ich brauche eine Pause, ist das viel schlimmer als durchzuhalten. Irgendwann ist das Gefühl weg, dann ist es nicht mehr schlimm. Ich spürte meinen Unterkörper nicht mehr. Als sie die Schraubstöcke lösten und ich versuchte aufzustehen, fiel ich gleich wieder hin. Ich konnte nicht mehr auf meinen eigenen Beinen stehen. Wir haben alle gelacht. Ich hab mich dann der Länge nach im Studio hingelegt. Ganz langsam hat sich mein Unterkörper kribbelnd zurückgemeldet...»

## AUF DIE TUBE DRÜCKEN

Achte mal bei Anzeigen oder Fernsehspots darauf, wie oft du eine Hand siehst. Eine Hand, die genau die richtige Menge Zahnpasta aus der Tube auf die Bürste drückt. Oder eine Brezel neben das Würstchen legt, genau zwei Zentimeter vom Tellerrand entfernt.

Oder eine Hand, die Milch in eine Kaffeetasse gießt, direkt in die Mitte, mit dem perfekten Schwung, sodass nichts überschwappt.

Für solche Bilder und Werbespots braucht man sehr schöne Hände.

Die Kriterien für Handmodels sind hart:

Alle Finger müssen gerade und sehr lang sein. Die ganze Hand muss sehr schmal und lang gestreckt aussehen. Die Nagelbetten sollten gleichmäßig gewachsen sein, der Nagel aussehen, als ob er über die Kuppe herauswüchse. Überlange Nägel gelten wiederum als unästhetisch, damit kann man keine langen Finger vortäuschen. Die Nägel sollten ziemlich hart sein, sodass nicht ständig ein abgebrochener «Unfallnagel» den perfekten Eindruck verdirbt.

Als Handmodel arbeitest du mit ganz anderen Fotografen als bei Modeproduktionen. Die Stilllife-Fotografen sind meistens tatsächlich still und ganz ruhige Typen. Das müssen sie auch sein, denn hier geht es um höchste Präzision. Die meisten Menschen können sich nicht vorstellen, wie viel Mühe und Feinarbeit notwendig ist, um ein Schmuckstück makellos abzulichten. Oder ein Cremetöpfchen mit einer Fingerspitze voll Creme gut aussehen zu lassen. Das Licht muss millimetergenau eingerichtet werden, die Spiegelungen müssen stimmen, und die Creme darf unter den vielen heißen Lampen noch nicht weggeflossen sein. Der große Vorteil von Handjobs ist, dass eine Hand nicht denselben Wiedererkennungswert hat wie ein Gesicht. Man kann für Unmengen verschiedener Konkurrenzprodukte nebeneinander arbeiten: Zigaretten, Nagelprodukte, Cremes, Waschmittel – eben alles, wobei Hände zu sehen sind. Als Handmodel braucht man nicht notwendigerweise ein fotogenes Gesicht. Es gibt viele, die ausschließlich ihre Hände in die Kamera halten. Vermittelt werden die Handjobs von den normalen Modelagenturen. Wenn du also so zarte Pfötchen wie oben beschrieben hast, lohnt sich vielleicht der Gang zu einer Agentur.

## «IN EINZELTEILEN GEHE ICH AM BESTEN»: GIGI KONEN

Jahrelang streichelten, cremten und fütterten sich die Hände von Gigi Konen durch deutsche Zeitschriften und über den Bildschirm.

Gigi hat die schönsten Hände, die ich je gesehen habe. Das Supermodel Elle MacPherson bekam wegen ihres perfekten Körpers den Beinamen «The Body». Gigi nannte man «Die Hand».

**Was alle Frauen interessiert: Wie pflegst du deine Hände?**

Als Handmodel muss man sich davon verabschieden, jemals einen Spüllappen in die Hand zu nehmen. Man muss alles mit Handschuhen machen. Das ist der beste Schutz. Ich habe in meinem Leben Unmengen von Handschuhen verschlissen, auch im Sommer. Ich bin auf Sylt nackt am Strand entlanggegangen – mit Baumwollhandschuhen! Die Hände dürfen nicht zu braun werden, sonst sieht die Haut zwischen den Fingern aus wie helle Schwimmhäutchen.

**Du weißt es bestimmt: Welche Handcreme ist die beste?**

Ich dachte: Wenn jemandem gute Handcremes zustehen, dann mir. Also kaufte ich mir die teuerste Creme auf dem Markt. Die war nicht schlecht, aber die ganz normale «Atrix» ist völlig ausreichend! Feuchtigkeit ist wichtig, also sollte man auch mal eine

1 Make up-Kassette, ungefüllt DM 6,80
2 Make up-Kassette, ungefüllt DM 16,80
3 Kajalstift DM 6,80
4 Wasserfester Mascara DM 8,50
5 Lippenpinsel DM 1,80
6 Compact Rouge DM 6,80
7 Creme Make up DM 19,50
8 Nagellack DM 6,80
9 Lippenstift DM 8,50
10 Puderpinsel DM 12,80
11 Fettfreier Augen-Make up Entferner, 50 ml DM 5,80
12 Rougepinsel mit Lidschattenapplikator DM 4,80
13 Liquid Liner, Augen-Make up Konturenstift DM 16,80
14 Lidschatten-Magnetpfännchen DM 4,80
15 Lidschatten-Doppelapplikator DM 1,80
16 Make up-Kassette, ungefüllt DM 16,80

Nacht lang mit dicker Cremeschicht in Handschuhen schlafen.

**Ist Nagellack eigentlich schädlich?**

Seit ungefähr 20 Jahren sind meine Nägel fast nie unlackiert. Dadurch hat sich das Nagelbett verändert. Ich hatte mal flache Nägel. Offensichtlich hat sich die Oberflächenspannung verändert. Jetzt sind sie eher gewölbt.

Nagellack tut dem Nagel nichts, denn der besteht aus totem Horn. Man kann den Nagel sogar ein bisschen härten, wenn man Lack mit Formaldehyd nimmt, sofern man sich auf diese Gifte einlassen mag.

*Fingernägel fühlen sich anders an, wenn sie lackiert sind. Ich kann es zum Beispiel kaum mehr als einen Tag mit Lack aushalten. Wie ist das bei dir?*

Gelegentlich laufe ich inzwischen auch mit unlackierten Nägeln herum. Das musste ich mir aber richtig antrainieren. Ich bin nachts um zwei wach geworden, mit einem Gefühl, als wenn meine Nägel gequetscht würden. Vielleicht, weil sie sich auseinander bewegen. Ich habe sie dann wieder lackiert und konnte weiterschlafen.

*Waren deine Hände immer deine Hände?*

Nein, nein, meine Hände gehörten vielen …

Du musst ein Gefühl dafür entwickeln, wie man eine Bewegung ausführt, die aussieht wie von einem anderen Menschen.

Einmal habe ich einen Spot für einen Joghurt gemacht. Das Mädchen konnte mit dem Gesicht Begeisterung zeigen: Das ist der tollste Joghurt der Welt. Aber ihre Hände waren nix für die Kamera. Ich stand hinter ihr, zwischen uns ein schwarzer Vorhang. Ich sah nichts.

Nun musste ich den Löffel in das Joghurtbecherchen führen, das ich in der anderen Hand hielt. Dann sollte ich, die sie war, einen Löffel Joghurt probieren.

Ich hatte den Joghurt, sie sagte ihren Text, dann sollte ich mit dem Löffel den Becher treffen, die richtige Menge Joghurt erwischen und sie hoch zum Mund transportieren.

Das ging dann erst mal an die linke Wange. Dann an die rechte Wange. Sie musste jedes Mal neu geschminkt werden. Nun wollte sie den Joghurt nicht immer an der Wange haben und schnappte nach dem Löffel. Das wollte aber der Regisseur nicht. Bei diesem Spot habe ich etwas sehr Entscheidendes gelernt: Um eine Bewegung exakt auszuführen, ist nicht der Hinweg interessant, sondern der Rückweg. Man kann sich einen Bewegungsablauf rückwärts sehr gut merken. Also habe ich den Löffel von ihrem Mund aus an den Becher geführt und dann im richtigen Ablauf zurück an den Mund. Das ist ein Supertrick!

*Warst du auch Double bei «hautnahen» Szenen?*

Ja, zum Beispiel bei einem Dreh für eine Slipeinlage. Sie hatten ein Mädchen mit einem sehr hübschen Po gebucht. Ich lag auf einer Art Sprungbrett über ihr, musste ihr den Slip hochziehen und danach über die Pobacke streicheln. Das war dann ja eigentlich meine Pobacke.

*Hast du oft mit denselben Fotografen gearbeitet?*

Es ist ein großer Vorteil, wenn man bei Stilllife-Fotografen arbeitet. Die mögen ganz gern immer dieselben Leute um sich haben. Es herrscht nie Hektik im Studio, es geht vergleichsweise ruhig zu.

**Hat man als Handmodel überhaupt Gestaltungsmöglichkeiten?**

Gerade bei Handjobs ist der Spielraum sehr begrenzt. Da gibt es normalerweise ganz feste Vorgaben. Du bist mehr im Sachfotobereich und wirst auch so in das Foto integriert.

**Ist das lange Stillhalten nicht auch ermüdend?**

Stimmt. Und gerade bei Stillife wird mit sehr viel Licht gearbeitet. Wenn diese Lampen ständig brennen und blitzen, verbraucht sich – so kam es mir immer vor – langsam der Sauerstoff. Irgendwann überfällt einen eine geradezu bleierne Müdigkeit. Und du denkst nur: Nicht bewegen. Genau so bleiben.

**Man darf also auch kein Zappelphilipp sein?**

Nein, Stillhalten muss man schon können. Ich habe zum Beispiel eine ganze Serie für *De Beers* gemacht. Da war das Profil zu sehen, die Hände und ganz viel Schmuck. Ich lag auf einer Glasplatte in einer festen Position. Die Hand war hingelegt, und nun musste der Rest um mich herumdrapiert werden. Einige Ringe sollten hochkant stehen.

Einmal knackte sogar die Glasplatte. Es war zwar Sicherheitsglas, aber ich wusste fast nicht mehr, wie ich noch atmen sollte.

Ein anderes Mal fiel die große Lichtwanne herunter. Es gibt Lichtwannen, die irrsinnig groß sind. Sie hängen an Flaschenzügen. Plötzlich machte es «Rattatazong!». Die Wanne stülpte sich über mich. Alles um mich herum war schwarz. Ich hatte gekauert und saß nun wie ein Hase unter der großen Wanne. Stille. Dann ganz leise der Fotograf: «Gigi?»

Er hatte schon gedacht, ich wäre hin. Aber ich hatte Riesenglück. Mir war kein Härchen gekrümmt worden.

**Hast du mit den Händen – man ist ja nicht zu erkennen – für erotische Motive gearbeitet?**

Es gab über mehrere Jahre eine Serie für die Männerzeitschrift «Lui». Die fotografierte Reinhard Wolf: jeweils ein doppelseitiges Aufmacherfoto, das auf eindeutig erotische Art Rezepte bebilderte. Das hat sehr viel Spaß gemacht, weil er mir oft die Gestaltung überließ.

Einmal ging es um selbst gemachte Bandnudeln. Ein Food-Stylist produzierte kilometerlange Bandnudeln. Ich habe ein paar Nudeln genommen, habe sie mir um das Handgelenk gewickelt und sie wie eine lange Peitsche runterhängen lassen.

Oder das Schnitzel. Da habe ich die Fingernägel braun lackiert und richtig in das Fleisch hineingegriffen.

**Wirst du als Handmodel ebenso respektiert wie als «ganzes» Model?**

Einmal kam ich ins Studio, und ein Assi rief: «Die Hand ist da!»

Daraufhin habe ich ihm höflich erklärt: «Entschuldigung, da ist auch noch ein Kopf dran, ich hoffe, das stört nicht. Und ganz nebenbei: Ich habe auch noch einen Namen!» Da wurde er ganz verlegen.

Hat es dir nichts ausgemacht, dass du «nur» deine Hand zur Verfügung gestellt hast?

Ich gebe mal ein Beispiel: «Kleenex»-Tücher kennen wir in einer roten, blauen, gelben Box. Für jede Farbe wurde ein anderes Mädchen als «Anwenderin» gezeigt. Jede hatte zwei Drehtage. Ich musste alle drei Mädchen mit den Händen doubeln. Und dazu noch die Packshots. Für jede Farbe zwei Tage. Rate mal, wer die Gewinnerin im Ring war ...

Wie wird man als Handmodel bezahlt?

Als ich zum ersten Mal 2500 Mark bekam, sagte ich zu meiner Agentin, ich würde es auch für die Hälfte machen – nicht, dass ich womöglich aufgrund des hohen Preises nicht gebucht würde. Sie sagte nur, für mich könnten sie nehmen, was sie wollten. Ich habe meine Spitzengagen definitiv als Handmodel bekommen. Das waren damals bis zu 5000 Mark am Tag, in einer Zeit, in der es sonst 2000 Mark gab. Ich habe dann immer gesagt: «In Einzelteilen gehe ich am besten.»

Muss man mit seinen Händen besonders präzise umgehen können?

Ich wurde einmal für einen halben Tag als Handmodel nach München geflogen. Und dann zog man mir für das Foto Handschuhe an! Dafür wäre doch auch die Hand der Sekretärin okay gewesen. Nein. «Die Art und Weise, wie du deine Hände bewegst, das ist der Unterschied», sagte man mir.

Ich habe mich mit meinen Händen und dem Thema «Anfassen» intensiv befasst. Man entwickelt ein neues Bewusstsein dafür. Das verändert die Bewegungen. Die Hand wird ein wichtiges Körperteil. Auch heute noch sagen die Leute, ich spräche sehr viel mit den Händen. Sie sind sehr präsent.

Am Ende meiner Karriere, als der Zahn der Zeit auch an den Händen nagte, bekam ich immer noch viele Buchungen. Oft brauchen sie jemanden, gerade für Werbefilme, der ganz exakt eine Bewegung ausführt.

Es war absurd. Sie haben mich bezahlt, obwohl gar nichts mehr von mir zu sehen war.

# INS WOHNZIMMER FLIMMERN

## WERBESPOTS

Bis du für einen Werbespot gebucht wirst, solltest du schon einige Erfahrungen im Model-Business gesammelt haben. Die Agenturen schicken selten echte «Frischlinge» zu den Video-Castings, denn die Anforderungen sind extrem hoch. Da ist es sehr nützlich, wenn du schon eine gewisse Sicherheit mit dir selbst und ein gutes Nervenkostüm hast.

Die Auswahl, wer eine Rolle im Fernsehspot bekommt, ist sehr hart, denn die Kunden müssen absolut davon überzeugt sein, dass sich ihr Produkt mit dir besser verkauft als ohne dich. Die Zuschauer müssen glauben, dass du die Marmelade auch wirklich superlecker findest. Dass du mit Kaugummi XY noch besser drauf bist. Oder dass du ständig ausflippst, wenn du an dein neues Auto denkst. Nur dann – so hofft die Werbeindustrie – entscheiden sich die Käufer, die Glücksbringer aus dem Fernsehen auch zu kaufen. Und nur darauf kommt es an.

Bevor ein Model gebucht wird, hauen sich die Werbefachleute Texte um die Ohren wie: «Wir haben ein integratives Konzept entwickelt, das uns meines Erachtens die Tools in die Hand gibt, um dem Produktversprechen entsprechend unserer Copy-Strategy einen maximalen Impact zu geben, besonders im Hinblick auf die Key Visuals» (aus: Frédéric Beigbeder: «39,90», Rowohlt 2001).

Bei Fernsehspots kann man nicht am Computer mogeln wie bei Fotos. Kein nachträgliches Hautglätten, Pickelübermalen oder Lippenaufpumpen. Du musst von Natur aus perfekt sein für das Image, das der Kunde mit seinem Produkt verbinden will. Deshalb wird für jeden Werbespot nicht nur in deiner Stadt gecastet, sondern in ganz Deutschland oder sogar europaweit. Harte Konkurrenz!

Aber wenn du Lust am Spielen hast, kannst du sogar ausgebildete Schauspieler ausstechen. Und mit einem Werbespot hast du einen tollen Job gelandet, denn Fernsehwerbung wird sehr gut bezahlt. Man bekommt zusätzlich Geld, wenn der Spot im Ausland läuft, was inzwischen eigentlich immer der Fall ist, weil alle Sender über Satelliten in ganz Europa, in Nordafrika und zum Teil in Asien ausgestrahlt werden. Läuft der Spot länger als ein Jahr, wird nochmal eine fette Summe fällig.

Die meisten Fernsehspots sind 30 Sekunden lang. Der Dreh dafür kann aber zwischen einem Tag und zwei Wochen dauern. Eine entscheidende Rolle spielt dabei, wie viele Einstellungen gemacht werden und wie kompliziert sie sind. Schau dir mal ein paar Spots im Fernsehen bewusst an und zähle mit, wie oft geschnitten wurde! Man ahnt gar nicht, wie viel Aufwand darin steckt. Sogar ganze Welten entstehen neu.

Statt an einem Sonntag in ein leeres Großraumbüro zu gehen, wird für Zigtausende von Euro ein komplizierter, genau ausgetüftelter Aufbau ins Studio gestellt. Für einen Blick aus der Froschperspektive nach oben wurde einmal eine Lichtkuppel gebraucht. Die gibt es in vielen alten Gebäuden. Aber nein: Eine englische Spezialtruppe kann so etwas besonders gut, also flogen wir nach London und drehten im Studio.

### DER GOLDFISCH

Die Zeitschrift *Petra* drehte eine Serie von Werbespots zum Thema Partyrezepte. Wir drehten in einer Altbauwohnung. Ich spielte die Gastgeberin.

Kaum habe ich die letzte Petersilie auf mein Buffet dekoriert, klingelt es an der Tür, eine verfrühte Partybesucherin. Sie stürmt herein, und während sie fragt: «Bin ich zu früh?» und ich bemüht freundlich antworte: «Nein, nein, überhaupt nicht!», stopft sie sich schon das erste meiner liebevoll angerichteten Häppchen in den Mund. «Mmh, was is' 'n das?», fragt sie noch kauend, ich bleibe nett und sage: «Hummerkrabbensterne.» Sie mampft noch ein «Köstlich, ganz köstlich» hinterher, hat aber schon das nächste Stück nachgeschoben. «Und was ist das?», krümelt es aus ihr heraus, direkt auf die Bluse. «Das ist Roquefortcreme auf Selleriestangen», knurre ich. Sie kann es nicht hören, denn sie zerbeißt gerade das nächste Stückchen, ein Knäckebrotviertel mit Lachs. Auch das erntet ein «Köstlich, ganz köstlich», während der Meerrettich in ihr Dekolleté trieft. Schon hat sie die nächste Fuhre reingestopft, fragt mit gierigem Blick nach dem nächsten Opfer – «und was ist das?» Leicht süffisant antworte ich: «Das, meine Liebe, war unser Goldfisch!» Daraufhin zuckt noch kurz die rote Schwanzflosse zwischen ihren Lippen hervor, quittiert von meinem schadenfrohen Lachen.

Die erste Einstellung war eine lange Fahrt über mein fertiges Buffet mit den Party-häppchen und endete auf einem großen, runden Goldfischglas, das kurz zur Hälfte zu sehen war. Klingt ganz einfach, aber diese Einstellung war die schwierigste. Sie dauerte ungefähr vier Stunden. Als Erstes mussten die Schienen für die Kamerafahrt gelegt werden. Das war kompliziert, weil der alte Holzboden sehr uneben war, und um jegliche Erschütterung zu vermeiden, mussten passgenaue Zentimeterstück-chen aus Holz hergestellt und untergeschoben werden. Dann wurde losgefahren. Aber immer, wenn die Kamera bis zum großen Glas gekommen war und exakt die Hälfte im Bild hatte, war der Goldfisch ausgerechnet auf der anderen Seite beschäf-tigt. Also versuchte jemand, ihn mit Futter zu locken. Fand er gut, aber nach drei Fut-terwürfen, bei denen jedes Mal zu viele Wellen das Wasser bewegten, war er leider satt. Jetzt musste jemand den Finger ins Wasser halten und ihn dann, kurz bevor er im Bild war, wieder herausziehen. Das klappte in der Probe wunderbar. Wir fingen an zu drehen. Doch sobald der Finger weg war, war auch der Fisch weg. Nach ein paar Mal hatte der Fisch keine Lust mehr auf dieses Spiel und ließ sich völlig erschöpft zu Boden sinken. Und da blieb er auch. Entweder war für ihn Schlafenszeit, oder er war schlicht überfordert. Jedenfalls dachte er gar nicht daran, wieder an die Oberfläche zu kommen.

Der Mann von der Requisite eilte los, um einen «Stuntfisch» zu kaufen.

Nach verschiedenen Futter- und Fingerversuchen verstand das Ersatztier, dass ein zartes Klopfen an der Wand des Glases ein Lockzeichen sein sollte. Ein Fehlversuch, dann tat es brav seine Arbeit und schwamm ganz munter im richtigen Moment an der richtigen Stelle herum. Wir hatten eindeutig einen hochtalentierten Jungschau-spielerfisch engagiert.

## UND ALLES AUF ANFANG, BITTE!

Das ist der Satz, der beim Dreh von Werbespots am häufigsten fällt.

Aber immer schön der Reihe nach:

An Drehtagen solltest du superpünkt-lich sein. Ein komplettes Team kostet mindestens 20 000 Euro am Tag, und wenn vierzig Leute auf einen Dar-steller warten müssen, gibt es Är-ger! Meistens musst du hundsgemein früh aufstehen. Wir waren einmal für einen Kosmetikspot in Südspanien. Die erste Einstellung sollte im Mor-gengrauen gegen 5.30 Uhr stattfinden. Das hieß für mich: um 3.30 Uhr auf-stehen. Und nicht maulig sein!

Wenn du an den Drehort kommst – ob im Studio oder «auf Location» –, wuseln bis zu vierzig Leute durcheinander. Irgendjemand wird auf dich zukommen und sich als Aufnahmeleiter vorstellen. Dieser Mensch sorgt dafür, dass alle zur rechten Zeit dort sind, wo sie gebraucht werden. Dann gibt es noch den Regisseur, den Kameramann, die Kameraassistenten, mehrere Beleuchter, einen Produktionsleiter, zwei Leute für den Ton, einige Praktikanten, einen oder mehrere Kunden, ein paar Leute von der Werbeagentur, Kostümfrau, Maske (so heißt beim Fernsehen der Mensch fürs Make-up), mehrere Leute in der Küchenabteilung und ein paar Mädchen für alles. Und noch ein paar Leute, von denen man den ganzen Tag lang nicht erfährt, warum sie eigentlich da sind.

Zunächst bringt dich der Aufnahmeleiter in die Maske. Da wirst du etwa eineinhalb Stunden zugekleistert – so fühlt sich das Fernseh-Make-up an – und frisiert.

Dann steckt dich eine Kostümfrau nacheinander in verschiedene Outfits, und eine Jury, bestehend aus allen wichtigen Leuten am Set, entscheidet, was du im Spot anhaben wirst. Gib nur dann einen Kommentar zu den Klamotten ab, wenn du gefragt wirst! Die Kunden haben eine ganz bestimmte Vorstellung davon, welche Assoziationen du bei den Zuschauern wecken sollst. Das hat nichts damit zu tun, wie du im normalen Leben herumläufst.

Nun geht es an den Set, den Aufbau mit Kamera und sehr vielen Scheinwerfern. Auch wenn der Dreh draußen stattfindet, wird meist mit zusätzlichem Licht gearbeitet, obwohl es hell ist. Aber für die Kamera gelten andere Gesetze als für das menschliche Auge. Es kann durchaus sein, dass noch eine ganze Weile am Licht gebastelt wird, selbst wenn du schon im Set stehst und langsam zu schmelzen beginnst. Auf deinem Gesicht landen im Laufe des Tages sowieso noch viele, viele Schichten Puder.

Den ganzen Spot gibt es schon auf Papier, dem so genannten «Storyboard». Für jede Einstellung hat ein Graphiker eine kleine Zeichnung mit dem entsprechenden Text dazu gemacht. Das ganze Konzept haben viele kluge und verdammt gut bezahlte Menschen in der Werbeagentur wochenlang ausgebrütet und auf mehreren Treffen mit dem Kunden bis zur letzten Zufriedenheit abgestimmt. Daran muss sich der Regisseur unbedingt halten. Das ist sein Pflichtprogramm. Wenn er mag, kann er danach noch eine Kür mit zusätzlichen Einfällen drehen. Es ist für dich immer interessant, einen Blick auf das Storyboard zu werfen, um die Zusammenhänge zu verstehen. Aber bitte irgendwann zwischendurch in einer Pause, nicht bei Drehbeginn! Denn wie beim Spielfilm wird nicht immer chronologisch in der richtigen Reihenfolge gedreht.

Jetzt geht's los. Der Regisseur erklärt dir, was du machen sollst, und dann wird erst mal geprobt. Wenn du vorher einen Text bekommen hast, kannst du ihn selbstverständlich gut auswendig. Auch für den richtigen Dreh gilt, was im Kapitel über Video-Castings beschrieben ist: Übe den Text, bis du ihn dir selbst glaubst.

Die wichtigste Person für dich ist der Regisseur. Er sagt dir genau, was er von dir möchte, und gibt auch weiter, wie die Kunden reagieren. Denn die sitzen in einem Nebenraum oder et-was abseits vor einem Monitor und sehen alles, was die Kamera sieht. Du kannst nicht hören, was sie tuscheln oder bemängeln, und das ist auch besser so. Der Ton in der Werbung ist oft rau und arrogant. Kümmere dich nicht darum! Dein Ansprechpartner ist der Regisseur.

Nach den ersten Takes wird er etwas sagen wie: «Schon ganz talentiert, aber ...» Nach dieser netten Einleitung kommen dann die Änderungswünsche. Und dann heißt es: «Und bitte alles auf Anfang!» Es geht von vorne los. Immer wieder.

Ich war bei meinen ersten Spots immer irritiert, wenn der Regisseur sagte: «Wunderbar. Wir machen noch eine.» Warum? Wenn es so wunderbar war, wieso noch eine? Diese Frage gewöhnt man sich am besten ab. Es ist einfach so.

## SCHWIEGERMUTTER ZUM KAFFEE

Wir drehten für Jacobs Kaffee. Ich, die Schwiegertochter, sollte die volle Kaffeekanne mit ganz viel Stolz vor meine Schwiegermutter auf den Tisch stellen. Ganz viel Stolz, weil die Schwiegertochter der Schwiegermutter zeigt, dass auch sie die hohe Kunst des Kaffeekochens beherrscht. Ich fand die stolze Geste übertrieben. Ich tat es einfach nicht. Jedenfalls nicht so, wie der Regisseur es wollte. Irgendwie konnte ich das nicht. Er zuckte schon bedenklich nervös mit dem Kopf. Alle wurden ungeduldig. Wir machten eine Pause. Danach ging es immer noch nicht. Er selbst machte es mir vor. Mit viel zu viel Stolz, wie ich fand. Daraufhin nahm mich seine Frau, die Regieassistentin, zur Seite und erklärte mir, dass er gleich den Dreh abbrechen würde, wenn das so weiterginge. Und ich sollte doch bitte, bitte über meinen Schatten springen. Ihr Tonfall war höchst beunruhigend. Also versuchte ich jetzt, so gut ich konnte, die blöde Kanne der blöden Schwiegermutter mit hemmungslos übertriebenem Stolz vorzusetzen.

Na endlich! Meine alberne Übertreibung war genau das, was er wollte. Noch ein paar Mal dasselbe, und gut war's. Ich erwartete einen vollkommen peinlichen Spot im Fernsehen. Aber als ich ihn später sah, war er genau richtig. Hätte ich dem Regisseur nur gleich vertraut! Mit ihm habe ich zwar nie wieder gearbeitet, aber ich hatte meine Lektion gelernt. Die Einschätzung, wie eine Geste, eine Bewegung, ein Ausdruck später auf dem Bildschirm wirkt, muss man den Experten überlassen.

## GEDULD

«It's not the take that takes the time, it's the time between the takes that takes the time.» (Für Englischmuffel: «Nicht das Drehen kostet die Zeit, sondern die Zeit dazwischen.») Ein Satz aus Hollywood, der auch auf die Werbung zutrifft. Denn du musst ständig warten, warten, warten …

Es wird oft umgebaut oder das Licht für eine andere Einstellung neu eingerichtet. Und das kann dauern. Manchmal Stunden.

Aber vor allem darfst du nicht ungeduldig mit dir selbst werden. Hin und wieder werden Kunststückchen verlangt, die man nicht sofort können *kann* …

Für ein Bügelspray (macht das Bügeln angeblich viel einfacher) sollte ich lässig die Schranktür vor meiner fertig gebügelten Wäsche zuschieben, weitergehen und wie nebenbei einen «So-leicht-ist-das-Leben»-Spruch in die Kamera sagen. Aber mit der Schranktür war das Leben gar nicht so leicht. Das verdammte Ding knallte entweder mit zu viel Schwung gegen die Wand und rollte halb wieder auf oder ging mit zu wenig Anlauf gar nicht erst zu. Auch keiner der Anwesenden schaffte es, diese einfache Idee umzusetzen. Schließlich montierte der Tischler vom Bauteam andere Rollen unter die Tür. Zwei Stunden Pause. Dann hatte die Tür den nötigen Roll-Widerstand und rollte gut dosierbar an ihren Platz.

Die unmöglichste Idee hatten allerdings die Leute von einer Kosmetikfirma. Bei den meisten Werbespots wird der Text hinterher im Tonstudio mit perfekten Werbestimmen (haben fast nur ausgebildete Sprecher) nachsynchronisiert. Weil es immer Probleme gibt, die Spots sekundengenau auf die richtige Länge zu drehen, hatte sich die Werbefirma ausgedacht, den Ton vorher sprechen zu lassen. Nicht nur einen Kommentar aus dem Off, sondern auch meinen Rollentext. Ich sollte also lippensynchron spielen, über eine Länge von etwa 20 Sekunden. Das hört sich kurz an, ist aber eigentlich nicht zu schaffen. Vor allem, wenn man dabei auch noch das Cremetöpfchen öffnet, in den Spiegel am Waschbecken schaut, die richtige Menge Creme entnimmt, sich damit zart über die linke Wange streicht, das Töpfchen wieder richtig herum hinstellt, nochmal einen kontrollierenden Blick in den Spiegel wirft, sich dann umdreht und glücklich in die Kamera strahlt.

Es war zum Verzweifeln. Das Timing war nicht hinzukriegen. Jede halbe Sekunde zu schnell oder zu langsam versaute den ganzen Take. Wir hatten schon fast beschlossen, die Sache in der geplanten Form aufzugeben und den vorproduzierten Text in den Mülleimer zu schmeißen.

Aber mich packte dann doch der Ehrgeiz. Ich bat um eine halbe Stunde Übungszeit. Das wurde genehmigt. In dieser Zeit ließ ich mir vom Tonmann wieder und wieder den Ton einspielen und übte den Ablauf. Wie man ein Gedicht auswendig lernt, lernte ich nun einen Werbetext mit allen Bewegungen. Bis er saß.

Direkt im Anschluss probierten wir es nochmal, und – erstaunlicherweise klappte es, auf Bruchteile von Sekunden genau. Ich bin sicher, zehn Minuten später hätte ich es schon nicht mehr gespeichert gehabt.

## MITREDEN ODER MUND HALTEN?

Das ist gerade bei Werbespots eine schwierige Frage. Denn es haben ja schon viele Überlegungen, Diskussionen und Meetings stattgefunden, um alles abzusegnen.

Trotzdem kann man manchmal beim Dreh – sehr vorsichtig – Vorschläge machen. Aber nur, wenn sie die eigene Rolle betreffen und wenn man sie gut begründen kann. Denn obwohl du deine Aufgaben möglichst gut ausführen musst, solltest du den Kopf nie ganz abschalten.

---

### AUKTION

Es ging um eine Bank, die für Kreditberatungen wirbt. Ich war die Frau eines Geschäftsmannes, der auf einer Auktion um ein teures Bild mitsteigerte. Ich saß neben ihm und verfolgte mit staunenden Augen, wie das Bild immer teurer wurde. Vergeblich versuchte ich ihn mit zugezischten Ermahnungen zur Vernunft zu bringen. Dann bekam er den Zuschlag, und ich sollte ihm vor Freude um den Hals fallen.

Moment mal: Erst ermahnte ich ihn, und dann war ich übergangslos außer mir vor Freude?

Irgendwie stimmte das nicht. Als wir die Geschichte wie geplant im Kasten hatten, machte ich den Vorschlag, eine leichte Änderung einzubauen. Ich wollte, nachdem der Versteigerungshammer gefallen war, erst den Bruchteil einer Sekunde wie versteinert dasitzen. Den Auktionator anschauen, dann meinen Mann und erst dann Freude in mir aufsteigen lassen und ihn umarmen. «O. k., spiel uns das mal vor.» Alle lachten: «Gut so, wird gekauft!»

Die Szene bekam durch diese kleine Änderung ein komisches Element. Das ist immer gern gesehen.

---

### DIE ZICKE

Mein Nachbar, ein Junggeselle, klopft an die Tür und will sich ein Putzmittel ausleihen. Ich bin eine Zicke und gebe ihm das «Sagro-Plus» mit den Worten: «Der Herr kriegen wohl Besuch heute Abend?» Kurzer Dialog, er geht. Auf meine hinterhergerufenen Worte: «Wiedersehen macht Freude», die sich auf das Putzmittel beziehen, reagiert er wie ein Typ, der sich für unwiderstehlich hält, mit verheißungsvollem: «Na klar, bring ich Ihnen heute Nacht noch zurück …» Meine Reaktion am Ende ist ein ganz offensichtlich falsches Lachen.

Ich fand, dass so eine pingelige Pedantin wie ich bestimmt nicht nur zickig ist, sondern auch nach jedem Besucher die Wohnung desinfiziert. Also machte ich den Vorschlag, nach dem dreisten Auftritt meines Nachbarn sofort die imaginären Fingerabdrücke vom Türrahmen wegzuwischen. So haben wir es dann auch gedreht. Herrlich, so eine Pingeltante zu spielen.

Wenn man auf so eine Art Einfluss nehmen kann, macht der Job riesigen Spaß!

## «DEIN KOPF IST HIER NICHT GEFRAGT!»

Bei einem Werbespot hatten wir schon längst die Zeit überzogen, alle waren nervös. Wir drehten in einer Wohnung mit vielen alten Stilmöbeln.

Für die letzte Einstellung wurde wieder umgebaut. Der Kameramann hatte einen Lichtreflex in der Kamera, der nicht sein durfte. Er konnte aber nicht erkennen, woher er kam.

Ungefähr zwanzig Lampen, Scheinwerfer und Lichtwannen waren im Raum verteilt. Sowohl die Möbel als auch die Garderobe und dazu noch ich, sollten perfekt ausgeleuchtet sein. Eine komplizierte Lichtsituation also. Sie hatten bereits jede Lampe mehrmals kontrolliert, der Reflex war noch immer da.

Ich wurde ungeduldig und stellte mich direkt vor die Kamera. Von dort aus konnte ich plötzlich genau sehen, woher die Spiegelung kam. Das hinterste Segment des Kronleuchters brach einen Lichtstrahl und warf ihn ab und zu bei einem leichten Windhauch in Richtung Kamera.

Ich sagte zum Kameramann: «Es ist das hinterste Glasteilchen vom Kronleuchter.» Er schnaubte mich an: «Dein Kopf ist hier nicht gefragt!»

Es war wirklich genau dieses Teil, das uns wertvolle Zeit gekostet hatte. Der Kameraassistent entfernte es, und wir konnten weiterdrehen. Kein Danke für mich!

Von da an habe ich mir immer sehr gut überlegt, ob ich mich in den Job eines anderen einmische.

# On the Catwalk

## Die erste Fashionshow

Von allen Jobs, für die du als Model arbeiten kannst, sind die Shows am aufregendsten. Du zeigst dich live vor einem großen Publikum! Du bekommst von so vielen Menschen wie sonst nie im Leben volle Aufmerksamkeit. Das ist eine echte Herausforderung. Und für viele Mädchen, die Spaß am großen Auftritt haben, sind Shows das Beste, was das Model-Business zu bieten hat.

Es gibt verschiedene Arten von Modenschauen, die alle ein bisschen anders ablaufen.

## Prêt-à-porter

oder auch «Ready-to-wear» sind die Shows, bei denen auf großen Messen alle Firmen die Kollektionen für die nächste Saison vorstellen. Hierfür finden spezielle Castings statt, bei denen du immer probeweise ein paar Outfits vorführen musst. Bitte beim Umziehen kein Make-up an den Klamotten hinterlassen! Vorsichtshalber kannst du ein transparentes Tuch einstecken, das du bei engen Ausschnitten über den Kopf ziehst. Achte auch auf deine Unterwäsche, am besten ziehst du gleich einen hautfarbenen String an,

alles andere trägt auf und teilt deine Hinterbacken in unschöne Hälften.

Wenn du gebucht bist, gehst du am Tag vor den Schauen zu einer Probe. Alle Models sind dort und viele Menschen von der Modefirma. Es sieht aus wie das totale Chaos, aber es sieht eben nur so aus. Jeder weiß, was er zu tun hat.

Jedes Model bekommt seine Outfits, die Schuhe und Accessoires dazu werden verteilt und Frisuren und Make-up besprochen. Außerdem wird festgelegt, in welcher Reihenfolge und Formation die Mädchen auftreten sollen.

Du gehst das erste Mal über den Laufsteg! Heute nur zur Probe, noch ohne Publikum. Aber morgen werden hundert oder vielleicht tausend Augenpaare nur auf dich schauen. Ganz ruhig, das schaffst du schon!

Ein Choreograph sagt dir, wann dein Auftritt kommt und was du tun sollst. Manchmal geht ihr zu zweit, oder ihr fächert euch z. B. am Ende des Laufstegs auf wie ein Springbrunnen.

Richtig komplizierte Schrittfolgen wird niemand von dir verlangen. Das gibt es heute nur noch bei Sportmodenschauen. Dafür werden ausgebildete Tänzer gebucht. Bei jedem anderen gäbe es sonst «Beinsalat».

Worauf es am Anfang ankommt, hören wir im Interview mit Linda Naujok.

Linda ist zusammen mit Ted Linow Inhaberin der Agentur *Mega Models* in Hamburg und Expertin in Sachen Modenschau. Zusammen organisieren und choreographieren sie seit vielen Jahren unzählige Modenschauen. Durch ihre Buchungen haben schon viele Mädchen die Chance bekommen, sich auf den großen Laufstegen der Welt zu bewähren.

**Was ratet ihr Anfängerinnen vor ihrer ersten Show?**

Hebe den Kopf und gehe ganz natürlich. Aber das ist genau das Schwierige: 20 Meter vor 1000 Leuten hin und her zu gehen und dabei eine gewisse Haltung zu bewahren. Mehr kann eine Anfängerin auch gar nicht machen. Sie stirbt ja fast, bevor sie rausgeht. Die neuen Mädchen sind erst mal froh, wenn sie das schaffen: einmal hin und zurück. Eine etwas geradere Haltung als auf der Straße, eine freundliche Ausstrahlung ist schön. Vielleicht versuchen, sich ein Lächeln abzuringen. Damit ist sie schon ganz weit vorne. Alles andere lernt sie mit der Zeit, mit der Routine und mit der Erfahrung.

Später dann kommt es darauf an, was man präsentiert. Wenn du was Elegantes anhast, läufst du anders, als wenn du in Jeans mit Rucksack unterwegs bist. Du musst dich in die Kleider einfühlen. Wenn du Routine hast: Bewege dich der Kleidung entsprechend, das ist ein ganzer Schritt. Und versuche, auf einer Linie zu gehen. Große Schritte sehen besser aus als kleine. Mit den Klamotten zu spielen, sexy zu wirken. Aber das kommt wirklich erst später.

**Woran seht ihr, ob ein neues Mädchen auf dem Laufsteg erfolgreich wird?**

Sie muss Spaß an der Sache haben. Es gibt Models, die lieber im Studio arbeiten. Andere finden Shows ganz toll und sagen: Nur das möchte ich machen. Das kommt auf dem Laufsteg auch rüber. Die Freude und auch das Bewusstsein: Ich möchte mich jetzt hier darstellen. Wenn man sehr schüchtern ist, schafft man das nicht. Bei einer Show hat man die direkte Resonanz. Du weißt genau: Bist du gut? Bist du schlecht? Mögen sie dich oder mögen sie dich nicht?

**Du sprichst im Zusammenhang mit Shows manchmal von «Allure». Wie definierst du das?**

Das hat mit einer gewissen Eigenliebe und

mit Selbstdarstellung zu tun, auch mit «Sich-zur-Schau-Stellen». Allure ist auch, sich selbst ganz toll zu finden. Das muss man auf der Bühne. Das muss jeder Künstler auf der Bühne. Wenn er das nicht kann, dann mögen ihn die Leute auch nicht.

## Meine erste Show:
## Christina Kruse

Christina ist heute auf den Laufstegen der internationalen Designer zu Hause. Hier erzählt sie von ihren Anfängen auf dem Catwalk.

*Erinnerst du dich an das erste Mal auf dem Laufsteg?*

Daran kann ich mich gut erinnern. Das war in Düsseldorf, auf der CPD (Collectionspremieren Düsseldorf, eine der größten Modemessen der Welt).

Da war ich ein Sonnenblumenmädchen, bei Marc Cain. Ich sollte als Erste hinausgehen und hatte einen Riesenstrauß Sonnenblumen im Arm. Der war richtig schwer.

Ich war ganz aufgeregt und dachte immer: Lass die Sonnenblumen nicht fallen! Ich bin in diesen Spotlights auf dem Laufsteg hinmarschiert und wieder zurück. Ich fand's einfach aufregend, ich hab's einfach so gemacht, ohne mir viel dabei zu denken. Ich habe mir nicht überlegt: Ich bin hier engagiert, weil ich so aussehe, wie ich aussehe. Das ist alles erst in den letzten Jahren gekommen. Damals lief alles ziemlich unbewusst ab. Das war auch o. k. so.

Sonst hätte ich mich vielleicht ziemlich unter Druck gefühlt, und vieles hätte nicht so geklappt.

Ich bin da hingegangen, hab die Sachen angezogen, und das war's.

*So einfach ist es ja nun auch nicht, über den Laufsteg zu laufen. Wie hast du das gelernt?*

Da gab's so ein Model, Claire hieß sie. Ted Linow hatte angeordnet, dass sie mir zeigt, wie man läuft. Die Shows waren damals noch sehr choreographiert, mit vielen verschiedenen Schritten und Halbdrehungen, das macht man ja jetzt nicht mehr so. Irgendwie habe ich es da zwischen den Kleiderständern gelernt.

*Was hat Claire dir denn erzählt?*

Ich habe meine Hüften nicht genug geschwenkt. Ich weiß nicht, ob ich mir das damals zu Herzen genommen habe. Ich bin eh so gelaufen, wie ich wollte.

*Hast du später noch daran gearbeitet?*

Als ich das erste Video von einer Show mit mir gesehen habe, da hab ich einen Schock bekommen: Oh, mein Gott! Ganz steif!

Und ich hab wirklich gedacht, ich bewege mich ganz lässig. Aber ich sah aus wie ein Brett. Dann habe ich gedacht: Schulterblätter ein bisschen zusammen, die Linie von

den Klamotten fällt einfach besser, das sieht ganz anders aus.

Erst wenn man das so richtig fühlt, weiß man, was man falsch macht. Du merkst, die Schulter hängt, und denkst: O. k., gerade machen.

**Woran muss man noch denken?**

Einen Fuß vor den anderen in einer Linie zu setzen macht einen ganz großen Unterschied. Das sieht man vor allem auf den Fotos hinterher.

Auch der Hüftschwung ist ganz wichtig. Aber das muss man erst mal an sich selbst sehen. Und auch an den anderen Mädchen. Bei denen sieht es sehr extrem aus. Ich dachte immer: Wie können die so unmöglich laufen? Aber, wie gesagt, nachher auf den Fotos oder auf dem Video sieht es einfach schöner aus.

Also, Claire hatte damals schon Recht mit dem, was sie versucht hatte, mir beizubringen.

## FÜR FORTGESCHRITTENE

Die Profi-Tipps von Christina kannst du beherzigen, wenn du sicherer mit dir selbst und der Situation bist. Du musst dich erst an die vielen Blitzlichter gewöhnen, an die vielen auf dich gerichteten Augen und an die Hektik hinter der Bühne.

So ruhig und souverän jedes Model über die Laufstege dieser Welt schreitet – hinter der Bühne herrscht Tempo. Du musst dich rasend schnell umziehen. Manchmal hast du nur ein bis zwei Minuten, um von einem kompletten Outfit in ein anderes zu wechseln – inklusive Strumpfhosen, Schuhen, Accessoires und letzten Korrekturen von Stylist, Visagist und Friseur. Wenn es nicht schnell genug geht, treibt dich irgendjemand heftig an. Nimm es ihm nicht übel, das ist sein

Job. Draußen vor dem Publikum dürfen keine Lücken entstehen, und deine Zeiten sind immer so kalkuliert, dass du es schaffen kannst.

In den Sekunden vor deinem Auftritt wieder die Ruhe zu finden und wie ein Star über den Laufsteg zu schreiten, das kann man nicht von Anfang an. Hast du mal auf Videos gesehen, wie Claudia Schiffer am Anfang ihrer Karriere über den Laufsteg stakste? Auch sie musste es lernen.

Irgendwann willst auch du die Leute beeindrucken und nicht nur an deine Schuhe denken. Du machst es dir leichter, wenn du dich an High Heels herantastest. Kaufe dir ein Paar Pumps mit hohen Absätzen und übe zu Hause.

Lass dich von der Musik tragen. Ein klassischer Rat an Models lautet: Beweg dich oben wie ein Engel und unten wie eine Hure!

Lerne von deinen Kolleginnen, wie man sich in unterschiedlichen Outfits bewegt. Was immer du trägst – trage es mit Stolz! Flirte mit dem Publikum, genieße deinen Auftritt.

Mit den geschmeidigsten und erotischsten Bewegungen tigert Naomi Campbell über den Laufsteg. Ich glaube, wenn man so über die Straße ginge, hielten einen die Leute für durchgeknallt. Schau dir Videos von den großen Haute-Couture-Schauen an. Dort siehst du viele Mädchen, die du dir als Vorbild nehmen kannst. Sie alle haben auf dem Laufsteg eins gemeinsam: Würde und Grazie.

---

### SCHUHTAUSCH

Wir hatten gerade die Anproben für die große Armani-Show beendet und wollten eilig zur Mittagspause ins Restaurant. Eine Horde schwatzender, lachender, telefonierender Models stürmte durch den Gang, um die Ecke, die Treppe hinunter. Die war nur schwach beleuchtet, und irgendwo auf halber Strecke kam eine von uns ins Stolpern. Daraus entstand ein Massenunfall: Ungefähr sechs von uns achtzehn Mädchen fielen übereinander und landeten als quietschender Haufen direkt vor den Füßen vornehmer Restaurantgäste. Wir sortierten uns auseinander und stiegen wieder in unsere Schuhe, die sich selbständig gemacht hatten.

Jackie und ich stellten später am Tisch fest, dass jede einen Schuh der anderen anhatte. Das hatten wir nur gemerkt, weil mir der rechte große Zeh etwas wehtat und ich nachschauen wollte. Er war nur etwas gerötet.

Nach dem Essen ging es wieder nach oben, und die Make-up-Künstler begannen uns für den Laufsteg herzurichten. Mein Zeh meldete sich immer heftiger. Er wuchs und wuchs. In meinem rechten Schuh wurde es schon verdächtig eng. Aber jetzt zum Arzt? Unmöglich!

Kurz vor der Show musste ich für jeden Auftritt um größere Schuhe bitten. Dabei waren schon alle verteilt. Aber ich brauchte jetzt einfach zwei Nummern größer, zumindest rechts. Ein wildes Schuh-Dominospiel ging los. Für jedes größere Paar, das getauscht wurde, musste ein kleineres gefunden werden. Und am Ende sollten auf keinen Fall Mädchen mit Schuhgröße 42 in 39er Schuhen landen.

Ich kämpfte inzwischen mit einem heftigen Pochen im großen Zeh. Schließlich waren Schuhe und Schmerzmittel in entsprechender Menge verteilt, die Show begann. Wir sollten uns auf dem Laufsteg ganz langsam bewegen, wie schleichende Tiger. Das war mein Glück, denn zu etwas anderem war ich auch nicht mehr in der Lage. Wahrscheinlich hat niemand im Publikum etwas gemerkt von meinen Qualen.

Als ich am nächsten Tag zum Arzt ging, diagnostizierte er einen gebrochenen großen Zeh und erteilte striktes Gehverbot.

## HAUTE COUTURE

So nennt man die Präsentationsschauen der großen Designer. Die Crème de la crème! Die Kleider sind den Models ausnahmsweise auf den Leib geschneidert. So sehen die prominenten, adligen oder wohlhabenden Kundinnen, wie toll ein Abendkleid nach der Maßanfertigung auch bei ihnen aussehen kann. Das tut es selten, denn nur wenige Kundinnen, die 50 000 Euro für ein einziges Kleid hinblättern können, passen in Kleidergröße 34 oder 36. So schmal sind fast nur Haute-Couture-Models, denn an solch dünnen Körpern, glauben die Designer, sehen die wertvollen Roben am besten aus.

Neben den Stars aus Szene, Gesellschaft und Hochadel besteht das Publikum auch aus wichtigen Fotografen und Redakteuren der Hochglanz-Modezeitschriften. Oft buchen sie die Models direkt nach der Show für ihre nächsten Fotojobs.

Die Riege der Mädchen, die auf großen Designershows laufen, ist vergleichsweise klein. Jede Saison kommen einige Newcomer dazu, aber die meisten sind schon Stars in der Branche. Viele, die schon länger dabei sind, kennen sich untereinander und treffen sich jede Saison wieder. Während der stundenlangen Vorbereitungen – Make-up und Haare werden von den Besten der Branche aufwendig gestylt – tauschen sie die Erlebnisse und den Klatsch des vergangenen halben Jahres oder der letzten Nacht aus.

Es gibt bei jeder Show andere Anweisungen, ob die Kollektion mit einem Lächeln, mit Natürlichkeit oder ganz cool präsentiert werden soll. Der Designer Tom Ford beschreibt die immer gültige Grundanforderung an alle Models so:

«Eine Modenschau muss die Welt davon überzeugen, dass dies die einzig mögliche Art ist, Mode zu machen. Wenn das Publikum den Saal verlässt, muss es glauben, dass man sich nur so anziehen kann.»

### DER PERFEKTIONIST

Für die exklusive Show eines Couturiers gab es vorher drei Anproben. Jedes der Haute-Couture-Kleider wurde nach Maß angefertigt. Der Designer war ein Perfektionist.

Bei der Show waren die Damen im Publikum von mindestens ebenso hochrangiger Erziehung wie der Designer, oder sie taten zumindest so. Jedenfalls begrüßten sich alle mit Luftküsschen. Im kleinen Präsentationsraum war glitzernder Schmuck im Wert von mehreren Millionen auf die etwa fünfzig anwesenden Damen verteilt.

Wir waren nur vier Models. Jedes Kleid wurde einzeln vorgeführt, kommentiert vom Designer höchstpersönlich. Danach begab man sich wieder in die Hände der drei persönlichen Umkleidehilfen, die jedes Model nach vorheriger Anweisung detailgenau für den nächsten Auftritt «zubereiteten».

Mein dritter Auftritt: ein silbrig schimmerndes Kleid mit Drapierungen am Dekolleté und einer großen Schleife. Ich schritt würdevoll auf die Damen zu. Der Designer hob den Blick von seinem Kärtchen mit den Informationen über das Kleid – und erstarrte. Alles Vornehme war plötzlich aus seinem Gesicht verschwunden. Er verlor die Contenance und raste, wie von der Tarantel gestochen, an mir vorbei in den Umkleideraum.

Während ich ungerührt vor den Damen auf und ab schritt, drang durch den Vorhang sein Brüllen: «Mit was für Anfängern habe ich es hier eigentlich zu tun? Nicht mal die einfachsten Sachen kriegt ihr hin! Man ist doch nur von Idioten umgeben! Ich sollte euch alle auf der Stelle rausschmeißen, ihr blöden Kühe!»

Mittelpunkt des Interesses war jetzt wirklich nicht mehr mein teures Kleid, sondern die lauten Schimpftiraden, die gut hörbar durch den dicken Vorhang zu uns drangen. Was war los? Er brüllte weiter. «Ich habe euch genau gesagt, was ihr machen sollt, und ihr verhunzt mir mein schönstes Kleid! Die Schleife gehört auf die Seite und nicht auf den Rücken!!!» Das war es also. Die teuren Damen und ich lachten uns offen an. Der Perfektionist war Opfer seiner Perfektion geworden.

Nun kam er zurück und tat – offenbar in völliger Unkenntnis der akustischen Verhältnisse in seinem Etablissement –, als ob nichts geschehen wäre. Er griff zu seiner Karte und las mit bemüht fester Stimme ab, was da stand.

Auf der Stelle unterdrückten wir jegliches Lachen. Meine Damen und ich tauschten nur noch – von ihm unbemerkt – wissende Blicke aus. Wir waren jetzt eine verschworene Gemeinde. Niemand kaufte mein 40 000 Mark teures Kleid. Schade. Es war sehr schön.

## BACKSTAGE: CHRISTINA KRUSE

**Kannst du jedes Kleidungsstück überzeugend vorführen?**

Du musst ganz klar wissen, worum es geht. Ehrgeiz ist ja o. k., aber man darf nicht zickig werden. Wenn ich von einer Kollegin am Nachbarständer höre: «Ich will aber dieses Outfit nicht anziehen», denke ich nur: Wer ist sie eigentlich?

Gebt mir einfach alles her. Nur nackt laufe ich nicht über den Steg. Transparent habe ich eine Zeit lang auch nicht gemacht.

**Heute sieht man viel nackten Busen und freie Pobacken. Akzeptieren die Designer, wenn du das nicht möchtest?**

Bei mir haben sie es immer akzeptiert, ich habe es immer gesagt. Früher habe ich mich damit nicht wohl gefühlt. Ich war nie sehr glücklich mit meinem Oberkörper. Mittlerweile finde ich das nicht mehr so tragisch. Ich bin jetzt ein bisschen friedlicher mit mir selber.

**Du hast bei der *Fashion Week* in New York mal Tagebuch geführt. Da schreibst du ganz am Schluss: «Letztes Jahr war ich es, davor Shalom. Wer wohl diesmal zu-**

**sammenbrechen wird?»** Was genau ist bei den Shows so anstrengend?

Wenn du so viele Shows hintereinander läufst – manchmal 30 Shows in sechs Tagen –, dann ist dein Adrenalinspiegel so hoch, dass du gar nicht mehr richtig schlafen und essen kannst. Du bist müde, du hast keinen Bock mehr. Nach Mailand, Paris und New York bist du so geschafft, dass du nur noch heulen möchtest. Dir tut das Gesicht weh vom ständigen Anschminken und Abschminken. Bis zu fünfmal am Tag. Deine Haut ist supersensibel, und jeder Pinselstrich tut weh.

Wie lange dauert es, bis du dich davon erholst?

Ach, drei Tage später bist du wieder dabei, das geht schnell!

## KLEINE SHOWS

Kontrastprogramm: Du bist für eine Modenschau in einem Laden gebucht. Kein Glamour, keine Fotografen, kein Laufsteg. Nur selten buchen Einzelhandelsgeschäfte größere Säle, normalerweise führst du die Kollektion zwischen Stuhlreihen im Laden vor.

Dabei handelt es sich um alles, was in dieser Saison neu im Geschäft hängt und am besten direkt nach der Show verkauft werden soll. Hierbei ist es besonders wichtig, dass du in den Kleidern weder Spuren vom Make-up hinterlässt noch sie mit deinem Duft markierst. Der Einsatz von Schmink-tuch (das du dir vor dem Umziehen über den Kopf wirfst) und Antiperspirant wird wärmstens empfohlen. Und warm wird dir werden, denn das Umziehen geht auch hier rasend schnell. Abgesehen davon finden die Shows mit den Wintersachen im Juli statt.

Bei einer Show mit Pelzen im Hochsommer herrschten ungefähr 33 Grad im Schatten. Im Schatten waren wir zwar, aber das Ganze fand in einem Zelt statt. Es hatte sich auf mindestens 50 Grad aufgeheizt, wir kochten! Kurz vor der Show stiegen wir alle nochmal in eine Badewanne, in deren Wasser Eisstückchen schwammen. Eigentlich sollte sie den Champagner kühlen. Aber wir fanden, wir waren wichtiger.

Als Mannequin für Ladenshows solltest du immer einige Paar gut gepflegter Schuhe dabeihaben, denn die können die Geschäfte nicht immer besorgen.

Obwohl es sich zunächst nicht so verlockend anhört, können auch diese Shows ihren eigenen Reiz haben. Du läufst direkt vor den Kunden auf und ab. Und wenn du sie nett anlächelst, bekommst du meistens auch ein nettes Feedback zurück.

Es gibt Models, die diese Jobs überhaupt nicht mögen, und andere, die sie lieben und damit ganz gut verdienen.

## FITTINGS

Das hat nichts mit Vorführen, Laufen und Lächeln zu tun. Im Wesentlichen musst du stundenlang stillhalten und gerade stehen. Der Designer und sein Team lassen die neuen Kleider, Blusen und Jacken auf deinem Körper zur Perfektion reifen. Du hast manchmal nur Rohlinge aus Nessel an und kannst miterleben, wie daraus nach und nach mit ausgefeiltem Schnitt aus richtigem Stoff ein vollendetes Kleidungsstück entsteht.

Wundere dich nicht, wenn einige dieser Sachen später nie im Laden hängen. Das sollen sie auch nicht. In jeder Kollektion gibt es aufregende «Showteile», die nur Aufmerksamkeit erwecken und hoffentlich oft fotografiert werden sollen.

Du lernst bei so einem Job den Designer und sein Team bei der Arbeit kennen, das kann sehr spannend sein. Und du bekommst einen Einblick, wie eine Kollektion entsteht und für eine Modenschau zusammengestellt wird.

Ich habe einige Saisons lang für Wolfgang Joop die Fittings gemacht. Da ging es kreativ und locker zu. Aber dieser Job hat einen Pferdefuß: Du bist hinterher für «normale» Kleider verdorben. Du lernst so viel über gute Schnitte und wie eine Hose oder ein Blazer sitzen muss, dass viele Alltagsklamotten vor deinem kritischen Blick nicht mehr bestehen können. Wenn du dann nur noch in Designerläden zuschlägst, kann das ganz schön teuer werden!

## DIE MUSE: SUSANNE HOPPE

**Was war für dich bisher der Höhepunkt in deiner Karriere?**

Als ich mit Giorgio Armani persönlich gearbeitet habe. Der war ja immer nur die Ikone aus den Medien. Ich ging in Mailand zu einem Casting. Auf einmal stand er vor mir. Es war, als ob ich in eine Prüfung ginge. Ich musste einmal hin und her laufen. Ich hatte ein T-Shirt an, eine Hose und eine Jacke drüber. Dann musste ich die Jacke ausziehen. Auf meinem T-Shirt stand «Yes, I am six foot one!» («Ja, ich bin einen Meter zweiundachtzig!»). Dann habe ich mich umgedreht. Hinten stand drauf «Stretch!» («Streck dich!»). Giorgio Armani ist sehr klein, er geht mir gerade bis zur Brust. Ich drehte mich um, und er lachte.

**Wie lief die Arbeit mit Armani ab?**

Ich habe dann die Fittings für ihn gemacht. Als ich die ersten Sachen anzog, stand ich total verspannt da. Er sagte nur: «Relax» («Entspann dich»). Für ihn arbeiten viele verschiede Teams von internationalen Designern. Seine Schwester arbeitet dort und auch seine beiden Nichten. Es ist eine schöne Atmosphäre. Zwei Wochen später bin ich auch auf der großen Schau gelaufen. Dann kamen Fotos für einen Prospekt in New York und eine ganze Kampagne für die Schneekollektion «Armani Neve». Mit Neil Kirk aus London, einem tollen Fotografen.

**Wie lange hast du für Armani gearbeitet?**
Fünf Saisons, also zweieinhalb Jahre. Auf einmal hieß es, ich sei die Muse von Armani. In der deutschen *Harper's Bazaar* erschien eine ganze Seite über Armani und mich, und es gab auch einen Beitrag im Fernsehen, in der ARD.

# IMMER
# EINSATZBEREIT

In der Modelbranche herrschen Tempo und Spontaneität. Manchmal werden Entscheidungen ganz kurzfristig gefällt – und plötzlich bist du in Südafrika.

Als Model solltest du eigentlich immer bereit sein, in den nächsten Flieger zu steigen; jederzeit kann eine unvorhergesehene Buchung kommen.

## «VON HEUTE AUF MORGEN»:
## HEIDI GROSS

Heidi Gross ist Gründerin und Inhaberin der Agentur *Model Management*, der deutschen Vertretung von *Elite*.

**Inzwischen arbeiten fast alle Agenturen mit Computern. Was verändert sich dadurch?**

Die Basis der Vermarktung sind nach wie vor das Kundengespräch, Qualität und Persönlichkeit des Bookers, Freundlichkeit und Service.

Aber den großen Vorteil der Computer sehe ich darin, dass man die Kunden ganz schnell per E-Mail mit den neuesten Fotos versorgen kann. Das ist viel schneller, als Model-Bücher oder Sedkarten zu verschicken. Das wird möglicherweise auch eine zusätzliche Internationalisierung mit sich bringen. Um eine Buchung zu machen oder einen Vertrag zu verhandeln, reichen mir immer noch ein Bleistift und das Telefon.

Aber die Schnelligkeit des Fototransfers beschleunigt Entscheidungen.

**Was bedeutet das für Models?**

Es kann sein, dass ein Kunde abends um 18.30 Uhr noch anruft und verzweifelt sagt, dass ihm ein Model für den nächsten Tag ausgefallen ist. Dann hat er unsere Vorschläge in wenigen Minuten auf dem Computer und kann buchen.

Als Model muss man ja sowieso von heute auf morgen einsatzbereit sein. Es ist zwar immer die Entscheidung des Models, ob sie das macht. Aber im Idealfall muss ich das Mädchen anrufen können und sagen: Wir haben morgen einen Job in Paris. Kannst du heute Abend noch fliegen?

**Darf das Model «nein» sagen?**

Vielleicht hat sie einen Termin am nächsten Morgen. Dann geht es eben nicht. Im Prinzip müssen wir – egal ob es sich um eine Anfängerin oder einen Profi handelt – alles besprechen und anbieten und die Vorteile darstellen. Und dann ist es letztlich die Entscheidung des Mädchens.

Wir haben so einen Fall gerade letzte Woche gehabt: ein Angebot für eine Kampagne mit einem exzellenten Fotografen, der auch sehr viel für die *Vogue* arbeitet. Ein ziemlich bekanntes deutsches Mädchen soll es sein. Sie sagt aber: «Das ist genau der Anfang meiner Ferien mit meinem Freund. Wir haben ein Haus gemietet, und ich kann nicht die ersten drei Tage absagen. Danke, tschüs und auf Wiedersehen.»

Wir haben es zweimal besprochen, wir haben es dreimal besprochen, und es geht immer noch nicht. Also muss man es absagen. Dann geht es eben nicht. Dann hat der Job nicht stattgefunden. Das Geld hat auch nicht stattgefunden. Und der Kontakt mit dem Fotografen auch nicht.

Als Model und als Agent musst du aber wissen: Ich habe *jetzt* ein paar Jahre, in denen ich viel Geld verdienen kann. Diese Chance habe ich nicht mehr in zehn Jahren.

Das ist die – verständliche – Einstellung der Agentin. Aus der Modelperspektive sieht es vielleicht so aus: «Ich war drei Monate unterwegs, habe meinen Freund kaum gesehen. Wenn ich jetzt nicht auch was für meine Beziehung tue, kann ich sie ganz vergessen. Dann kann ich vor Liebeskummer überhaupt nicht arbeiten.» Du musst also sorgfältig abwägen, ob in diesem Fall Geld, Imagegewinn und Agenturwohlwollen ein paar Tage zusätzlichen Liebeskummer aufwiegen.

### GEPÄCK UND HANDGEPÄCK

Hier ein paar Tipps, wie du ständig startklar und einsatzbereit bleibst:

- Kultiviere deinen Kulturbeutel. Am besten hast du ihn immer für ein paar Tage fertig gepackt, das spart bei spontanen Einsätzen wertvolle Zeit am Abend. Denn morgens musst du für den ersten Flieger *sehr* früh raus.
- Nimm nie Originalgrößen von Kosmetikflaschen und Cremetöpfen mit – viel zu groß und viel zu schwer. Entweder du lässt dich in deiner Parfümerie mit Proben ausstatten, oder du kaufst in der Apotheke kleine Plastikbehälter. Dann füllst du alles ab, was man abfüllen kann.
- Für alle Fälle besorgst du dir einen Reiseföhn, der auf 110 Volt umstellbar ist.
- Nicht vergessen: die Antifaltenausrüstung, bestehend aus Sonnenbrille und Sonnencreme mit hohem Lichtschutzfaktor.

- Flip-Flops für den Strand und gegen lauernde Pilze im Hotelzimmer.
- Persönliches zum Wohlfühlen wie: Kuscheltier (wenn es kein Riesenviech ist!), Lieblingsteebeutel, Discman und Tagebuch.

Am besten, du legst dir einmal in Ruhe eine persönliche Checkliste an. Wenn es schnell gehen muss, verliert man leicht den Überblick!

Ins Handgepäck gehören:

- Mindestens eine Kreditkarte, besser zwei verschiedene. Ich war einmal nach New York gebucht und kam mehrere Stunden vor dem Kunden im Hotel an. Wenn ich nicht als Sicherheit eine American Express vorgelegt hätte, wäre ich nicht in mein Zimmer gekommen. Das ist nicht nur in den USA so üblich.
- Dein Make-up. Es ist immer besser, damit auf der sicheren Seite zu sein.
- Wasser. Viel Wasser! Normalerweise umgibt uns Luft mit 70 bis 80 Prozent Feuchtigkeit. Bei Langstreckenflügen hat die Flugzeugluft einen Feuchtigkeitsgehalt von höchstens 20 Prozent. Kannst du dir vorstellen, was das mit deiner Haut und deinen Schleimhäuten macht? Es verwandelt sie von prallen Feuchtgebieten in

ausgetrocknete Staubwüsten. Dagegen ist das beste Mittel: viel Wasser ohne Kohlensäure trinken. Nimm dir ein oder zwei große Flaschen mit ins Flugzeug.
- Aus demselben Grund eine Feuchtigkeitscreme für das Gesicht. Du wirst dich wundern, wie viel deine Haut davon aufsaugen kann.
- Und – ganz wichtig – ein kleines Salzspray. Das bekommst du in der Apotheke. Damit sprühst du dir immer wieder in die Nase, um die Schleimhäute feucht zu halten. Das ist das beste Rezept gegen die Erkältungen, die man sich häufig im Flugzeug einfängt.

Während des Fluges solltest du oft aufstehen und dich recken und strecken, um die Durchblutung auf Trab zu halten. Das ist nicht nur aus medizinischer Sicht richtig, sondern du fühlst dich auch viel, viel besser, wenn du ankommst. Damit du deine Sitznachbarn nicht ständig störst, solltest du dich um einen Gangplatz bemühen.

Sobald du angekommen bist – auch wenn es spätabends ist –, nimmst du eine ausführliche Dusche. Das füllt die Feuchtigkeitsdepots am ganzen Körper, erfrischt wunderbar, und du bist viel schneller fit für den Job.

*Zeit für dich*

Für viele Models ist das Interessanteste an diesem Beruf, dass man die schönsten Regionen der Erde kennen lernt.

Kennen lernt? Häufig siehst du nur den Flughafen, das Studio oder die Locations und ein paar Restaurants. Leider hast du ganz selten Zeit für eigene Unternehmungen.

Deshalb der heiße Tipp: Versuche, hin und wieder ein oder zwei Tage zu verlängern, nur für dich. Es kostet dich nur das Hotel, der Flug ist ja schon bezahlt. Schaue dich um, erkunde die Gegend, besuche interessante Museen oder Ausstellungen und lass dich in der Stadt treiben. So hast du viel mehr von deinen Reisen.

Und vielleicht kannst du manchmal als zusätzliches Gepäck deinen Freund mitnehmen?

---

**«MI MARIDO ESTÁ EN EL AVION»**

Ich war für eine Fotoproduktion nach Mallorca gebucht. Es kamen immer neue Mädchen dazu, andere flogen wieder weg. Ich war für die volle Produktionszeit gebucht, zwei Wochen.

Meine Kollegin Elsa hatte ein Zimmer ohne Moskitonetz. Die Arme wurde jede Nacht von überaus hungrigen mallorquinischen Mücken überfallen. Offenbar hatte sie eine Allergie, denn die alten Stiche verschwanden nicht, und von Tag zu Tag verdoppelten sich die Quaddeln in ihrem Gesicht. Man hätte sie nur noch von hinten fotografieren können.

Elsa wurde also nach Hause geschickt, hatte aber nur ein Ticket nach Paris. Also bekam sie meines, und ich sollte mit einem anderen Flugschein fliegen.

Zu diesem Zeitpunkt war mir noch nicht klar, dass ich mein Ticket besser behalten hätte, denn die Produktionsleiterin war eine hoffnungslos überforderte Chaotin. Am letzten Tag der Produktion stand ich als Letzte am Flughafen von Palma, mit einem auf «Mr. Schmidt» ausgestellten LTU-Ticket nach München. Ich musste aber nach Hamburg. Und alle anderen waren schon nach Düsseldorf zurückgeflogen.

Leider wollte mich die Condor nicht mit dem offensichtlich falschen Ticket befördern. Es war zehn Uhr am Abend, niemand war mehr in der Agentur zu erreichen. Aber es gab noch einen Flug nach Hamburg.

Ich ging zum Iberia-Counter und erzählte, was passiert war. Kein Iberia-Ticket, auf einen Mann ausgestellt, falsche Destination. Keine Chance.

Nur eine Notlüge konnte mich jetzt noch nach Hause bringen. Ich flunkerte der Spanierin am Check-in vor: «Mi marido está en el avion.» Mein Ehemann sei auf dem Flug. Marido – das war das Zauberwort! Mich ohne meinen Mann allein am Flughafen zurückzulassen, das kann eine Spanierin nicht verantworten. Sie machte große Augen: Das sei ja unmöglich! Dann schrieb sie etwas auf einen kleinen Zettel, tackerte ihn an mein Ticket und wünschte mir einen guten Flug!

Danach habe ich mir meine erste Kreditkarte besorgt – man weiß ja nie …

# SCHOKOLADEN-
# SEITEN

## HOMEWORK

Du hast dich schon etwas an die Situation vor der Kamera und auf dem Laufsteg gewöhnt. Jetzt kannst du dich daranmachen, in die Feinheiten des Jobs einzusteigen. Dieses Kapitel hilft dir dabei, das Beste aus dir rauszuholen und dich von deinen schönsten Seiten zu zeigen Auch die Profis haben viel an sich gearbeitet und kennen den einen oder anderen Trick.

Cindy Crawford ist an manchen Stellen etwas zu rund. Aber sie bewegt sich so geschickt, dass die Kamera ihre kleinen Rundungen nie aufnimmt. Das sagt jeder Fotograf, der mit ihr gearbeitet hat. Naomi Campbell hat hässliche Füße. Es gibt kein Foto, auf dem sie deutlich zu sehen sind.

Nobody is perfect – kaum ein Mensch hat einen makellosen Körper, ein 100-prozentig perfektes Gesicht. Nicht einmal die Starmodels. Egal, wie nah du an «Miss Perfect» herankommst, wenn du deine Schwachstellen kennst, kannst du lernen, damit umzugehen. Das heißt, sie zu verstecken oder die Aufmerksamkeit auf die gelungenen Partien zu lenken. Schau dich und auch deine Fotos genau an. Was an dir ist hinreißend schön, was nicht ganz

so toll? Wie wirkst du auf dich selbst, wie sind die Reaktionen von anderen?

Das englische Magazin *The Face* beschreibt das Supermodel Kate Moss im Fotostudio: «Niemand versteht die Kamera besser als sie. Das Kinn einen Millimeter nach rechts, den Mund leicht geöffnet, die Augenbraue ein bisschen hochgezogen, kurz mit der Zunge über die Lippen geleckt, eine leichte Schnute gezogen – sie weiß genau, was sie tut.»

Genau wissen, was du tust – das kannst du nur, wenn du dich gut kennst. Wir wissen nicht, wie Kate Moss das gelernt hat, aber hier sind ein paar Anregungen für dich:

Du kannst vor dem Spiegel üben, mit deinen verschiedenen Gesichtsausdrücken und der Körperhaltung locker umzugehen, damit zu spielen.

Wie sieht es aus, wenn du eine Augenbraue etwas anhebst? Aufmerksam? Oder wie Werbung für eine Kopfschmerztablette? Kannst du eine ganz leichte Schnute ziehen? Wirkt das verführerisch oder nur billig? Ist dein Mund schön, wenn du die Lippen ganz leicht öffnest? Wenn du längere Haare hast, kannst du sie vielleicht etwas fliegen lassen. Versuche, eine Wahrnehmung deiner Stärken zu bekommen. Hast du eine Schokoladenseite? Hebe den Kopf leicht an und senke auch mal das Kinn.

Kannst du lachen? Viele Anfänger-Models denken, sie müssten unbedingt sexy wirken. Aber das Wichtigste ist erst mal: lachen können. Denn das signalisiert Offenheit, den Wunsch nach Kontakt. Für die Werbung ist das Gold wert!

Jetzt sagst du vielleicht, du kannst nicht auf Befehl lachen, das wirkt künstlich. Kann sein. Aber für zuverlässiges, echtes Lachen gibt es ein Rezept:

Erinnere dich an eine komische Situation, bei der du dich vor Lachen ausgeschüttet hast. Ich bin ganz sicher, dass dir etwas einfällt. Du kannst dir auch irgendetwas ausdenken. Deiner Fantasie sind keine Grenzen gesetzt, tobe dich aus!

Zur Not tut es auch ein guter Witz. Wenn du irgendeinen Blödsinn abrufbereit gespeichert hast, geht es plötzlich ganz leicht. Später im Fotostudio herrscht meist sowieso eine gute Stimmung, und das Lachen kommt von alleine. Aber es ist gut, diese Reserve im Kopf zu haben.

Was auch immer du mit deinem Gesichtsausdruck machst – bewege den ganzen Körper mit. Auch wenn nur Aufnahmen von deinem Gesicht gemacht werden, man merkt, ob dein Ausdruck schon am Schlüsselbein auf der Strecke bleibt oder dich von innen heraus erfüllt.

Genauso lernst du auch, deinen Körper zu bewegen. Sieht es im Spiegel besser aus, wenn du deine Hüfte leicht seitlich stellst und den Oberkörper frontal? Bei welchen Bewegungen entstehen ungünstige Verkürzungen? Stelle die Füße nebeneinander und dann voreinander. Was verändert sich optisch? Und wenn du dein Gewicht verlagerst? Versuche, ein Gefühl dafür zu bekommen, wie verschiedene Bewegungen aussehen.

Du kannst auch Magazine und Kataloge anschauen und die Posen der Models einfach nachmachen. Achte zum Beispiel darauf, dass die Arme leicht angewinkelt sind, statt einfach herunterzuhängen. Dass der Kopf halb abgewandt ist, die Augen aber trotzdem in die Kamera schauen. Fühle die Körperspannung, die eine bestimmte Haltung vielleicht erfordert. Und die Lockerheit, ohne die du eine andere nicht hinkriegst.

Versuche, den Kopf nicht seitlich von der Körperachse wegzuschieben, das ist eine Ausweichbewegung. Wenn du den Kopf an seinem natürlichen Platz in der Mitte lässt, wirkst du viel selbstbewusster. Später im Studio nimmst du nicht zackig eine Pose nach der anderen ein, sondern lässt deine Bewegungen leicht fließen. Und achte darauf, bei welchen Bewegungen der Fotograf – wenn er ein guter ist – auf den Auslöser drückt.

Manchmal steht in der Nähe der Kamera ein Spiegel. Frage, ob du ihn während des Fotografierens nutzen kannst. Damit fällt es manchen Models leichter, die Bewegungen und den Sitz der Kleider zu kontrollieren. Aber nicht alle Fotografen mögen das.

Wenn du einen Job zusammen mit erfahreneren Models hast, steck deine Nase nicht nur in deine Zeitschrift oder dein Buch. Schaue ihnen zu, so kannst du oft noch was lernen. Es gibt allerdings Kolleginnen, die sich nicht so gerne beobachten lassen. Manchmal musst du das heimlich machen. Du kannst ja ab und zu hinter deinem Buch hervorlinsen.

Nach und nach wirst du auch lernen, wie du einen Rock oder Mantel leicht zum Schwingen bringst (sanftes Schwungholen aus der Hüfte heraus). Oder wie eine Hand in der Tasche am besten aussieht (das Handgelenk nicht nach vorne abknicken, sondern die Hand nur halb in die Tasche halten).

Ein gutes Modefoto ist das Ergebnis der Zusammenarbeit von Designer, Fotograf, Stylist, Visagist und Model. Aber es reicht nicht, einfach durch ein Repertoire von Ausdrücken und Körperhaltungen zu gehen. Das ist nur die Basis.

## SCHAUSPIELER OHNE WORTE

Isabella Rossellini ist Schauspielerin und Model. Sie beschreibt den Modeljob so: «Ich bin nicht verantwortlich für die Schönheit. Der Fotograf setzt

das Licht, der Visagist schminkt, und der Stylist drapiert das Outfit.

Meine Aufgabe ist es, Gefühle zu zeigen. Zu verstehen, was der Fotograf transportieren will. Du antwortest auf die Stimmung des Fotografen. Eigentlich muss er dir nicht sagen, was du tun sollst. Du stimmst dich ein.»

Nicht alle Fotos behalten wir im Kopf. Wir erinnern uns an die, bei denen ein Gefühl mitschwingt. Das macht ein Model wirklich wunderschön. Wenn sie nur schön, aber kalt ist, vergessen wir sie.

Bei einer guten Kommunikation zwischen Fotograf und Model kommen auch gute Fotos heraus. Viele Titelseiten der amerikanischen und französischen *Vogue* entstehen in diesem Wissen. Die Chefredakteure beauftragen einen bestimmten Fotografen, weil sie seine künstlerische Umsetzung lieben. Dann erst wird das Model gebucht. Oft ist es das Mädchen, mit dem der Fotograf die beste Chemie hat.

Peter Lindbergh nennt es «den Kontakt». Und schon immer sind nur diejenigen Mädchen wirklich erfolgreich geworden, die einen Kontakt mit der Kamera herstellen können.

Es macht übrigens viel Spaß, häufiger mit denselben Fotografen zu arbeiten. Du fängst nicht bei null an, ihr mögt euch, und der Job geht ganz leicht über

die Bühne. Ganz zu schweigen von den finanziellen Vorteilen, die Stammkunden mit sich bringen!

Jeder Fotograf hat seinen eigenen Stil. Der eine redet die ganze Zeit mit dir, gibt genaue Anweisungen, lobt oder korrigiert dich. Der nächste kriegt die Zähne nicht auseinander.

Marie Helvin, ein in den USA sehr bekanntes exotisches Model, beschreibt ihr erstes Shooting mit einem Starfotografen so:

«Wir flogen für zwei Tage nach Brasilien. Ich hatte viele verschiedene Badeanzüge an, und es hat geschneit. Ich war sehr nervös. Der berühmte David Bailey hatte mich gebucht! Den ganzen Tag lang sprach er kaum mit mir. Als wir am Abend fertig waren, sagte er nur: ‹Guter Job.› Von da an habe ich oft mit ihm gearbeitet.»

Arthur Elgort sagt man sogar nach, er trainiere seine Models, Mode mit der Grazie einer Tänzerin zu tragen.

Im Studio von Irving Penn läuft keine Musik, es ist fast still. Er sagt dir haargenau, was er von dir möchte – bis hin zur Haltung deiner Fingerspitzen.

Versuche, dich auf den Mann hinter der Kamera einzustimmen, vertraue ihm.

Du kannst – aber bitte ohne Hintergedanken! – mit ihm und der Kamera flirten. Beziehe dich auf die Kamera wie auf einen Menschen. Vielleicht stellst du dir manchmal auch eine bestimmte Person vor, die die Kamera gerade für dich darstellt. Zeige verschiedene Facetten von dir, entdecke deine Spannbreite.

Lass dich auf die Situation ein, erfühle sie. Bei Shootings im Freien weht vielleicht gerade ein leichter Wind? Genieße, wie er durch deine Haare bläst. Lass dich in Gedanken in die Ferne tragen.

Je mehr du von dir zeigst, je mehr kreative Energie du in die Situation einbringst, desto besser werden die Fotos. Jedes erfolgreiche Model ist vor der Kamera sie selbst. Auch du wirst von Job zu Job sicherer werden, immer mehr «du» werden, immer mehr «du» bleiben.

## EINSPRUCH!

Alle Visagisten lieben es, wenn sie mit einem völlig «unbearbeiteten» Mädchen anfangen können. Also: morgens nichts ins Gesicht malen und auch kein Haarspray, Gel oder Ähnliches verwenden. Aber die Devise «ganz frisch gewaschene Haare» stimmt nicht immer. Manchmal ist es besser, sie am Abend oder am Morgen vorher zu waschen. Denn mit ein bisschen eigenem Haartalg sind sie – je nach Haarstruktur – vielleicht besser zu bändigen. Das musst du für dich ausprobieren.

Was das Schminken angeht: Mit der Zeit wirst du eine Art von Foundation lieber mögen als andere, Lidschattenfarben lieben oder hassen, das falsche Rot auf den Lippen vielleicht gleich wieder wegwischen wollen. Reiß dich zusammen und gib deinen Kommentar zum Make-up erst ab, nachdem die ersten Polaroids gemacht sind. Denn der Visagist muss seine Chance bekommen, selbst zu korrigieren. Und ich habe mich schon oft gewundert, dass zu dunkel geschminkte Augen oder ein zu blasser Lippenstift auf dem Foto genau richtig waren. Das Zusammenspiel zwischen dem Licht und den Farben im Gesicht ist manchmal überraschend. Aber wenn du auch auf dem Polaroid grausam aussiehst, ist ein freundlich (!) vorgetragener sachlicher Kommentar durchaus in Ordnung. Das Gleiche gilt natürlich auch für die Frisur.

Ich war einmal bei einem Katalogjob dabei, als eine Amerikanerin ein ganz anderes Haar-Styling verpasst bekam, als sie es gewohnt war. Nach Einsatz des heißen Lockenstabs ringelten sich ihre glatten Haare in kleinen Löckchen. Eigentlich sah es ganz süß aus. Aber sie war anderer Meinung:

«Das ist das Mieseste, was ich je auf dem Kopf gehabt habe. Der Typ hat einfach keine Ahnung, was hat er überhaupt in dem Job verloren? Er hat mir den ganzen Tag versaut. So gehe ich nicht vor die Kamera!»

Wenn sie ihre Bedenken anders vorgetragen hätte, hätte der Friseur vielleicht noch einmal eingegriffen. So aber hatte sie den Ruf einer Zicke weg und wurde von diesem Kunden nie mehr gebucht.

Manche Models haben Spaß an der fremden Erscheinung, die sie plötzlich im Spiegel anblickt. Andere haben eine bestimmte Vorstellung von sich und können Abweichungen nur schwer tolerieren. Aber damit macht man sich das Leben als Model unnötig schwer. Es gehört einfach zum Job, möglichst unterschiedlich auszusehen und in verschiedene Rollen zu schlüpfen.

Es gibt aber leider auch Visagisten, die wirklich keine Ahnung haben. Du schaust nach einer halben Stunde in den Spiegel und denkst nur noch: Hör bitte sofort auf! Dann ist vorsichtiges Fragen angebracht. Vielleicht ist da jemand ganz neu im Job, unsicher und für jede Hilfe dankbar.

Aber von den meisten Make-up-Künstlern kannst du viel lernen. Sie haben die Fähigkeit, aus einem Gesicht das Beste herauszuholen. Schau gut hin und frage nach ihren Tricks, denn auf manchen Jobs wirst du dich auch selbst schminken müssen.

## SCHWARZER TAG

Ich bin kein Stolpertier. Normalerweise gehe ich sehr umsichtig mit meiner Umgebung um. Mein schlimmster Pannentag ereignete sich im Studio beim Dreh eines Werbespots.

Der Aufbau sollte noch zwei Stunden dauern. Als die um waren, hieß es: nochmal zwei Stunden. Visagistin, Stylistin und ich saßen rum und langweilten uns. Alle Magazine waren gelesen, das Erzählenswerte erzählt. Vor unserer Sitzgruppe stand als Raumteiler ein großes geschlossenes Regal, darin ein Fernseher. Es war schon Nachmittag, vielleicht hatte das TV-Programm Abwechslung zu bieten?

Ich drückte auf die Power-Taste am Gerät. Dadurch kippte der ganze Fernseher nach hinten weg und krachte nach unten in das Regal. Er war einfach weg. Ich konnte nichts dafür, das bestätigten auch meine aus dem Sofa aufgeschreckten Zeugen. Eva Bühner, der Besitzerin des Studios, sicherte ich einen Ersatz durch meine Haftpflichtversicherung zu.

Der Aufbau dauerte an. Lichtprobleme.

Ich ging zum großen Tisch, an dem Eva saß. Das heißt, ich wollte zu ihr gehen. Zwei Meter vor dem Tisch blieb ich hängen – am Telefonkabel, das quer durch den Raum hing, ein Provisorium. Leider hatte ich so viel Schwung, dass die Dose aus der Wand flog. Damit hatte ich die ganze Telefonanlage außer Betrieb gesetzt. Die wichtigste Verbindung zu allen Kurieren, Kunden und zur restlichen Welt! Also wurde sofort vom Nachbarhaus aus ein Reparaturtrupp angefordert. Ich fühlte mich zwar auch hier unschuldig, aber doch auch schlecht. Eva gab sich mild verzeihend, aber das Telefon fehlte ihr schon sehr.

Bevor wir anfangen konnten zu drehen, war Pause für die Techniker angesagt, also Pause für alle.

Im hinteren Teil des Studios war ein Buffet aufgebaut. Eine Art Dach überspannte den Bereich. Wir hatten gerade unsere Teller beladen und saßen am Tisch – alle außer Eva, die im vorderen Raum bei den eifrigen Telefonmonteuren geblieben war. Plötzlich gab es ein lautes Krachen, und das ganze Dach fiel aufs Buffet.

Keiner sagte etwas. Das hätte schlimm ausgehen können, wenn noch jemand darunter gestanden hätte. Eva hatte nur das laute Geräusch gehört und rief: «Iha, was hast du getan?» Ich schwöre, ich war unschuldig!

### «Ooops!»

Auf dem Laufsteg ist man als Model besonders darauf bedacht, sich makellos und perfekt zu präsentieren. Aber manchmal geht etwas auch zu glatt über die Bühne ...

Die Show fand in einer riesigen Halle statt, vor etwa 2000 Zuschauern. Wir Models hatten seitlich Zugang zur großen Bühne. Die musste man durchschreiten, dann ging es vier Stufen hinunter und über den langen Laufsteg.

Mit einem sehr eleganten Hosenanzug hatte ich einen Soloauftritt. Er wurde musikalisch mit entsprechend «großer» Musik angekündigt – nicht gerade Fanfaren, aber etwas Ähnliches.

Meine Musik kam, und ich schritt durch den Vorhang auf die Bühne, bis zur vorderen Kante. Dort verharrte ich einen Moment, bis der Musikeinsatz zum Herunterschreiten der Treppe kam. Als ich gerade losgehen wollte, rutschte ich mit dem dünnen und sehr hohen Absatz meiner Pumps in ein kleines Loch im Bühnenboden, versank erst etwas in die Tiefe, verlor das Gleichgewicht nach hinten, ruderte wild mit den Armen, kippte nach vorne, flog über die vier Stufen und landete auf allen vieren. Im

Saal herrschte Totenstille, obwohl die Musik weiterlief. Ich hatte das Gefühl, in dieser nicht gerade würdevollen Position für mehrere Minuten zu erstarren, aber es können nur Sekunden gewesen sein. Dann stand ich langsam auf, schüttelte mich und schritt hoch erhobenen Hauptes über den langen Steg, meine verdammten High Heels in der Hand. Und dann kam die Überraschung: Das Publikum klatschte wie wahnsinnig. Ich glaube, es war der größte Applaus, den ich je bekommen habe. Sie ahnten nicht, welche Schmerzen in meinen beiden Knien tobten. Die vergingen nach ein paar Tagen, aber so einen Applaus vergisst man nie!

# SCHOKOLADEN-TAFELN

Sie ist süchtig nach Schokolade. Sie ist wunderschön. Und sie ist eines der erfolgreichsten Models der Welt. Die Korsin Laetitia Casta steht zu ihrer Lust – und zu ihren sinnlichen, runden Formen.

Jeder Mensch hat ein perfektes Gewicht für seine Größe. Er muss es nur finden.

Ob du sehr schmal oder eher kräftig gebaut bist – dein Gewicht ist dann richtig, wenn du gesund aussiehst und dich wohl fühlst. Dein Körper ist dein Kapital. Du solltest alles dafür tun, ihn zu hegen und zu pflegen.

Als Model entwickelst du ein starkes Körpergefühl. Du siehst viele nackte Körper. Und du fängst an zu vergleichen: Hat sie schmalere Beine als ich? Einen schöneren Busen? Ist ihr Bauch nicht etwas flacher? Und mein Hintern zu dick?

Der Fotograf Joachim Baldauf beschreibt den Vorgang so:

«Interessant ist, was mit manchen Mädchen innerhalb kürzester Zeit passiert. Wie sich die Persönlichkeit verändert, das Selbstverständnis, der Bezug zum eigenen Körper. Du bist eine schöne junge Frau mit einem schönen Körper. Alle sagen dir, dass du hübsch bist. Du wirst Model, du gehst nach Paris. Dann stehst du backstage bei Chanel – wenn du es so weit bringst –, und dann siehst du plötzlich eine Frau wie Gisele Bündchen. Die ist größer als du und derart perfekt, dass dir nichts mehr einfällt. Und dann merkst du, so schön bist du gar nicht und so perfekt auch nicht.»

Und noch etwas trägt zum überkritischen Blick bei:

Die Kamera ist unfair. Aus unerklärlichen Gründen mogelt sie immer ein paar Kilo drauf. Du siehst auf Fotos mindestens drei Kilo dicker aus als in natura. Normale Beine sind für Strumpfaufnahmen viel zu kräftig, ein superdünnes Bein wirkt auf dem Foto genial. Eine winzige Wölbung über dem Bikinihöschen wird im Bild zu einer mittelgroßen Frühlingsrolle.

Die Fernsehkamera ist noch grausamer: fünf Kilo packt sie locker drauf.

Es ist leider so. Für den Modeljob musst du ziemlich dünn sein.

## DICK ODER DÜNN?

Bist du ein «schlechter Futterverwerter»? Das ist etwas Gutes, denn das heißt, du kannst essen, was du willst,

Kilo? Dann probiere die Tipps aus, die in diesem Kapitel unter «Dein Körper ist dein Tempel» stehen.

Wenn du aber trotz guter und sinnvoller Ernährung immer noch große Schwierigkeiten hast, dein ideales Modelgewicht zu halten, musst du dich entscheiden, ob du den Stress aushalten kannst. Ob du zu sehr darunter leidest, auf Schokolade, Pommes oder Eis zu verzichten. Wenn man sich immer zusammenreißen muss, wird man zum Miesepeter. Ist dir der Job das wirklich wert?

Für einige Mädchen heißt die Lösung: als «Big Beauty» zu arbeiten. Das heißt, zur Größe 40 oder 42 zu stehen und zum Beispiel für Kataloge zu arbeiten, die sich auf große Größen spezialisiert haben. Oder auf kleineren Modenschauen die größeren Sachen vorzuführen. Wenn man die richtigen Proportionen hat, kann man auch damit ganz gut verdienen und Spaß haben. Ich habe bei einer Modenschau-Tournee für das Versandhaus *Quelle* erlebt, wie von allen Models gerade unsere beiden «Dicken» immer auch den dicksten Applaus bekamen. Sie zeigten selbstbewusst ihre Pfunde, und die fülligeren Damen im Publikum staunten, wie attraktiv man auch mit Größe 44 aussehen kann.

und der Zeiger deiner Waage bewegt sich nie nach oben. Herzlichen Glückwunsch! Du wirst keine Probleme mit deiner Figur haben.

Wenn dein Körper aber jeden Schokoriegel sofort hartnäckig an der Taille deponiert, wird es schon schwieriger. Vor allem, wenn dein natürliches Gewicht höher ist, als es der Job erfordert. Was tun?

Bringst du immer nur ein bisschen zu viel auf die Waage, so zwei bis drei

Die meisten Stylisten, Fotografen und Visagisten berichten, dass sie besonders gerne mit den Big Beautys arbeiten. Die seien immer gut gelaunt – jedenfalls, solange sie genug zu essen bekämen.

### «ALLE MODELS SIND MAGERSÜCHTIG»

Das ist eines der meistverbreiteten Vorurteile.

Und es ist falsch. Denn die meisten Models sind von Natur aus dünn. Trotzdem gibt es vereinzelte Fälle von magersüchtigen Models.

Bei Magersucht (medizinisch: «Anorexie») handelt es sich um eine schwere Essstörung. Die Betroffene – es sind überwiegend Mädchen – will keine Nahrung zu sich nehmen, um nicht zuzunehmen. Sie findet sich grundsätzlich zu dick, selbst wenn sie in Wirklichkeit nur noch aus Haut und Knochen besteht.

Bulimie heißt die zweite Essstörung, von der manchmal im Zusammenhang mit Models die Rede ist. Davon spricht man, wenn jemand immer wieder mit Heißhunger Unmengen verschlingt, um danach alles wieder zu erbrechen.

Beides sind Krankheiten, die eindeutig seelischen Ursprungs sind. Der Job als Model ist nie die Ursache, höchstens der Auslöser. Das Problem liegt viel tiefer und hat etwas mit der mangelnden Liebe zu sich selbst zu tun.

Man weiß heute, dass sich Mädchen, die Schwierigkeiten haben, sich als Frau zu akzeptieren, das entsprechende Umfeld suchen. Und im Modeljob kann man sich eine relativ gute Erklärung für die Magerkeit zurechtbasteln.

Generell ist es für einen Booker nicht leicht zu erkennen, ob ein Model aus Stress zu wenig gegessen hat oder ob sie nicht essen will. Meine Freundin war drei Monate in Italien unterwegs und konnte vor lauter Stress und Heimweh einfach nichts mehr essen. Als sie zurückkam, war sie nur noch Haut und Knochen. Ihr Booker sagte sofort sämtliche Jobs ab, schickte sie zum Arzt und alarmierte die Eltern.

Sie pausierte drei Monate, futterte sich die verlorenen Kilos wieder an und war danach auch wieder fröhlich wie eh und je. Ich wünsche allen Models, dass sie eine solche Pause einlegen, *bevor* es so weit kommt!

Zum Thema «Abnehmen» sagt Ted Linow von *Mega Models*:

«Als Agentur-Booker muss man sehr vorsichtig damit umgehen, wenn ein Mädchen zu rundlich ist. In unserer Agentur darf der Satz ‹Du bist zu dick› nicht fallen. Damit macht man es sich zu einfach, und unter Umständen ruiniert man das Selbstwertgefühl eines Mädchens bis hin zur Essstörung. Es ist besser, mit ihr über gesunde Ernährung zu sprechen und die Eltern oder einen Arzt mit einzubeziehen.»

### SCHLECHTE VORBILDER?

Schon in den sechziger Jahren hat man der spindeldürren Twiggy, einem der ersten Starmodels, vorgeworfen, ein schlechtes Vorbild für junge Mädchen zu sein. Vor ein paar Jahren waren Models wie Kate Moss oder Stella Tennant die Vorreiter für ein krankes, morbides Aussehen, das sogar mit der Hässlichkeit spielt.

Jede Zeit hat ihre Schönheitsideale. Erinnere dich an Bilder von Marilyn Monroe. In den fünfziger Jahren war ihre Figur der Traum aller Männer und Vorbild aller Frauen. Würde sie jetzt im Badeanzug in einer Zeitschrift auftauchen, würden wir ungläubig dreimal hinsehen. So rund und füllig und dann Model? Unsere Vorbilder von heute sind sehr schlank und sehr sportlich.

Und leider beeinflusst das manches junge Mädchen in eine falsche Richtung.

Die Modeindustrie zeigt uns Fantasien. Mehr nicht. Fantasien von Kleidung, Styling, Körper, Schönheit. Mädchen und Frauen sollten das nicht einfach nachmachen, sondern in ihr eigenes Leben übersetzen.

Es stimmt, dass wir heute viele sehr dünne Models in den Zeitschriften sehen. Aber davon allein bekommt man keine Essstörung und kein mageres Selbstbewusstsein. Die Ursachen hierfür sind tieferer, psychischer Natur und in den eigenen Lebensumständen begründet.

... und Schönheit ist Gesundheit.

Das sind zwei asiatische Weisheiten, die Models mindestens ebenso beherzigen sollten wie jeder andere Mensch auch.

Verehre deinen Körper, sorge dafür, dass du dich in ihm wohl fühlst.

Schönheit ist nicht nur etwas, mit dem du geboren bist. Du musst sie dir auch verdienen. Deine innere Balance und ein gutes Gefühl mit dir selbst sind dafür genauso wichtig wie deine Gesichtszüge, deine Haut und deine Körperstruktur.

Ich habe mal bei einer großen Show in Paris die anderen Models gefragt: «Was macht dich glücklich?» Von 30 Models sagten 28: Schokolade!

Was ist eigentlich das Geheimnis von Schokolade? Sie enthält Stoffe, die im Körper Glücksgefühle auslösen. Damit haben die leckeren Tafeln absolut ihre Daseinsberechtigung. Wenn das gute Zeug nur nicht so viele Kalorien hätte! Aber das Wesentliche dieser kleinen Umfrage ist: Alle wollen Glücksgefühle. Auch du. Auch ich.

Über den Anteil am Glück, für den dein Kopf zuständig ist, reden wir später im Kapitel «Liebe, Neid und schöne Fallen». Hier geht es um alles, was deinen Körper betrifft.

Und den macht nicht nur Schokolade

glücklich. Es gibt noch viele andere Wege. Wenn du deinen Körper gesund ernährst und du dich regelmäßig bewegst, kannst dich fit und glücklich fühlen und auch dein Gewicht locker halten. Mit der richtigen Ernährung brauchst du dich nicht mit einer Diät nach der anderen zu quälen. Kurzfristig nimmst du damit vielleicht etwas ab, aber der langfristige Erfolg ist vor allem: schlechte Laune.

Ich weiß, wovon ich spreche, ich hatte sie alle durch. Nach der «Mayo-Diät» kam die «Eier-Diät», dann «Dr. Atkins», «Hollywood», «Ananas» und «FdH» («Friss die Hälfte»). Sechs Pfund runter, sechs Pfund rauf. Der berühmte Jojo-Effekt hatte mich erwischt: Du nimmst sehr schnell ab, der Körper merkt, dass Mangelzeiten herrschen, und schaltet auf Sparflamme. Ergebnis: Er verwertet jede Kalorie, so gut er kann, und du nimmst sehr schnell wieder zu, auch wenn du normal isst. Also machst du die nächste Diät. Und so weiter und so weiter …

Dann kam die entscheidende Wende: Ich machte eine Fastenkur. Das geht nur unter ärztlicher Aufsicht oder sehr streng nach Anweisung. Zehn Tage habe ich gar nichts gegessen, sondern nur getrunken. Das klingt hart, aber Hunger hatte ich nur an den ersten beiden Tagen. Ich war zwar nicht wirklich leistungsfähig, fühlte mich aber auch nicht schlecht. Danach fing ich ganz langsam wieder an zu essen. Zunächst einen alten, schrumpeligen Apfel. Ich hatte den Magen eines Kleinkindes: Für den Apfel brauchte ich eine halbe Stunde. Ganz langsam habe ich die Mengen gesteigert, aber – und das war das Wichtigste – immer dann aufgehört, wenn ich satt war.

Ich habe mir antrainiert, genau den Zeitpunkt wahrzunehmen, an dem ich genug gegessen habe. Dann höre ich auf. Egal, was noch auf dem Teller liegt.

Das Zweite, was ich dabei fühlen lernte, war die Qualität der Nahrungsmittel. Mit einer Banane im Bauch hat man ein viel besseres Körpergefühl als mit einem Riegel Bounty. Ein Vollkornbrot fühlt sich besser an als Weißbrot. Seitdem ernähre ich mich gesund, esse langsam und habe nie mehr Probleme mit dem Gewicht gehabt.

Keine Angst, eine Fastenkur sollst du jetzt nicht machen, aber werfen wir doch mal einen Blick auf deinen Speisezettel. Es gibt Nahrungsmittel, die zwar schnell satt machen, aber kein Wohlgefühl auslösen und zu viel Kalorien haben. Dazu gehört zu fettes Futter wie Hamburger, Currywürste, Pommes und alles, was mit weißem

Mehl hergestellt wird: Brötchen, Baguette, Kuchen, Kekse. Bitte möglichst meiden! Ebenso zu viel Zucker.

Versuche lieber, dich mit Vollkornprodukten, Obst, Gemüse, Salat, Fisch, magerem Fleisch und Geflügel anzufreunden. Du wirst merken, man fühlt sich viel besser, und abgesehen davon hält eine Scheibe Vollkornbrot dreimal so lange satt wie ein Brötchen.

Die wichtigste Mahlzeit ist das Frühstück, da kannst du ruhig zulangen. Dafür ist es besser, abends weniger zu hermacht, isst du leicht zu viel. Es dauert zwanzig Minuten, bis das Oberstübchen signalisiert, dass du genug gegessen hast. Das kannst du austricksen, indem du dich erst mal an Salat hältst. Viel Salat! Und *langsam* isst.

Versuche, deine eigenen Bedürfnisse zu erkennen. Brauchst du viel Fleisch, oder bist du – wie viele Models – Vegetarier? Auch ich habe eine Zeit lang strikt vegetarisch gelebt. Aber auf die Dauer habe ich das strenge Vegetariertum aufgegeben, mir hat einfach Ener-

> **WENN DU EINE SCHLIMME KLAMOTTE TOLL AUSSEHEN LASSEN KANNST, BIST DU EIN GUTES MODEL.**
>
> KATE MOSS

essen, und das möglichst nicht zu spät. Offenbar hat der menschliche Körper keine Lust, nachts zu verdauen, das meiste wird als Speckdepot angelegt. Eine Freundin von mir hat nur dadurch ihr Idealgewicht erreicht und auch gehalten, dass sie nie später als abends um sechs die letzte Mahlzeit zu sich nahm. Ich weiß, wenn du arbeitest, ist das nicht immer durchzuhalten. Aber du kannst versuchen, dem möglichst nahe zu kommen.

Wenn du jemand bist, der sich gerne mit Heißhunger über den vollen Teller gie gefehlt. Und Fisch und Geflügel sind absolut o. k.

Probiere aus, womit du dich am besten fühlst.

Und noch ein Wohlfühl-Tipp: Trinke möglichst viel Wasser. Erstens braucht dein Körper viel Feuchtigkeit von innen, und zweitens ist es das beste Schönheitsmittel für deine Haut. Man vergisst das oft, weil man an so viele andere Dinge denkt. Und plötzlich hast du Kopfschmerzen und weißt nicht, warum. Am besten, du hast immer eine Flasche Wasser dabei.

Ich glaube, über Alkohol und Zigaretten brauchen wir nicht zu sprechen, oder? Ab und zu ein Glas Niedrigprozentiges geht in Ordnung, solange es sich in Grenzen hält. Finger weg von scharfen Drinks!

Und Zigaretten – sind für den Körper reines Gift!

Noch etwas, was dein Lebensgefühl um 100 Prozent verbessert: Sport.

Viel frische Luft und tiefes Durchatmen lassen dich fit und sprühend vor Energie fühlen.

Das allerbeste Mittel dafür ist es, jeden Morgen eine kleine Joggingrunde einzulegen. Wenn du das schaffst: 100 Punkte! Am Anfang ist es echt hart, und man muss sich sehr überwinden. Du wirst zunächst auch kaum 20 bis 30 Minuten am Stück laufen können. Fange einfach langsam an, vor dich hin zu traben. Immer wenn du aus der Puste kommst, darfst du ein Stück gehen und verschnaufen. Dann verlängerst du allmählich die Laufphasen. Von Tag zu Tag merkst du, dass es besser geht. Du bist stolz, dass du schon etwas für dich getan hast. Und du fühlst dich frisch und frei wie nie zuvor am frühen Morgen. Tägliches Laufen verändert die ganze Körperchemie. Der Grundumsatz wird höher, das heißt, du neigst weniger dazu, Pfunde anzusetzen.

Versuche, dir das als tägliches Ritual anzugewöhnen. Wenn du deinen inneren Schweinehund überwindest, wirst du reich belohnt! Und irgendwann hast du dann die Laufschuhe immer im Gepäck, egal wohin du unterwegs bist. Für mich ist es immer ein kleines Abenteuer, fremde Gegenden morgens laufend zu erkunden. Das ist «erwachsenes Pfadfindertum» und macht richtig Spaß.

Falls du es nicht schaffst, morgens zu joggen, kannst du es auch abends tun. Es ist dann allerdings nicht so leicht, ein Ritual daraus zu machen. Probier es einfach aus!

Liegt dir das Joggen überhaupt nicht, bist du vielleicht ein Typ, der sich lieber mit anderen zusammen bewegt und von einem Trainer angefeuert werden will? Dafür gibt es in den meisten Städten Fitnessstudios. Zweimal die Woche bringt auch schon etwas. Hauptsache, du bewegst dich!

Dann darfst du dir auch ohne Reue hin und wieder ein Stückchen Schokolade gönnen ...

# DER SCHÖNHEIT NACHHELFEN

Ich wartete einmal im Schminkraum eines Fotostudios zusammen mit einer Kollegin auf unseren Einsatz. Ich las in einem Buch, sie saß vor dem Spiegel. Sie schaute sich an. Lange und kritisch. Dann zog sie mit den Fingerspitzen erst an den Schläfen und dann vor dem Ohr die Gesichtshaut zurück. Immer wieder. Sie sagte, dass sie über ein Lifting nachdenke. Sie war zweiundzwanzig.

**AXEL NEUROTH, SCHÖNHEITSCHIRURG,** hat eine eigene Klinik in Düsseldorf. Er gibt Auskunft über Schönheitsoperationen bei Models. Natürlich nennt er keine Namen!

**Was sind die häufigsten Eingriffe bei Models?**

Gerade Models haben ja den großen Druck, immer optimal aussehen zu müssen.

Bei den Jüngeren geht es häufig um Figurprobleme. Die meisten haben eine gute Grundstruktur und treiben viel Sport. Aber die kleinen Fettpolster am Knie zum Beispiel kann man nicht wegtrainieren. Wir haben gerade einem hoch bezahlten Strumpfmodel am Oberschenkel und am Knie Fett abgesaugt.

**Was ist mit Brustvergrößerungen? Sieht das nicht immer künstlich aus?**

Nein, das muss nicht sein. Es gibt flache und erhabene Implantate. Heute geht man unter der Achsel durch die Haut, da ist hinterher kaum eine Narbe zu sehen.

**Und lassen männliche Models auch was machen?**

Da werden häufig die Ohren angelegt, obwohl man das eigentlich schon bei Kindern machen lässt, weil die sonst unter den Hänseleien der Klassenkameraden leiden.

**Wann fangen die Gesichtskorrekturen an?**

Wenn die ersten Mimikfältchen kommen, machen wir nur ein leichtes Augenlifting.

**Was ist mit kompletten Liftings?**

Heute machen wir gar nicht mehr das klassische Lifting. Da steht die Haut unter zu viel Spannung. Wir wenden jetzt das Face-Brightening an. Dabei werden Muskeln und Fettgewebe vom Knochen aus angehoben. Der Weg nach unten, den das Gewebe macht, wird rückgängig gemacht.

**Ab welchem Alter machen Sie das, und was kostet es?**

Das machen wir ab Ende zwanzig. Die Kosten liegen bei 10 000 Euro aufwärts.

**Was für Eingriffe machen Sie noch bei Models?**

Wenn bei den Lippen die Aufwerfung nicht stimmt, füllen wir sie mit Eigenfett auf. Diese «Autoreifen», die durch Silikon entstehen, machen wir nicht.

**Ganz offensichtlich hat Esther Cañadas sich ja die Lippen aufspritzen lassen. Können Sie erkennen, ob bei anderen bekannten Models «nachgeholfen» worden ist?**

Heute kann man schon so operieren, dass es nur noch ein Fachmann erkennt.

**Was kann man mit eigenen Mitteln für seine Schönheit tun?**

Am schädlichsten für die Haut sind zu viel Sonne, Alkohol und Rauchen. Gerade das Rauchen trägt extrem zur Hautalterung bei. Das wirkt sich auf die gesamte Gewebestruktur aus und macht besonders um den Mund herum Fältchen. Der Zigarettenrauch vergiftet den ganzen Körper und lokal auch die Lippenpartie. Damit gefährdet man als Model sein größtes Kapital.

## Eine gute Investition?

Wenn man einem Schönheitschirurgen zuhört, klingt alles unproblematisch und selbstverständlich.

Es ist eine Gewissensfrage, ob man sich unters Messer legt.

Man könnte sagen, für Models lohnt sich die Investition. Die paar Tausend Euro hat man schnell wieder verdient. Und wenn man das Ende des Jobs um einige Jahre hinauszögern kann, lässt sich vielleicht auch ein größerer Aufwand rechtfertigen, als nur die Lippen etwas voller zu spritzen.

Aber es gibt noch einen anderen Aspekt: die Unzufriedenheit. Wer an sich selbst den leichten Nasenhöcker nicht mag, kann ihn wegmachen lassen.

Dann ist man erst mal glücklich. Aber dann stören vielleicht die etwas zu schmalen Lippen. Jetzt nur noch die Augenlider etwas anheben. Jetzt noch die Knie. Nur das noch. Und jetzt nur noch …

Nach jeder geglückten Operation entdeckt man etwas Neues.

Aber auch Messer und Spritze machen nicht glücklich, solange man keinen Frieden mit der eigenen Unvollkommenheit schließt! Und das fällt einem als Model besonders schwer.

## Optische Täuschung

Von der modernen Technik profitieren Models manchmal sogar, ohne es zu wissen. Heute erscheint kein Foto mehr auf dem Titel einer Zeitschrift, ohne dass es vorher am Computer bearbeitet wurde.

In Paris steht das «Pin-up-Studio», ein großer Komplex mit 16 Studios, in das viele große Fotografen gehen. Dazu gehören Räume für Artdirektoren und Grafiker, um die Bilder gleich zu bearbeiten. Sie können z. B. den Lichteinfall verändern. Um die Augen lebendig zu machen, zaubern sie Lichter hinein. Alle Fältchen und Unebenheiten verschwinden. Selbst bei ganz jungen Mädchen glätten sie die kleinsten Anzeichen von Cellulite am Oberschenkel. Die Haut wird glatt gebügelt. Sie wird so zum Schimmern gebracht, wie es die Natur nie schaffen könnte.

Auch Popstars nutzen diese Möglichkeiten: Mariah Carey hat z. B. auf ihrem neuesten Album deutlich schmalere Hüften als sonst, und die Beine sind um zwölf Zentimeter gestreckt.

# Liebe, Neid und schöne Fallen

## Freundschaften und Freunde

Der Modeljob krempelt dein Leben um, vielleicht mehr, als dir lieb ist. Du siehst deine Heimat nur selten, bist viel auf Reisen, ständig in anderen Ländern und lernst viele neue Menschen kennen. Wobei das Wort «Kennenlernen» oft übertrieben ist. Man redet über Städte, Jobs und Mode, manchmal noch über den aktuellen Freund. Dann geht man auseinander,

mir das. Und wenn man sich dann wiedersieht, frage ich: ‹Wie sieht's denn jetzt so aus?› Dann sind einige ganz überrascht, dass ich mir das Gespräch gemerkt habe.

Aber manchmal erinnere ich mich einfach nicht mehr an die Leute, oder ich kann mir die Namen nicht merken. ‹Haben wir uns schon mal getroffen?› – ‹Ja, und wir haben ganz lange geredet.› – ‹Oh, Mist!›

> **In den besten Jahren deines Lebens bist du allein. Deine Freunde zu Hause haben viel Spass miteinander, und du bist alleine im Hotel. Es ist ein einsamer Job. Du hast riesige Telefonrechnungen.**
>
> Helena Christensen

zum nächsten Job. Und viele Models hören deshalb gar nicht richtig hin. Warum auch? Zum einen Ohr rein, zum anderen wieder raus. Man weiß ja nicht, ob man sich je wiedersieht.

Christina Kruse kennt diese Erfahrung gut:

«Das ist etwas, was ich nicht will: nicht mehr richtig zuhören. Wenn mich Leute interessieren, merke ich

Die meisten interessieren sich nur für sich selbst. Manchmal habe ich mich schon gefragt: Wieso erzähle ich das eigentlich alles? Ich fange dann auch schon gar nicht mehr an. Außer bei Menschen, von denen ich weiß: Da wird ein Austausch stattfinden.»

Christina hat für sich eine richtige Entscheidung getroffen: Sie sucht sich die Leute gut aus, die ihre Freunde werden könnten. Gleich jedem sein Herz auszuschütten bringt überhaupt nichts. Sonst fühlst du dich – obwohl ständig von vielen Menschen umgeben – irgendwann ziemlich einsam. Mit der Zeit merkst du immer schneller, wer auf deiner Wellenlänge sendet!

Jeder Job ist anders, jedes Team hat eine eigene Stimmung. Du lernst, dich auf Hektik oder Ruhe einzustellen und auch mit angespannten Situationen umzugehen.

Es hilft übrigens, sich bei jedem Job einen Vertrauten oder eine Vertraute aus dem Team zu suchen. Egal, ob das der Visagist, die Stylistin oder der Fotograf ist. Mit dieser Person besprichst du alles, was du vielleicht nicht so offen sagen magst. Das funktioniert prima, weil sich ein «Vertrauter» ein bisschen geehrt fühlt und sich gerne um dich kümmern wird. Dann bist du gleich etwas besser aufgehoben unter all den Fremden.

In jedem Fall solltest du alle Anwesenden mit Respekt behandeln, auch wenn es «nur» der Assistent des Fotografen ist. Jeder am Set ist ein Mensch und mit den gleichen Gefühlen ausgestattet wie du. Außerdem sind arrogante Models, die andere Menschen abschätzig oder wie Luft behandeln, nirgendwo gerne gesehen.

Du wirst nicht nur für bestimmte kurze Jobs durch die Welt reisen. Die Agenturen schicken ihre Models auch häufig für ein paar Wochen zum Arbeiten in andere Länder.

Wenn du viel unterwegs bist, vermisst du deine Freunde und deine Familie. Bei akuten Anfällen von Heimweh hilft das Telefon. Mit den Billig-Vorwahlen sind stundenlange Telefonate inzwischen bezahlbar. Auch E-Mails sind gut, um Freundschaften zu pflegen. Denn Freunde sind – genau wie vielleicht deine Eltern – gerade in diesem Job ganz wichtig! Sie können dir in deinem neuen, unruhigen Leben ein stabiles Gerüst sein, unterschätze das nicht.

Wenn du einen Freund hast, ist es für euch beide gar nicht so einfach, mit deinem spontanen Leben klarzukommen. Ich hatte mal auf einem langen Trip solche Sehnsucht nach Zärtlichkeit, dass ich jeden halbwegs freundlichen Straßenköter streicheln musste. Viele Jungs sind sauer, wenn der Wochenendausflug wegen eines Jobs mal wieder verschoben werden muss oder du seinen Geburtstag nicht mitfeiern kannst, weil du gerade in Kapstadt bist. Er denkt, dein Job sei dir wichtiger als er. Es ist für beide nicht leicht. Je öfter du mit ihm telefonierst, SMS schickst oder E-Mails, desto besser. In echten

Krisenzeiten versteht deine Agentur hoffentlich, dass ein unglückliches Model kein gutes Model sein kann. Auch wenn das heißt, mal auf einen guten Job zu verzichten.

Wenn dir diese Liebe etwas wert ist, musst du viel dafür tun.

## UNTER TRÄNEN LACHEN

Ich hatte einmal während einer kleinen Show einen Riesenstress mit jemandem, der mich ungerecht behandelt hatte. Ich heulte vor Wut. Direkt bevor ich vor das Publikum musste, riss ich mich zusammen und schritt lächelnd über den Laufsteg. Die Tränen rollten mir noch über die Wangen, aber ich lächelte. Das ist mir bis heute unverständlich, aber es ging.

Jeder erwartet von dir, dass du immer gut drauf bist. Bist du aber nicht. Kannst du gar nicht sein. Denn jeder Mensch hat Tage, an denen ihm alles quer geht. Wenn das Haustier gestorben ist oder es gerade Krach mit dem Freund gibt. Aber es gehört leider zum Modeljob, das nicht zu zeigen.

Mit der Zeit lernt man, private Sorgen wegzudrücken, sich zu sagen: Das muss warten bis heute Abend. Dann kann ich mich damit beschäftigen. Das solltest du dann aber auch wirklich tun.

Rumorende Probleme melden sich sonst immer wieder, bis sie bearbeitet worden sind.

## KRITIK

Du wirst im Job viel Lob ernten, aber du wirst auch kritisiert werden. Das ist erst einmal ziemlich unangenehm. Aber sei froh, wenn dir jemand seine Einwände direkt sagt. Manchmal gehen die Beschwerden nämlich erst hinterher an deine Agentur, und du kannst dich dem Kunden gegenüber nicht mehr dazu äußern oder versuchen, es besser zu machen. Wenn du also beim Job kritisiert wirst, höre genau hin. Wenn die Kritik begründet ist, kannst du in solchen Situationen etwas lernen: Nicht arrogant zu reagieren, sondern sich damit auseinander setzen.

Wie auch im richtigen Leben kannst du nicht Everybody's Darling sein.

Es wird Leute geben, mit denen du immer wieder arbeiten wirst, und andere, mit denen du einfach nicht warm wirst. Das musst du akzeptieren, obwohl du schon versuchen solltest, auch mit schwierigeren Fällen klarzukommen. Ganz hart gesagt: Auch dafür wirst du bezahlt. Es sei denn, jemand behandelt dich einfach wirklich mies.

Leider gibt es auch einige wenige Fotografen, die mit den Models umgehen wie mit einem Stück Ware.

Ich war in einem sehr kleinen Studio bei einem mir bis dahin unbekannten Fotografen für einen halben Tag gebucht. Es ging um Fotos von T-Shirts für die Verpackung. Hosen und Schmuck sollte ich selbst mitbringen. Offenbar war kein Geld da für das Styling. Auch nicht für das Make-up, denn auch das musste ich selbst machen. Das ist o. k., wenn man es vorher weiß. Der Fotograf war ein grantiger Typ, der erwartete, dass ich in zehn Minuten fertig geschminkt war. Er fing an zu drängeln. Halt, halt, so schnell geht es nun wirklich nicht! Nach 20 Minuten stand ich vor der Kamera für das erste Polaroid, das ist sehr schnell. Nicht für ihn – er maulte. Dann änderte er das Licht noch ein paar Mal, und schließlich sollte es losgehen. Inzwischen war mir in den Scheinwerfern ziemlich heiß geworden, und ich wollte den Glanz auf meiner Nase nochmal mit Puder bearbeiten. Als ich mich gerade zwei Schritte aus dem Aufbau heraus in Richtung Puderdose bewegt hatte, fuhr er mich an: «Wo gehst du hin?» Ich erklärte meine guten Absichten. Darauf er: «Du bewegst dich hier erst, wenn ich dir die Erlaubnis dazu gebe!»

Den Rest des Tages herrschte außer seinen Kommandos Schweigen zwischen uns. Das gefiel ihm offenbar, denn zu meinem Erstaunen lobte er mich beim Abschied. Danach bat ich allerdings meine Agentur, nie wieder eine Buchung bei diesem Typen für mich anzunehmen.

### FLAUTE IM TERMINKALENDER

Deine Stammkunden haben neue Lieblingsmodels, du bist in der neuen Saison nicht mehr bei der Show XY dabei, es kommen kaum Buchungen. Du gehst zu jedem Casting – nichts. Was ist los?

Nicht nervös werden, das haben schon viele Kollegen erlebt. Es gibt Zeiten, in denen du tolle Jobs hast und viel Geld verdienst, und es gibt Flauten. Damit musst du rechnen. Das kann viele Gründe haben: Dein Look ist nicht mehr angesagt, oder diese Saison ist ein ganz anderer Typ gefragt. Oder du bist für einige Kunden einfach zu teuer geworden. Das kann vorkommen, und du darfst es bitte, bitte nicht persönlich nehmen! Sprich darüber mit deinem Booker, denn er kennt sich mit miesen Phasen aus. Du bist kein Einzelfall. Möglicherweise rät er dir zu einem neuen Haarschnitt oder einer anderen Haarfarbe, vielleicht auch zu neuen Tests, weil dein Typ sich grundsätzlich verändert hat und du dir Zugang zu ganz anderen Kunden erarbeiten musst.

## Sich wohl fühlen

Es gibt einen kleinen Trick, wie du dich aufheitern kannst. Das musst du vorbereiten. Du hast vermutlich einen Discman? Der Trick geht so:

Immer wenn es dir besonders gut geht, wenn du einen schönen Sonnenuntergang genießt, dich mit deiner Katze oder wem auch immer auf dem Sofa räkelst, dann legst du ein bestimmtes Musikstück auf. Das machst du ein paar Mal. Wenn du dann in einer schwierigen Phase gut drauf sein willst, hörst du genau diese Musik, und es wird dir besser gehen. Dieser Song ist für dich inzwischen mit Wohlfühlen gekoppelt und tut garantiert seine Wirkung. Probier es aus – es klappt!

Suche dir ein paar schöne Entspannungsmethoden aus dem breiten Angebot heraus. Ob Tanzen, Tai Chi, blubberndes Whirlpoolwasser, Joggen, Häkeln oder Radfahren – egal. Hauptsache, es funktioniert und du findest deine beste Methode, in dein neues, schnelles Leben ab und zu ein paar ruhigere Takte einzubauen.

## Über Vorurteile und Neid

Jeder kennt den Vorwurf, die Modebranche sei oberflächlich. Ich finde das nicht gerechtfertigt. Denn wenn sich Models über Lidschatten, Nagellack oder das beste Deo unterhalten, ist das letztlich nichts anderes als ein Fachgespräch – so wie sich der Postbeamte mit seinen Kollegen über neue Briefmarken, Dienstanweisungen und Formulare austauscht. Das gehört zum Job.

Wie persönlich du mit deinen Kollegen und Kolleginnen wirst, wie tief eure Gespräche gehen, ist ebenso von jedem selbst abhängig wie sonst auch.

Diese Vorurteile haben oft ihre Ursache in Neid. Den wirst du oft zu spüren bekommen, mehr oder weniger deutlich. Es ist ja auch verständlich: Du siehst gut aus, fliegst in der Weltgeschichte herum, lernst viele aufregende Leute kennen, bist in Hochglanzmagazinen abgebildet, hast nichts gelernt und verdienst auch noch einen Haufen Geld.

Wie sollen andere da *nicht* neidisch werden?

Es kann sein, dass dich Freunde plötzlich ganz anders behandeln, dass andere Models dir einen Job nicht gönnen, dass verächtlich über dich geredet wird. Fast jedes Model kennt solche Reaktionen. Die bleiben leider nicht aus.

Da kannst du nur gegensteuern, indem du das einzig Richtige tust: Bilde dir nichts auf den Job ein. Du bist dadurch nichts Besseres, du hast nur für einen gewissen Zeitraum andere Möglichkeiten als deine früheren Klassenkameraden. Bleibe auf dem Teppich, bleibe dir selbst treu. Deine echten Freunde werden das schon verstehen und anerkennen.

Aber auch du wirst neidisch werden, auf andere Models. Es gibt immer jemanden, der dir einen Job vor der Nase wegschnappt. Der mehr Geld verdient und schönere Reisen macht. Und du wirst dich fragen: Warum gerade sie? Ich sehe doch viel besser aus. Ich bin größer und habe die schönere Figur.

Karl Lagerfeld bringt es knallhart auf den Punkt: Der Modeljob basiert auf Ungerechtigkeit. Wem das nicht passt, der muss etwas anderes machen. Auch in anderen Berufen geht es übrigens nicht immer gerecht zu.

**«ICH HAB DOCH EIN PFERD!»: CHRISSIE** wurde mit 14 angesprochen und gefragt, ob sie Model werden wolle. Sie wollte nicht. Chrissie hatte andere Interessen, ihre Antwort war: «Ich hab doch ein Pferd!»

Irgendwann später machte sie doch von ihrem kleinen Dorf bei Kiel aus einen Ausflug nach Hamburg und stellte sich bei einer Modelagentur vor. Das hatte sofort größere Ausflüge zur Folge: Ihre erste längere Reise ging nach Barcelona, seitdem ist sie für ihre Agentur *Model Team* welt-

weit unterwegs. Am Anfang war meistens ihre Mutter dabei, nebenher ging Chrissie weiter zur Schule.

**Wie fanden deine Eltern deine Modelambitionen?**

Die haben das sehr unterstützt. Wenn morgens ein Anruf für ein Casting kam, hat mich meine Mutter gleich mit dem Auto von der Schule abgeholt und hingefahren.

**Gibt es einen Bereich, in dem du überwiegend arbeitest?**

Ich bin ein reines Foto-Model. Auf Shows habe ich keine Lust. Das ist mir zu hektisch.

**Hast du erlebt, dass Leute Vorurteile haben, weil du Model bist?**

Viele unterschätzen die Ansprüche, die an uns gestellt werden, vor allem an Anpassungsfähigkeit und Disziplin, und wie sehr einen der Job in Anspruch nehmen kann. Neulich hat mich jemand gefragt: Modelst du nur? Die Leute denken, du gehst hin, kriegst ein Glas Sekt in die Hand gedrückt und machst gar nichts. Aber wenn man viel arbeitet, bleibt kaum Zeit für etwas anderes.

Und manche denken natürlich auch, Models seien blöd. Aber das stimmt nicht. Models sind höchstens ungebildet.

**Wie sieht es mit deiner eigenen Bildung aus?**

Ich habe trotz des Modeljobs mein Abi gemacht. Ich spreche Englisch, Französisch, Italienisch. Ich bin jemand, der immer etwas für den Kopf tun muss. Seit zweieinhalb Jahren studiere ich an der Uni Newcastle im Fernstudium Religionswissenschaft.

---

### NACHTS IN DER KÜCHE

Oft ist man als Model geistig unterfordert. Aber es kann auch ganz anders kommen. Nicht alle großen Fotografen arbeiten in der Großstadt. Einige meiner Stammkunden hatten Riesenstudios irgendwo auf dem Land oder in der Nähe einer Kleinstadt. Dort werden häufig Einrichtungen, Bäder, Küchen und Ähnliches fotografiert. Und sie liegen in günstigen Industriegegenden, weil sie unglaublich viel Platz brauchen. Wenn zum Beispiel eine Badewanne abgelichtet werden soll, ist normalerweise ein wunderschönes, riesiges Badezimmer drum herumgebaut. So groß, dass dir dein Bad daheim winzig vorkommt.

Bei solchen Jobs bist du als Model die kleine menschliche Dekoration irgendwo zwischen Badezimmerschrank und Handtuchhalter. Der Star ist die Einrichtung. Macht ja nichts, du wirst ja gut dafür bezahlt.

Mit einem dieser Stammkunden hatte ich schon oft gearbeitet. Ich sollte nachmittags um vier dort sein. Ungewöhnliche Zeit, dachte ich. Ich sollte möglichst viele unterschiedliche Klamotten mitbringen. Der Grund: Mein Fotograf wollte ein Video drehen, mit mir als Präsentatorin der neuen Küchen eines bestimmten Herstellers.

Dann kamen meine Texte. Für jede Küche eine ganze DIN-A4-Seite mit Fachbegriffen. Und es waren vierzehn Küchen! Alles sollte jeweils in einer Einstellung gedreht werden, ohne Schnitte, ohne Unterbrechungen. Und wir konnten erst abends um halb sieben anfangen, weil das Ganze in einem großen Küchenladen stattfinden sollte, ohne Publikumsverkehr.

Die Texte sahen etwa folgendermaßen aus:

«Das Modell ‹Exquisit› besticht durch betont einfache Formgebung in den Basiselementen. Eine Akzentuierung ist durch Rundholzgriffe, kombiniert mit entsprechenden Oberflächenmaterialien auf den Arbeitsflächen, gegeben. Die Kassettentüren mit nur leicht ausgearbeiteten Halbrundprofilen sind aus massivem Hartholz gefertigt. Wahlweise ist auch die günstigere Version in furnierter Qualität erhältlich. Dieses bestechende Design ist auch in der trendigen Variante mit matt gebürstetem Hartlack in sechs verschiedenen Farben erhältlich. Durch variable Oberschrankkombinationen können sowohl ein Backofen als auch die Kühl- und Gefrierkombination optimal positioniert und integriert werden. Auch die umfangreiche Elektrogeräte-Ausstattung lässt sicher keinen Komfortwunsch unerfüllt. Praktische Details wie Glashänger unterstreichen die moderne Optik, raffinierte Extras wie der integrierte Flaschenträger sorgen für zusätzlichen Stauraum. Eine Breitenabstufung in 5-Zentimeter-Einheiten garantiert einen unproblematischen individuellen Einbau in jeden vorgegebenen Küchengrundriss.»

Vierzehn Seiten Küchen-Kauderwelsch auswendig lernen! Jedesmal in einer Einstellung drehen! Das Ganze charmant rüberbringen! Nachts und ganz ohne Kaffee!

Aber kann man einem guten Stammkunden sagen, dass er keine Ahnung hat, wie Vi-

deos gedreht werden? Dass Zwischenschnitte, optische Unterbrecher nötig sind? Dass er die Texte bitte ein paar Tage vorher hätte faxen sollen? Und dass ich sowieso für so einen Job viel mehr Honorar hätte bekommen müssen?

Meine Agentur konnte ich nicht zwischenschalten, es war zu spät abends.

Bis heute weiß ich nicht genau, wie ich diesen Dreh hinbekommen habe. Ich habe mich vor jeder neuen Küche eine halbe Stunde lang in eine Ecke zurückgezogen, um den entsprechenden Text zu lernen. Zwischendurch wurde der Assi losgeschickt, um Süßigkeiten aus irgendeiner Kneipe zu holen – Gehirnfutter! Um vier Uhr nachts machte meine Merkfähigkeit schlapp. Nichts ging mehr. Noch drei Küchen, um sieben mussten wir fertig sein. Denn dann kam der Putztrupp. Wir würden es nicht schaffen! Meine rettende Idee: Ich sprach zwei Texte auf meinen Kassettenrecorder. Den hielt ich dann deutlich sichtbar in der Hand und spazierte locker lächelnd durch die Küche, mein Recorder sprach an meiner Stelle. Der Fotograf ließ sich darauf ein. Es blieb ihm auch nichts anderes übrig!

Als er dann vorschlug, ich solle doch direkt die 250 Kilometer nach Hause fahren, damit er mein Hotelzimmer sparen könne, wurde ich doch etwas ungehalten.

## DIE SCHÖNHEITSFALLE

Sie ist heimtückisch. Sie lauert schon lange auf dich. So funktioniert sie: Du bist es gewohnt, überall sofort freundlich aufgenommen zu werden. Die Menschen mögen dich schon, wenn du zur Tür reinkommst. Auf Partys hängen wie zufällig alle Jungs in deiner Nähe herum und signalisieren Bereitschaft. Du musst eigentlich nichts tun, um Freunde und Anerkennung zu finden. Es fällt dir alles von allein in den Schoß. Warum? Weil du schön bist.

Und genau das ist die Falle: Wenn du dich darauf verlässt, dass du nichts für andere tun musst oder dafür, dass sie dich mögen. Freundschaften basieren auf Geben und Nehmen. Nur Nehmen geht langfristig nicht gut. Gerade als Model wird für dich vieles in die Wege geleitet, du musst von dir aus wenig Initiative zeigen. Du musst nur dafür sorgen, dass du fit für den Job bist. Alles andere macht ja die Agentur. Und wenn du nur einigermaßen nett und handzahm bist, wirst du im Job gut klarkommen.

Die Schönheitsfalle schnappt eigentlich erst richtig zu, wenn es um deine Freunde oder um «das Leben danach» geht. Denn da musst du dich plötzlich um dich selbst kümmern – und eben auch um andere. Und später fliegen die Jobs nicht mehr von alleine auf dich zu. Du kommst vielleicht leichter herein als andere, aber dann?

Schönheit ist nur ein Türöffner, hindurchgehen musst du schon selbst.

# LIEBE ELTERN

Ihre Tochter oder Ihr Sohn möchte Model werden. Wie alle Eltern wollen Sie das Beste für Ihr Kind. Und zweifellos bietet der Modeljob großartige Möglichkeiten: in jungen Jahren viel Geld zu verdienen, die ganze Welt zu bereisen, interessante Menschen zu treffen, vielleicht sogar bekannt und berühmt zu werden. Auf der anderen Seite haben Sie viel gehört über Drogen, Essstörungen, Partys und Playboys.

Sie überlegen sich, ob Sie das überhaupt verantworten können: einen jungen Menschen, der in Ihren Augen vielleicht *zu* jung ist, in einen Job loszulassen, der ihn vielleicht aus der vertrauten Heimat hinauskatapultiert in ferne Länder, zu fremden Menschen. Sie haben Zweifel, ob Ihr Teenager in der Welt der Models gut aufgehoben ist.

Ihre Bedenken sind verständlich. In Ihren Augen ist Ihr Kind noch ein Kind. Aber Sie sollten realisieren, was der Wunsch, Model zu werden, bedeutet. Es ist der Anfang des natürlichen Bestrebens nach Eigenständigkeit. Ihr Kind möchte anfangen, seine eigenen Wege zu gehen, sein eigenes Leben zu leben.

Und das Beste, was Sie für Ihr Kind tun können, ist: Unterstützen Sie seine Träume. Entlassen Sie Ihr Kind langsam in die Selbständigkeit. Langsam! Vermitteln Sie ihm: Ich habe Vertrauen in dich, in deine Fähigkeiten, in dein Verantwortungsgefühl dir selbst gegenüber.

Stehen Sie nicht im Weg, wenn Ihre Tochter oder Ihr Sohn sich aufmachen möchte ins eigene Leben.

Aber Sie können und sollten dabei sein, wenn die ersten Schritte ins Berufsleben anstehen. Begleiten Sie Ihr Kind zum Vorstellungsgespräch bei der Modelagentur, machen Sie sich selbst ein Bild von den Menschen, die vielleicht in Zukunft über das Wohlergehen Ihrer Tochter oder Ihres Sohnes entscheidend mitbestimmen. Wenn Sie in der Agentur Verantwortungsbewusstsein spüren, ist das ein gutes Zeichen.

Und noch einmal: Zahlen Sie nichts. Eine seriöse Agentur investiert erst einmal aus eigener Tasche in ein neues Gesicht. Sobald jemand Geld verlangt, bevor die ersten Euro verdient sind, ist Vorsicht angebracht!

Fragen Sie beim Agenturbesuch alles, was Sie wissen wollen. Vertrauen Sie auf Ihre Menschenkenntnis. Aber seien Sie nicht *zu* misstrauisch.

Eine Bookerin erzählte mir, sie habe gerade ein neues Mädchen gesehen, das sich allein vorgestellt habe. Sie sei durchaus geeignet und reif genug für den Job. Aber der Vater habe gleich die Polizei gerufen, weil er Schlimmes für seine Tochter befürchtete. Auf den Ärger mit solchen Eltern hat kein Booker Lust. Es war eine der besten Agenturen Deutschlands, die sich wirklich um Anfängerinnen kümmert. Dieses Mädchen hat kaum eine Chance, eine Modelkarriere zu machen.

Es kommt natürlich auch vor, dass die Eltern ehrgeiziger sind als das zukünftige Model, dass sie in der Hoffnung, aus der Tochter eine Millionärin zu machen, sogar weit über das Ziel hinausschießen.

Von einer solchen Erfahrung erzählt Ted Linow: «Eines unserer Models kam vor ein paar Jahren heulend in die Agentur. Sie war völlig aufgelöst, weil ihr Vater sie in eine Transvestitenschule schicken wollte. Seine Erklärung: Wenn die aus Männern ‹geile Weiber› machen können, dann wird dort aus dir doch bestimmt auch eine erotische Wundertüte.»

Aber auch sonst sollten Sie sich sehr zurückhalten, eine mögliche Karriere zu schnell und zu nachdrücklich voranzutreiben. Es ist oft richtiger, die Sache etwas langsam angehen zu lassen.

Sie können Ihrer Tochter helfen, wenn Sie bei den ersten Jobs dabei sind. Machen Sie sich selbst ein Bild, wie es im Fotostudio zugeht.

Aber bitte nicht hineinreden! Es ist besser, wenn Sie sich etwas im Hintergrund halten. Ihre Tochter muss sich selbst bewähren, manchmal auch über den eigenen Schatten springen. Sie sind in Abstimmung mit der Agentur für die generelle Karriereberatung zuständig und für den emotionalen Beistand, vor allem auf Reisen. Am Anfang gibt es einer Sechzehnjährigen die nötige Sicherheit, wenn bei Auslandsaufenthalten eine Vertrauensperson dabei ist. Das kann ein Booker sein oder auch ein Elternteil – sofern dies beruflich möglich ist. Ansonsten sind auch Verwandte – sofern willig – gut einsetzbar.

Halten Sie in jedem Fall einen guten Kontakt, wenn Ihr Kind flügge wird. Denn bei so vielen fremden Menschen und Einflüssen ist eine stabile Beziehung zum Elternhaus ein sicheres Gerüst. Dabei spreche ich nicht von einer strengen moralischen Instanz, sondern eher von einem freundschaftlich offenen Ohr. Und – sofern gewünscht – von unterstützenden Ratschlägen statt Vorschriften und Verboten. Wenn Ihre Tochter am Set hört, wie toll sie ist, wie gut sie den Job macht, und zu Hause nörgelt die Mutter, weil das Zimmer nicht aufgeräumt ist – raten Sie mal, wie schnell Sie bei Ihrer Tochter abgemeldet sind …

In den nächsten beiden Kapiteln erfahren Sie mehr über Situationen, in denen ein junger Mensch in der Modebranche für sich selbst ganz wichtige Entscheidungen treffen muss.

Der Modeljob fordert viel. Von Ihrem Kind die Umstellung des ganzen Lebens, mit viel Spaß und Freude, aber auch mit einigen Härten.

Und von Ihnen das Vertrauen in die Verantwortung, die Ihre Tochter oder Ihr Sohn nach und nach für sich selbst zu übernehmen lernt. Dabei können Sie ihr oder ihm ganz entscheidend helfen.

# FÜHRE MICH NICHT IN VERSUCHUNG

Er liegt vor dir, der schöne, weiche Puderpinsel, der so flauschig über deine Haut streicht. Und der so extrem teuer ist, dass du ihn dir bisher nicht leisten konntest. Und jetzt liegt er da. Einfach so. Unbeaufsichtigt. Die Visagistin ist noch mit dem letzten Foto deiner Kollegin beschäftigt. Gleich wird sie einpacken, ihr Chaos in die Taschen werfen und nicht merken, wenn einer ihrer vielen Pinsel fehlt. «Nimm mich doch, nimm mich mit!», ruft er.

Wie auch sonst im Leben lauern im Modeljob viele Versuchungen auf dich. Große und kleine. Du bist von vielen schönen Klamotten umgeben, sitzt vor den besten Make-up-Produkten, hältst dich in teuer ausgestatteten Privatwohnungen auf, die manchmal für Fotoproduktionen angemietet werden. Und immer vertraut man dir.

Nutze dieses Vertrauen nicht aus. So wie du möchtest, dass man mit deinen Sachen umgeht, so halte es auch mit denen der anderen. Abgesehen davon, dass man sich bestimmt schlecht fühlt, wenn man was mitgehen lässt, kommt es meistens doch heraus.

Ich habe einmal wegen eines solchen Vertrauensmissbrauchs einer Kollegin die Freundschaft gekündigt.

## Ist ein Mantel eine Freundschaft wert?

Ich arbeitete für eine kleine, aber feine Modefirma auf den Düsseldorfer Messen. Wir Models waren immer zu zweit und führten in einem der vielen Ausstellungsräume des Messehotels den Kunden die Kollektion vor. Nette Leute, gut bezahlt. Meine Kollegin war wegen plötzlicher Schwangerschaftsübelkeit absolut nicht einsatzfähig, und die Designerin fragte mich, ob ich kurzfristig einen Ersatz wüsste. Ich wusste: meine Freundin Monica. Sie hatte die richtige Figur, war ein guter Kumpel und der perfekte Typ für die edlen Sachen. Also wurde sie auf meine Empfehlung hin gebucht. Alles klappte gut, alle waren zufrieden.

Am letzten Tag der Messe fehlte das schönste und teuerste Stück der Kollektion: ein schwarzer Trenchcoat aus Seide. Spurlos verschwunden. Weg.

Ich bat sofort, dass die Designerin alles, bitte auch unsere Taschen, zur Sicherheit durchsuchen sollte, damit wir beide bloß nicht weiter zu den Verdächtigen gehörten. Es kamen sowieso außer uns nur die Putzfrauen oder besonders unverschämte und geschickte Besucher infrage. Nein, sie vertraue uns, sagte sie, unsere Taschen wurden nicht angetastet. Der Mantel blieb unauffindbar, und irgendwie hatten alle ein schlechtes Gefühl.

Einen Monat später war ich zu einer Halbtagsbuchung mit dem Auto nach Bremen gefahren. Mittags war ich fertig, ging zum Parkplatz und sah gerade Monica in ihrem Auto ankommen. Sie stieg aus und kam nicht wie sonst freudestrahlend auf mich zu. Eher sehr zurückhaltend. Und ich begriff auch gleich, warum: Sie trug den schwarzen Seidenmantel. Mist!

Ich wusste nicht, was ich sagen sollte. Also fragte ich vorsichtig: «Kenne ich den Mantel?» Sie reagierte clever und sagte, den habe sie sich bei unserer Designerin bestellt. O.k., kann ja sein. Im Zweifel für den Angeklagten.

Aber ich wollte wissen, ob ich ihr trauen konnte. Als ich meine bestellten Klamotten bei der Designerin abholte, fragte ich beiläufig, um keinen Verdacht zu erregen, ob Monica sich auch etwas bestellt hätte. Hatte sie nicht! Überführt! Meine Freundin war eine Diebin.

Ich war sehr betroffen von ihrem Verhalten. Ich hatte ihr den Job bei «meiner» Firma empfohlen, und sie hatte dort geklaut. Das war zu viel. Der Knacks in unserer Freundschaft war nicht zu reparieren. Schade!

## SEX AND DRUGS

Schon seit den sechziger Jahren wird der Modelbranche nachgesagt, dass es dort wild zugehe. Damals überschlugen sich die Gerüchte um wilde Drogen- und Sexpartys. Und vermutlich war es auch so.

Wie es heute ist, weiß man nicht so genau. Die meisten sagen, dass die Models inzwischen sehr gesundheitsbewusst leben, viel Sport treiben, auf ihren Körper achten, sich von Tofu und Obst ernähren und kein Interesse an Drogen oder schnellen Abenteuern mehr haben. Die Zeiten seien vorbei. Und für die meisten trifft das sicher auch zu.

Aber andererseits hört man, dass Naomi Campbell vor einer Drogenberatungsstelle fotografiert wurde, Kate Moss eine Entziehungskur hinter sich hat und Karen Mulder unter Einfluss von Alkohol oder irgendwelcher Mittel in einer Fernsehshow verdächtig wirres Zeug gesprochen hat.

Keiner redet wirklich über dieses Thema, alle haben nur von anderen mal etwas gehört, keiner war selbst dabei.

Wie ist es wirklich?

Eine generelle Aussage kann man heute sicher nicht mehr machen. Aber eines weiß ich ganz sicher: Wenn man an Drogen – egal ob weich oder hart – herankommen will, gelingt das auch, egal, in welchem Umfeld man sich bewegt. Da gibt es keine Unterschiede mehr zwischen der Modelszene, Bankerkreisen und der Dorfdisco. Die Versuchung ist hier nicht größer als dort.

Und wenn du damit nichts zu tun haben willst, ist das eine persönliche Entscheidung, die du für dich selbst triffst.

Nur eines musst du wissen: Es ist am schwierigsten, zu Freunden nein zu sagen. Wenn alle den Joint rumgehen lassen oder sich Pillen einwerfen und du die Einzige bist, die das nicht tut, musst du dir vielleicht blöde Sprüche gefallen lassen. Na und?

In diesen Situationen musst du dich fragen, ob es wirklich deine Freunde sind. Was macht das Zeug mit dir, mit deinem Körper und deinem Geist? Ich glaube, wenn du dir der zerstörerischen Konsequenzen bewusst bist, fällt es nicht schwer, eine Entscheidung zu treffen ...

Und wie ist das mit Sex? Der ist ja nicht schädlich, Kondom bei neuen Bekanntschaften vorausgesetzt, und macht verdammt viel Spaß. Das Einzige, was dem ungestörten Genuss im Weg stehen kann, sind Typen, die nur scharf auf dich sind, weil du Model bist, gut aussiehst und Geld hast. Vor denen nimmst du dich besser in Acht.

Vor allem die Model-Hochburg Mailand ist ein sehr beliebtes Revier für Playboys. Einige Agenturen schicken schon keine Anfängerinnen mehr dorthin.

Aber als gut aussehendes Mädchen bist du es schon länger gewohnt, umschwärmt zu werden. Und wer gut ist für einen Flirt, wer für länger und was du überhaupt möchtest, das lernst du genauso mit der Erfahrung wie jeder andere auch.

# GRAT-
# WANDERUNGEN

## SHIT HAPPENS

Auf Fotojobs kommen sich Fotograf und Model sehr nah.

Dazu gehört auch, dass du ihm vertraust. Normalerweise kannst du das auch.

Aber es kann Ausnahmesituationen geben, die für dich nicht gleich zu durchschauen sind, bei denen dein Vertrauen missbraucht wird oder du misstrauisch wirst, obwohl alles mit rechten Dingen zugeht. Was ist, wenn in dir das Gefühl aufsteigt: Hier stimmt was nicht! Da nutzt mich einer aus oder will mir an die Wäsche. Gehört das auch noch zum Job? Muss ich das machen? Ist das normal?

Ich schildere ein paar Situationen, in die du geraten kannst. Alle sind in Wirklichkeit passiert, mir selbst oder Kolleginnen.

Du gehst zu einem Casting. Es geht um Gesichtspflege. Der Fotograf hat sein Studio im Gebäude eines großen Kosmetikkonzerns. Er gehört also eindeutig zur Firma. Er schaut sich dein Buch an, dann bittet er dich für ein paar Polaroids vor die Kamera. Er macht ein Porträt, ganz nah. Die Agentur hat dir gesagt, die Firma suche das neue Gesicht für eine große Kampagne, also ist viel Geld im Spiel.

Der Fotograf ist begeistert von deiner schönen Haut und deiner Ausstrahlung. Er meint, du hättest gute Chancen für diesen Job. Dann sagt er, dass er nächste Woche noch ein Casting mache für eine Körpercreme. Und da du ja schon mal da seist, könne er die Fotos dafür doch gleich mitmachen.

Er bittet dich, alle Kleider auszuziehen, um brauchbare Polaroids von deinem Körper machen zu können. Du hast das Gefühl, dass er bei dieser Bitte leicht nervös wird und ins Schwitzen kommt. Und deine Agentur hat nur von Gesichtspflege gesprochen.

Ziehst du dich aus?

Du hast eine Buchung in einem Studio auf dem Land. Eine Zeitschrift möchte Pullover draußen in frischer Frühlingsstimmung fotografieren. Alle sind nett, der Fotograf gibt sich Mühe, interessante Bilder zu machen. Du sitzt auf einem großen Stein, auf der Wiese hinter dir blökt eine Herde Schafe. Sie kommt immer näher. Der Fotograf geht ganz vorsichtig ein paar Schritte zurück, du bist von Schafen umzingelt. Sie beschnuppern dich interessiert. Im Gegenlicht sieht man ihre warmen Atemwölkchen.

Die Fotos sind wunderschön, gehören zu den besten, die es von dir gibt. Alle sind glücklich, die Stimmung ist super.

Irgendwann sind alle Pullover einmal dran gewesen. Der Fotograf sagt, er müsse noch ein paar Schüsse im Studio machen. Die Redakteurin verabschiedet sich: Das könne man ja auch ohne sie machen.

Drinnen gibt es erst mal Kaffee und nettes Plaudern über Schafe, Hunde und tierliebe Menschen. Der Fotograf ist richtig nett und sympathisch. Dann ziehst du das erste Outfit nochmal an. Du kommst in den Lichtaufbau.

Er macht ein paar Fotos, dann bittet er dich, die Jeans auszuziehen. Er wolle den Pullover zur Sicherheit nochmal ganz «clean», ohne störenden Stoff an der Unterkante. Der Pulli geht dir gerade bis zum Ansatz des Oberschenkels. Oder er endet höher, je nach Körperhaltung. Wahrscheinlich sieht man dein Höschen. Irgendwie passt das doch nicht zu dem Foto. Es ist dir unangenehm. Du sagst, das würdest du ungern machen. Darauf der Fotograf: «Das ist doch völlig normal. Ich verstehe nicht, warum du dich so anstellst. Das machen wir immer so.»
Was machst du?

Du bist im Studio eines sehr bekannten Fotografen. Du weißt, dass einige Models durch seine tollen Fotos einen riesigen Karrieresprung gemacht haben. Seine Bilder erscheinen in den besten Magazinen.

Er ist schon etwas älter, so um die sechzig, ein sensibler Typ, den man sofort gern hat. Es ist super, mit ihm zu arbeiten, sein Licht ist perfekt für dich, du bist wunderschön.

Du fühlst dich wie ein Star. Es ist, als hättest du einen neuen Freund, der dich sehr mag und achtet. Die Fotos sind klasse, eine große englische Modezeitschrift wird sie drucken. Ihr seid früh fertig, und er sagt: «Wenn du Lust hast, können wir noch essen gehen.» Du gehst gerne mit dem großen Fotografen dinieren. Ihr geht in ein teures Lokal, er erzählt dir viele spannende Geschichten, und du vergisst für ein paar Stunden, dass du eigentlich heute Abend mit deinem Freund daheim in Deutschland telefonieren wolltest.

Natürlich lädt er dich ein, dann fährt er dich zurück zu deinem Hotel.

Du willst dich gerade bedanken und verabschieden, da hält er dich sanft am Arm fest und fragt: «Du willst doch jetzt nicht alleine nach oben gehen?» Deine Gedanken überschlagen sich: Ist das jetzt für eine Nacht oder für länger? Ich mag ihn ja, aber er ist doch

viel zu alt für mich. Aber kann ich nein sagen? Mist, ich habe vergessen, meinen Freund anzurufen. Wie komme ich jetzt hier raus? Wenn ich nicht mitmache, bucht er mich dann nie wieder? Er ist nett und sensibel, vielleicht meint er es tatsächlich ernst? Oder versucht er, jede herumzukriegen?
Nimmst du ihn mit nach oben?

Eine international anerkannte Fotografin hat dich gebucht. Alle großen Zeitschriften drucken ihre ungewöhnlichen Fotos. Sie sind inszeniert wie kleine Geschichten, bei denen man sich das «Davor» oder «Danach» vorstellen kann. Es ist eine Ehre, mit ihr zu arbeiten. Sie bucht nur die besten Mädchen.
Beim Shooting kommt es dir vor, als wärst du bei einer Freundin. Ihr versteht euch gut, arbeitet einvernehmlich, und alles ist ganz normal. Auch, dass du viel Haut zeigst und man deinen Busen sieht. Sie hat ausgefallene Ideen, es macht Spaß. Sie macht auch ein Foto, bei dem sich deine Schamhaare ein bisschen hervorwagen. Du weißt es, aber in der entspannten Atmosphäre kommt es dir völlig normal und selbstverständlich vor. Außerdem weiß sie ja, was sie tut. Wenn es zu gewagt wäre, würde sie das Foto ja nicht machen.

Ein paar Wochen später erscheint genau dieses Foto in einem Hochglanzmagazin, über eine ganze Seite. Es gibt einen kleinen Skandal. Über das Foto, die Fotografin und dich, weil du dich so hast fotografieren lassen.
Hast du einen Fehler gemacht?

Du erlebst das lustigste Shooting deines Lebens. Alle im Studio sind toll drauf, es wird viel gelacht. Es ist mehr Party als Arbeit. Der Fotograf ist ein abgedrehter Typ. Man kennt ihn als «Enfant terrible» der Modeszene. Seine Bilder sind an der Grenze des guten Geschmacks, aber sie sind Kult. Der Typ hat Humor, seine Fotos auch. Die Kreativität ist ansteckend, auch du hast ein paar Ideen, wagst dich mit deinen Bewegungen über das Übliche hinaus und genießt es.
Irgendwann will er, dass du dich noch weiter ausziehst, nur noch deinen Slip anhast und dir einen Pfirsich zwischen die Beine legst. Oder auch keinen Slip, hast du das richtig verstanden?
Du wagst nicht zu fragen, weil du das prüde findest in dieser Situation. Aber dir ist nicht wohl dabei. Also erfindest du einen Grund, kurz Pause zu machen. Währenddessen rufst du deine Agentur an und sagst, wie unmöglich du die Nummer mit dem Pfirsich findest. Und ob du das machen sollst.

Deine Agentur meint: «Das ist doch der Fotograf *Soundso*, der macht immer solche Fotos!» Das hilft dir nicht weiter, denn du machst *nicht* immer solche Fotos. Und du bist zu sehen. Nicht er.

Nimmst du den Pfirsich?

Der beste Fotograf kann der mieseste Kerl sein. Im schmuddeligsten Studio können die tollsten Fotos entstehen. Mit einer einzigen ungewöhnlichen Veröffentlichung kann man über Nacht bekannt oder verurteilt werden. Models verlieben sich in Fotografen, Fotografen in Models. Alles ist möglich.

Es ist manchmal schwer, die Lage richtig einzuschätzen. Du musst dir überlegen, warum du etwas mitspielst –

oder auch nicht. Ob dich die lockere Stimmung zu etwas verleitet, was du unter anderen Umständen nie machen würdest. Oder ob alles in Ordnung und normal erscheint, dir aber die Fotos hinterher peinlich sein könnten.

Ich will nicht sagen, dass solche Situationen ständig vorkommen, es sind Einzelfälle. Es kann gut sein, dass dir nie etwas passiert, das dich in Bedrängnis bringt. Aber im entscheidenden Moment ist es vielleicht hilfreich, wenn du dir schon vorher ein paar Gedanken darüber gemacht hast, wo deine persönlichen Grenzen sind, was du im Ernstfall mitspielen würdest und was nicht.

Es gibt keine anderen Regeln als deine eigenen.

## DAS GELBE VOM EI:
### JOACHIM BALDAUF

Ein Mädchen liegt auf dem Bett, eindeutig im Hotelzimmer. Sie hat wenig an. Sie leckt an einem gelben «Schlabberding». Wenn man das so beschreibt, klingt es ein bisschen eklig.

Wir hatten kein Besteck und haben uns überlegt: Was könnte man damit machen? Armin machte diesen Vorschlag. Das Mädchen hat darüber gelacht. Es war nur ein einziger Schuss. Und der war es dann.

Dieses Foto könnte total anzüglich aussehen. Tut es aber nicht.

Das Mädchen schaut den Betrachter nicht an. Sonst wäre es ordinär.

Woher weiß ein Model in der Situation, ob das Foto seriös und geschmackvoll ist?

Das ist in einem ganz schicken Studio in London gemacht worden. Einem Riesenstudio, in dem alles aufgebaut wurde. Ein Team von zwanzig Leuten war dabei. Am Kleiderständer hingen Gucci, Prada und Konsorten. Und Auftraggeber war eine renommierte Zeitschrift.

Unter diesen Umständen weißt du als Mädchen: Da kann mir nichts passieren.

# HABEN UND SOLL

## GELD

Viele Models machen den Fehler, dass sie am Anfang denken, ihre Karriere gehe ewig weiter. Sie glauben, dass bis in alle Ewigkeit fette Schecks auf ihrem Konto landen. Sie geben das Geld, das sie verdienen, genauso aus, wie es hereinkommt. Aber eines Tages – vielleicht nach zehn Jahren – möchtest du nicht dastehen, und alles, was du hast, ist ein leeres Konto und ein fünf Jahre altes Gucci-Täschchen.

Denn eines ist sicher: Dies ist kein Job bis zur Rente. Also bist du klug und sorgst vor für deine Zukunft. Das heißt nicht, dass du jetzt geizig jeden verdienten Cent sofort auf die Bank tragen sollst. Nein: Gönne dir auch einen gewissen Luxus. Du willst doch auch jetzt Spaß haben, dir ein paar nette Klamotten oder Reisen leisten und nicht immer nur denken müssen: Später, später. Das wäre doch nur Frust, oder?

So sollte es ungefähr laufen:

Zunächst bist du erstaunt, dass du in einem Monat so viel verdienen kannst wie niemand in der Klasse mit Babysitten oder bei McDonald's in einem ganzen Jahr.

Überlege dir gut, wie du mit deinem neuen Reichtum umgehst. Eine gute Einteilung könnte sein, dass du mindestens ein Drittel auf die hohe Kante legst, das zweite Drittel für deinen Lebensunterhalt einplanst und dir mit dem dritten Teil ein bisschen Luxus erlaubst.

Das Wichtigste ist der Teil, den du sparst und langfristig anlegst. Suche dir gleich von Anfang an einen guten Steuerberater, der dich auch wirklich berät und nicht nur deine Steuerformulare ausfüllt. Deine Agentur kennt normalerweise solche Spezialisten. Wenn er schon mit Models zu tun hatte – umso besser. Ab jetzt musst du nämlich Steuern zahlen.

Damit nicht am Ende des Jahres eine dicke Forderung vom Finanzamt auf dich zukommt, zahlst du schon während des laufenden Jahres angemessene Summen an Vater Staat. Wie viel das ist, rechnet dir dein Steuerberater aus. Als Freiberufler kannst du auch einige Ausgaben von der Steuer absetzen, er wird dir genau sagen, welche. Zunächst hebst du vorsichtshalber jede Quittung auf, vom Taxi bis zur Wimperntusche.

Wie du dein Geld anlegen willst, entscheidest du nach dem Rat des Steuerberaters und zusammen mit deinen Eltern. Viele Models kaufen sich Wohnungen, um später mal darin zu leben oder von der Miete ein sicheres Einkommen zu beziehen. Auf jeden Fall brauchst du den Rat eines Finanzexperten, denn du kannst noch gar nicht wissen, was sichere Anlagen sind und was nicht.

Sei vorsichtig mit Menschen, die dein Geld mit einer angeblich sehr großen Rendite anlegen wollen: «Supersichere» neue Szene-Restaurants, Fitnessclub-Beteiligungen oder sensationelle Firmenideen haben schon viele Models um ihre Altersversorgung gebracht. Wenn dir ein «Bekannter» verspricht, dein Erspartes in sechs Monaten zu verdoppeln – nichts wie weg!

Und noch jemand versucht dich schnell um dein Geld zu bringen: die Kreditkarte. Du brauchst sie, falls du mal ein Flugticket auslegen musst, bei ganz plötzlichen Buchungen zum Beispiel. Solche Ausgaben werden später erstattet. Oder weil das Hotel sie als Sicherheit braucht, falls du die Minibar plünderst.

Aber ganz schnell kann die Karte dich auch dazu verführen, viel zu viele schöne Sachen zu kaufen. Es ist ja nur eine Unterschrift. Du nimmst kein Geld in die Hand. Unterschreiben fühlt sich nicht an wie bezahlen. Das ist verdammt verführerisch.

Erst am Ende des Monats kommt die Abrechnung mit der Übersicht, wie viel du wirklich ausgegeben hast. Das gibt hoffentlich keine böse Überraschung für dich und dein Konto.

# SUPERMODELS

«Auf den Schauen gucken die Fotografen sowieso nur die Topmodels an. Deshalb lohnt es sich, die Superstars zu engagieren.» **Karl Lagerfeld**

«Man ist nicht von Anfang an Supermodel. Es dauert eine ganze Zeit, dieses Image aufzubauen. Lieber zwei, drei Fotos in einem exzellenten Modemagazin als dreißig Fotos in verschiedenen Zeitschriften und den Überblick verlieren.»

**Gerald Marie** (*Elite* Paris)

«Nur wenige der Starmodels haben ein glückliches Privatleben, die meisten leben für ihren Job.» **Marie Helvin**

«Kate Moss mag ich sehr. Sie hat eine fabelhafte Karriere gemacht, und hinter der Bühne ist sie das Zentrum der Party. Wo sie ist, tobt das Leben. Das ist eine sehr seltene Gabe. Außerdem denke ich, dass sie wunderschön ist. Jetzt noch mehr als früher, seit sie eine junge Frau geworden ist.»

**Karl Lagerfeld**

«Die ersten Supermodels in den Sechzigern gaben ihr Geld mit vollen Händen aus. Für Fahrer, Masseure und Leute, die das Taschentuch hielten. Sie dachten, das Geld fließe immer weiter. Es gab keinen vor ihnen, an dem sie sich orientieren konnten. Plötzlich wachten sie auf, und niemand warf ihnen mehr einen Pfennig nach.» **Michael Gross** (Journalist)

«Ich bin und bleibe Perfektionistin. Zeige mir irgendein ein Cover, und ich werde daran etwas zu kritisieren finden. Wie ich so lange ganz oben geblieben bin? Mit Hilfe von allen Fotografen, Visagisten und Haar-Stylisten, mit denen ich je gearbeitet habe.»

**Linda Evangelista**

«Als ich 1975 von Peter Beard in Nairobi entdeckt wurde, hat man mich als das Somali-Mädchen aus dem Dschungel vermarktet, das kein Wort Englisch sprach. Ich sagte, ich käme aus einer wohlhabenden Familie und sei Studentin an der Universität von Nairobi. Aber niemand interessierte sich für die Wahrheit, alle druckten das Märchen von der Stammesprinzessin.»

**Iman**

«Es gibt Wichtigeres auf der Welt als Geld und Glamour: Liebe, Familie, Freiheit.»

**Laetitia Casta**

«Es ist schon merkwürdig, dass Models die höchsten Summen verdienen, wenn ihre ehemaligen Klassenkameraden gerade mal mit dem Studium fertig sind. Sie sind Mitte zwanzig und verlieren leicht den Boden der Realität, das Gefühl für sich selbst.» **Chris Owen** (*Elite* New York)

«Wenn Supermodels kommen, ziehen wir das Telefonkabel raus.» **Arthur Elgort**

«Als ich Model wurde, hatte ich nur Jobs als Babysitter und habe Pferdeställe ausgemistet. Wenn man mit 14 Karriere macht, ist es schwer, auf dem Teppich zu bleiben.» **Christy Turlington**

«Ich glaube nicht, dass sie überbezahlt sind. Sie sind total nervig. Sie kommen zu spät. Sie brauchen so viel Make-up, Massagen, Pediküre, Maniküre. Aber dann sehen sie einfach himmlisch aus. Wir haben sie zu dem gemacht, was sie sind. Wir haben die Supermodels erschaffen.» **Isaac Mizrahi**

«Hiermit möchten wir Sie darüber informieren, dass wir Naomi Campbell nicht länger repräsentieren. Keine noch so hohe Summe könnte weiterhin die schlechte Behandlung rechtfertigen, die sie unseren Mitarbeitern und unseren Kunden zugemutet hat. Jeder, der dies miterlebt hat, wird unsere Entscheidung nachvollziehen können.»
Öffentliches Fax der Agentur **Elite** aus dem Jahr 1993

«Es ist gar nicht so wünschenswert, Supermodel zu sein. Wenn du einfach nur ein gutes Model bist, kannst du dich auf das Foto und deine Arbeit konzentrieren. Als Starmodel wirst du und alles um dich herum so wichtig, dass du keine Zeit mehr hast, dich um Fotos zu kümmern.»
**Peter Lindbergh**

«Es ist mein Job, im Zentrum der Aufmerksamkeit zu stehen. Aber du hast Tage, an denen willst du, dass dich überhaupt niemand anschaut, mit all den Erwartungen ...» **Cindy Crawford**

«Naomi Campbell schafft es, trotz ihrer starken Persönlichkeit den Blick auf ihr Outfit zu lenken. Selbst meine Mutter sagt: ‹Sie verführt mich.› Eine Frau im besten Alter, die niemals lesbische Anwandlungen hatte, fühlt sich von ihr verführt ...»
**Isaac Mizrahi**

«Ich dachte, jetzt ist alles vorbei. Ich hatte meine Haare kurz geschnitten, und achtzehn von zwanzig Kunden sagten meine Buchungen ab. Unter Tränen rief ich Steven Meisel an. Innerhalb von zwei Monaten brachte er mich auf die Titel der amerikanischen, französischen, italienischen und englischen *Vogue*.»

**Linda Evangelista**

«Die ganze Erfahrung als Model war wie ein Trip. Das ist ein merkwürdiges Kapitel meines Lebens, als ob ich in einer verrückten Komödie mitgespielt hätte … wie eine surrealistische Fantasie.»

**Helena Christensen**

«Ich glaube, die Zeit der Supermodels ist vorbei. Wir haben unglaublich viele normale Mädchen, die sehr gute Models sind.»  **Liz Tilberis** (*Harper's Bazaar*)

## DER WEG NACH OBEN: HEIDI GROSS

**Können Sie bei einer Anfängerin erkennen, ob sie es bis ganz nach oben schafft?**

Man kann es eigentlich nur ahnen. Schönheit kann man sehen. Allure kann man sehen. Allure kann man trainieren. Fotogenität nicht. Man kann es unterstützen durch besseres Make-up, durch eine andere Haarlänge zum Beispiel. Und lernen, sich in eine Kamera hineinzubewegen. Eine 100-prozentige Fotogenität gibt es nicht.

Das sind die Grundvoraussetzungen. Aber ob nun dieser Mensch ganz genau in das jetzt vorhandene Genre und den Typ hineinpasst, der gerade Erfolg hat oder hatte?

So dass man sagt: Das könnte eine zweite «Soundso» sein?

Ob ein Mädchen zum Superstar wird, hängt zum einen sehr von ihren Fähigkeiten ab. Zum anderen aber auch davon, wie sie gemanagt wird.

Trotzdem: Bei allen großen Stars, die ich kenne, ist zuerst der Wille zum Erfolg da.

**Haben den nicht alle?**

Nein. Es gibt durchaus auch Mädchen, die sich sagen: Ja gut, ich nehme diese Chance wahr, mal sehen, man kann ein bisschen Geld verdienen, ganz gut davon leben. Aber eigentlich ist da keine große Motivation, kein großer Fleiß, keine große Disziplin. Und vor allem: nicht dieser Wille zum Erfolg.

Ich habe wilde Kämpfe ausgeführt mit Mädchen, die ganz viel Talent hatten, sehr schön waren und ein großen Potenzial hatten, die aber einfach die Haltung vertraten: easy come – easy go.

**Gibt es Mädchen, die nicht begreifen, dass sie eine große Chance haben?**

Absolut. Junge Models sind in frühem Alter schon Geschäftsleute. Sie müssen Entscheidungen treffen. Und sie müssen einem bestimmten Karriereweg folgen.

Wie bereit sie dazu sind, das ist eine persönliche Veranlagung.

Das In-Aussicht-Stellen einer großen Karriere wird ganz häufig nicht wahrgenommen.

Da ist unsere Möglichkeit der Beeinflussung begrenzt. Entweder sind persönliche Interessen wichtiger oder auch ein Studium oder eine grundsätzliche Lebensentscheidung. Oder eine gewisse Form von Unmotiviertheit – bis hin zu Faulheit. Oder auch fehlende Disziplin.

Vielleicht verpassen sie die große Karriere auch wegen eines Managementfehlers.

**Was kann ein Managementfehler sein?**

Vielleicht, dass man nicht rechtzeitig genug auf bestimmte Aspekte aufmerksam wird. Oder überhaupt nicht darauf aufmerksam wird. Oder es nicht schafft, einen bestimmten Typ am Markt durchzusetzen.

**Wie verläuft die Karriere eines Supermodels?**

Es gibt große Karrieren, die sofort auf der *Vogue* starteten.

Wenn ein ganz großer Fotograf mit einem wirklich begabten Model arbeitet, das eine gewisse Art von Schönheit hat, und sich mit diesem Model besonders auseinandersetzt, dann ist eine Karriere ziemlich garantiert.

Nadja Auermann zum Beispiel hat von vornherein mit besonders guten Fotografen gearbeitet.

**Und wenn es nicht gleich so schnell geht?**

Es gibt erstaunliche Karrieren von Mädchen, die schon lange am Markt sind. Dann kommt Steven Meisel um die Ecke, fotografiert zwei *Vogue*-Titel, und dann macht die Karriere nach vier Jahren einen Riesensatz nach oben. Das gibt es. Je besser die Zeitschrift, desto wichtiger das Foto. Und desto besser auch Fotograf, Styling, Haare und Make-up.

Editorials sind für die großen Karrieren sehr wichtig.

Aber *Marie Claire* und *Vogue* buchen oft, was ich auch nachvollziehen kann, in Paris, London und New York, weil die Fotografen, mit denen sie arbeiten, in den Metropolen sitzen und die Agenturen gleich besuchen können.

Trotz großen «Staraufkommens» ist es als deutsche Agentur schwierig, mit internationalen Zeitschriften zu arbeiten. Wir arbeiten viel mit der *Elle*. Das hat viel zu tun mit einem über lange Jahre aufgebauten Vertrauensverhältnis.

**Superstars können sich vieles leisten. Aber selbst Naomi Campbell wurde – so die Version der Agentur – gefeuert, weil sie ständig um Stunden zu spät kam oder zickig war. Wann würden Sie ein Mädchen rausschmeißen?**

Einige Models leisten sich immer wieder zu viel, auch wenn sie keine Superstars sind. Nur – mit dieser Attitüde wird man kein Superstar. So begnadet, so begabt, so wunderbar fotogen ist kaum jemand, dass man ständig solche Launen verzeiht. Wenn das immer wieder ein Problem ist, sind die Booker es auch irgendwann leid.

**Ist man als Model nicht auch relativ leicht austauschbar?**

Das würde ich nicht sagen. Eigentlich ist niemand leicht austauschbar. Jeder sieht anders aus, jeder hat eine andere Qualität, eine andere Ausstrahlung. Das ist bei großen Stars schon gar nicht der Fall. Die stehen alle für eine ganz besondere Ausprägung ihres Images, für ein besonderes Aussehen. Selbst wenn sie eine gewisse Ähnlichkeit haben, kommt eine besondere persönliche Qualität dazu, die dann doch wieder alles anders macht.

**Wie managt man ein Supermodel?**

Wir befassen uns sehr viel mit der Aushandlung von großen Verträgen, der Ausarbeitung von Strategien. Mit Überlegungen wie: Wie kann man für einen ganz bestimmten Typ von Model ganz bestimmte Kunden akquirieren?

Die großen Stars haben Auftritte in Talk-Shows. Claudia Schiffer, Heidi Klum, Tatjana Patitz, Naomi Campbell, Nadja Auermann und Jerry Hall gehen zu Harald Schmidt, zu Gottschalk, Kerner und Beckmann. Das gab es vor zehn Jahren nicht in dieser Form.

Ein nicht unerheblicher Teil ist inzwischen der Verkauf von Fotos für Covers geworden. Das heißt, Fotos, die bereits existieren – zum Beispiel aus Amerika –, werden bei uns angefragt und dann zu einem bestimmten Preis verkauft. Das ist für die Zeitschrift immer noch wesentlich billiger, als mit einem großen Star ein neues Foto zu produzieren.

**Haben Stars Berührungsängste mit bestimmten Produkten?**

Vor fünf Jahren hat kaum jemand Nahrungsmittel angefasst, jetzt engagiert «Pizza Hut» Cindy Crawford und Linda Evangelista. Heidi Klum hat einen tollen «Katjes»-Spot gemacht. Daraufhin sind die Umsätze sehr hoch gegangen. Heidi unterhält sich im Spot mit einer imaginären Freundin über die «Joghurt-Gums». Wie toll sie schmecken, und das ohne Löffel! Dann sieht man, dass sie sich die Fußnägel lackiert und die Gums als Distanzhalter zwischen den Zehen benutzt. Das hat sie sehr komisch gespielt.

**Heidi Klum ist im Moment präsent wie kein anderes deutsches Model. Wie ist ihre Karriere verlaufen?**

Heidi Klum ist ein tolles Beispiel für ein Model, das auf einer ganz normalen Ebene begonnen hat. Sie war einfach hübsch, frisch, sexy, lebendig, unkompliziert und hat eine ganze Zeit lang in einem eher kommerziellen Bereich gearbeitet. Aufgrund ihrer unglaublichen Ausstrahlung sind in Amerika die Leute auf sie aufmerksam geworden. Sie strahlt diesen unkomplizierten Sexappeal aus und ist gleichzeitig hübsch. Die Grundvoraussetzung ist ihr

Spaß an dieser Arbeit und ihre Fähigkeit, auf Leute zuzugehen.

Inzwischen ist sie ein beliebter Gast in den besten Talk-Shows. Seit Jahren ist sie ständiger Gast bei David Lettermann und bei Jay Leno.

**Muss man auch die Yellow Press füttern?**

Das muss man auch zulassen, bis zu einem gewissen Grad. Die sind immer interessiert an kleinen Skandalen, dem neuen Freund usw. Es ist Aufgabe der Agenturen, darüber zu wachen.

Es gibt auch große Models, die nie in der Boulevardpresse auftreten. Dann bleiben sie aber nur für Spezialisten bekannt.

**Werden Models wie Claudia Schiffer häufig von Paparazzi belagert?**

Wenn sie in Mailand auf der Straße zusammengelaufen kommen, weil Claudia gerade einkaufen geht, und vor Bewunderung «Claudia, La Claudia!» rufen, ist das noch eher nett. Aber vor ihrem Haus in Mallorca stehen sie permanent. Wenn Claudia dann rausgeht, wird sie ständig fotografiert. Damit muss man leben können. Das ist zwar lästig, aber über die Jahre kennt man diese Fotografen auch, es sind immer dieselben. Man kann sich mit ihnen arrangieren: «O. k., ihr kriegt jetzt zwei, drei Fotos, aber dann ist bitte auch Ruhe.» Damit lebt Claudia seit über zehn Jahren.

### «UPS AND DOWNS»: CHRISTINA KRUSE

**Erkennen dich die Leute auf der Straße? Wirst du viel angesprochen?**

Das passiert nur manchmal. Es kommt aber auch oft Fanpost.

Aber ich finde, ich sehe ohne Make-up auch nicht unbedingt wie ein Model aus. Ich gehöre auch nicht zu denen, die sich gerne zu Hause am Frühstückstisch fotografieren lassen oder Homestorys machen. Ich mache auch nicht bei Umfragen mit – was ich zu Weihnachten schenke oder so 'nen Quatsch. Es gibt so tolle Leute, die so viel auf dem Kasten haben, von denen kein Mensch etwas weiß.

**Hast du kein Interesse daran, auf große Events und Partys zu gehen und als Person bekannter zu werden?**

Nein. Es gibt Mädchen, die das ohne Ende genießen. Mir wäre es peinlich, mich so zelebrieren zu lassen. Also, wenn meine Agentur mich fragt: Ach, komm doch mit zu der Party, habe ich überhaupt keine Lust, dahin zu gehen. Ich mag keine Galas. Wenn ich mit Freunden irgendwohin gehe, ist das ein anderes Ding.

**Obwohl sich das sehr auf die Gage auswirkt?**

Klar, einige Models machen das garantiert auch deswegen. Trotz allem: So kalkuliert das auch ist, du musst das mögen und wollen.

**Bevor du als Model entdeckt wurdest, hast du dich schön gefunden?**

Ich war eigentlich immer zufrieden mit mir. Ich hab mir nie überlegt, ob etwas falsch sein könnte.

Ich glaube, ich bin nicht so eine kommerzielle Schönheit. Ich habe manchmal mitbekommen, dass die Leute mich «Shrimp» («Krabbe») genannt haben oder «Ente». Ich fand das aber nicht schlimm, das hat mich nie gestört.

Bevor ich mit dem Modeln angefangen habe, gab's für mich nur Mascara. Schminken fand ich ja ganz furchtbar.

Erst vor ein paar Jahren hab ich gedacht: Na ja, irgendwas muss ja an mir dran sein.

**Gab's einen bestimmten Moment, in dem du gemerkt hast, wie schön du bist?**

Vor eineinhalb Jahren bin ich für Versace über den Laufsteg gegangen, und ich fand, ich hatte ein sehr schönes Outfit an. Eine Hose und einen schwarzen Rollkragenpullover mit einem Mantel drüber, sehr cool. Da wusste ich aber auch, dass jemand im Publikum sitzt, den ich ganz gerne mag. Plötzlich habe ich diese Aufmerksamkeit total genossen. Das war das erste Mal, dass ich mir dessen bewusst war, wie ich aussehe, wie Männer denken, wie Frauen sich geben können.

**Auf den Shows trägst du die teuersten Designerklamotten. Wie läufst du zu Hause rum?**

Ich hab so viele Klamotten, ich brauche mir eigentlich gar nichts mehr zu kaufen. Ich bin auch schon seit Ewigkeiten nicht mehr einkaufen gegangen. Aber wenn mein Freund nicht mal was sagen würde, würde ich wohl immer in T-Shirt und Cordhosen rumlaufen. Allerdings genieße ich es trotzdem auch manchmal, mich zurechtzumachen.

**Ist es als Model schwer, mit Zurückweisungen umzugehen?**

Was ich überhaupt nicht leiden kann, sind Mädchen, die sich beschweren, wenn sie einen Job nicht gekriegt haben oder auf einmal nicht mehr arbeiten.

«I hate these people!» oder «Was soll der ganze Scheiß?» oder «Ich hab die Show immer gemacht, warum jetzt nicht?» Die nehmen das alles furchtbar persönlich. Mein Gott, es geht nur um deine Hülle!

Eine Amerikanerin war irre ehrgeizig. Diese Seite mochte ich nicht an ihr. Dann hat sie aufgehört. Damit hatte sie echte Probleme. Wir sind später zusammen in Urlaub gefahren, mit ihrem Freund, einem Modefotografen. Das ging dann so weit, dass in unserem Haus keine Modemagazine herumliegen durften.

**Wie erklärst du dir solche Probleme?**

Manchmal sind die Mädchen in dem Metier unsicher, weil sie wahrscheinlich die Schule nicht zu Ende gemacht haben oder so. Jedenfalls die, die jung anfangen. Keine Ausbildung, nichts.

Und auf einmal bist du Mitte zwanzig und

hast nichts Wirkliches. Und dann kommt erst mal eine Identitätskrise nach der anderen. Wer bin ich überhaupt? Was mag ich? Mag ich die Farbe Orange, weil ich sie mag? Oder mag ich sie, weil die ganze Welt sie gerade trägt?

Du hast dir ein Jahr lang eine Auszeit genommen. Was war los?

Das war eine schlimme Zeit. Das hat alles so vor drei Jahren angefangen. Da ist mein Bruder gestorben. Kurz davor ist eine Person gestorben, die mir ganz, ganz nah stand. Ich bin in Mailand angekommen und habe mich nur betrunken. Eine Nacht nach der anderen. Da bin ich total durchgedreht und habe mit meinem Freund in Mailand Schluss gemacht. Der arme Kerl! Das war nicht o. k., was ich da gemacht habe. In der Zeit war ich kein gutes Mädchen.

Du hast komplett aufgehört mit dem Modeln?

Ja, ich hatte gar keinen Kopf dafür. Ich war total von der Rolle. Irgendwelche Psychologen haben mir dann «Prozac» gegeben. Und dann konnte ich nicht mal mehr fotografieren. Ich hatte ja in dieser Zeit mit meinen Selbstporträts angefangen. Aber ich hatte von dem Zeug keine Emotionsschwankungen mehr, und die braucht man für solche Fotos. Da dachte ich mir: So geht das auch nicht. Ich kann nicht mal mehr ein Foto machen. Das war alles ganz aufregend.

Wie bist du da wieder rausgekommen?

Dann bin ich direkt nach Deutschland zurückgegangen, habe viele Bücher gelesen, «Seed of the Soul», «Soulresearching», Dalai Lama und all so was. Dann habe ich auch meinen jetzigen Freund kennen gelernt. Das war so vor zwei Jahren.

Sind dir danach andere Dinge im Leben wichtiger geworden?

Mein ganzes Leben hat sich verändert! Ich glaube, ich bin aus einer Blase aufgewacht. Aber meine Fotografie habe ich immer weitergemacht. Das ist eine kreative Auslastung, weil ich alles bildlich festgehalten habe. Jede Gefühlsschwankung, Stimmung, Zusammenbruch, alles.

Nein, ich möchte die Zeit nicht missen, so schlimm sie auch war. Es war schon gut so, wie alles gekommen ist. Ich bin so viel weiter im Kopf, fühle mich viel sicherer mit mir selbst. Richtig angefangen habe ich dann wieder vor einem Jahr.

War es schwer, wieder ins Business hineinzukommen?

Ich bin ganz froh, dass es gleich wieder gut losging. Ich gehöre auch nicht zu denen, die es stört, wenn nicht jeden Monat ein Shooting für die *Vogue* oder *W* kommt. Ich hatte schon vier Titel für die amerikanische *Vogue*, aber die sind alle nicht erschienen. Das darf man nicht persönlich nehmen.

Dein wichtigster Tipp für Anfängerinnen?

Du weißt nicht, wie lange du arbeiten

kannst. Du musst wirklich wissen, dass es nur für eine begrenzte Zeit geht. Das musst du immer im Kopf haben:

Was könnte ich danach machen? Was sind meine Interessen? Und die Interessen auch verfolgen!

**Du machst den Job jetzt seit '92. Gibt es heute noch Momente, bei denen du so ein richtiges Glücksgefühl erlebst?**

Jetzt genieße ich es total! Ich freue mich auch wieder auf die Reisen.

# Und später?

Als Model bist du sehr früh zu alt. Lange bevor das Wort «alt» gerechtfertigt wäre.

Gerade in diesem Job lernst du schon in jungem Alter – ungefähr mit 25 – die eigene Begrenztheit kennen. Das ist in allen Berufen so, bei denen der Körper eine große Rolle spielt, zum Beispiel auch bei Tänzern und Sportlern.

In anderen Berufen muss man diejenigen fürchten, die mehr gelernt haben oder kompetenter sind. Als Model genügt es, jünger zu sein, um zur Konkurrentin zu werden.

Man kann heute gar nicht pauschal sagen, wie lange eine Karriere dauert. Das hängt vom Typ, der körperlichen Entwicklung, den persönlichen Interessen und dem Markt ab. Manche Mädchen sehen mit 28 aus wie ältere Mädchen. Andere blühen von Jahr zu Jahr immer mehr auf, werden zur schönen Frau.

Du wirst sowieso immer für eine Altersgruppe gebucht, die weit über deinem tatsächlichen Alter liegt. Mit zwanzig machst du Werbung für damenhafte Twinsets und mit fünfundzwanzig für Stützstrumpfhosen.

Wenn du dann irgendwann beigegraue Rentnerklamotten tragen sollst, weißt du, dass deine Zeit abgelaufen ist. Es sei denn, du entschließt dich weiterzuarbeiten. Wenn sich bei dir Gesicht und Körper in Richtung «rüstige Rentnerin» entwickeln, kannst du möglicherweise noch ein paar Jahre vor der Kamera zubringen. Spätestens wenn «Kukident» anruft, solltest du aber darüber nachdenken.

Aber je früher du dir Gedanken machst, was du in fünf oder zehn Jahren mit deinem Leben anstellen möchtest, umso besser. Vielleicht hast du irgendwann genug vom unruhigen Leben und sehnst dich nach einer Familie. Wartest du auf den richtigen Mann, sodass du einfach aussteigen kannst, heiraten und Kinder kriegen? Dann viel Glück bei der Suche!

Würdest du gerne einen anderen Beruf ergreifen, einen Laden aufmachen oder eine Firma gründen? Lies weiter bei «In Würde abtreten».

Oder möchtest du so lange wie möglich als Model weiterarbeiten?

Dann wirst du auf die neue Zielgruppe der Werbung losgelassen, die «Best Agers».

## «BEST AGERS»

Damit sind die über 50-Jährigen gemeint. Denn auch unsere Konsumforscher, die den Werbeleuten sagen, bei wem am meisten Geld aus der Tasche zu holen ist, haben inzwischen gemerkt: Dies ist die reichste Generation, die es in Deutschland jemals gab. Nein, nein, nicht etwa die 14- bis 49-Jährigen, um die sich MTV, RTL, H & M und Nike schlagen. Die echte Kohle haben die «Oldies».

Und um bei den etwas Älteren anzukommen, muss man auch etwas älter sein. Keine Frau von 55 kauft gerne eine Gesichtscreme, die auf einer gerade mal 20 Jahre jungen Haut sowieso nichts zu suchen hat. Der Bedarf an reiferen Models wird – die Amerikaner machen uns das schon vor – in nächster Zeit sehr viel größer werden. Voraussetzung, um im fortgeschrittenen Alter als Model zu arbeiten, ist natürlich eine vorzeigbare Figur und eine attraktive, lebensfrohe Erscheinung. Ein paar Falten sind nicht so schlimm. Die werden sowieso am Computer kosmetisch nachbehandelt.

Auch wenn du lange Freude am Modeljob hast, wirst du wahrscheinlich zwischen 30 und 40 eine Flaute durchstehen müssen. Denn in diesem Alter bist du für die «jungen Jobs» zu alt und für die «Best Agers» zu jung. Aber danach sind eine gute Ausstrahlung, reife Schönheit und sichtbarer Spaß am Leben durchaus wieder gefragt.

## QUEREINSTEIGERIN: SIGRID ROTHE

Eine der ungewöhnlichsten Modelkarrieren überhaupt hat Sigrid Rothe hingelegt. Sie lebt in New York und sieht die Welt der Models meistens durch die Kamera. Sigrid ist erfolgreiche Fotografin.

Im Alter von 52 wurde sie von einem Modelscout in einem Restaurant angesprochen. Sie ließ zwar ein Polaroid von sich machen, sagte aber, dass sie sich sehr ungern fotografieren lasse und vor der Kamera extrem schüchtern sei. Als sie unerwartet einige Wochen später gefragt wurde, ob sie sich für Banana Republic fotografieren lassen würde, willigte sie nur ein, weil ihr die Fotos des Fotografen Carter Smith seit längerer Zeit auffielen und sie ihn gerne kennen lernen wollte.

Drei Monate später hingen an den Plakatwänden auf der 5th Avenue riesige Poster von Banana Republic. Model: Sigrid Rothe.

Und nun wurden auch andere aufmerksam auf die schöne, eigenwillige Frau mit den langen weißen Haaren. Die Modelagentur «Next» wollte sie managen. Sie arbeitete für so renommierte Kunden wie Elizabeth Arden, Bloomingdale's, Lord & Taylor, Aveda und wurde für einen Tag zum H & M-Shooting nach Stockholm eingeflogen.

**Wie erlebst du als Fotografin den Model-job?**

Als Model zu arbeiten ist ein Riesenprivileg, ein Geschenk des Himmels. Ich habe im Leben hart genug gearbeitet, um das schätzen zu können. Wenn ich als Fotografin vor einem Job nachts den Regen höre, fällt es mir schwer, unbeschwert weiterzuschlafen. Als Model brauchst du dich um nichts zu kümmern. Du musst nur pünktlich, gepflegt und ausgeruht sein.

**Hast du Angebote abgelehnt?**

Ich frage immer: Wer ist der Fotograf? Und ich bin neugierig, mit Fotografen zu arbeiten, deren Arbeiten ich kenne, wie zum Beispiel Peter Lindbergh. Da ist das Shooting locker, sein Team entspannt, und man sieht das später auch auf den Fotos. Für Zigaretten mache ich grundsätzlich keine Werbung.

**Hat es Vorteile, dass du als «erwachsener Mensch» vor der Kamera stehst und nicht als 16-Jährige?**

Die Kunden haben nicht die Erwartung, dass ich etwas anderes darstelle als nur mich selbst, ich bin einfach ich. Das ist das Privileg des Alters und sehr entspannend.

Die Kunden sparen immer mehr an der Zeit. Manche Kataloge erwarten 16 bis 20 Fotos am Tag, wir Fotografen kommen dadurch in unglaublichen Zeitstress. Trotzdem bemühe ich mich immer, mit den Models gut umzugehen, aber unter solchem Druck kann man doch mal unaufmerksam werden. Der Kontakt zwischen Model und Fotograf und somit auch die Fotos leiden darunter. Wichtig ist dann, dass die Models es nicht persönlich nehmen und weiter konzentriert mitarbeiten.

Mein Rat im Allgemeinen:

Bleibe bescheiden. Messe den Selbstwert nicht am Äußeren oder am Honorar, denn beides kann sich sehr schnell ändern. Keine Attitüden gegenüber dem Team, wie zum Beispiel dem Haar- und Make-up-Artisten, Stylisten oder Assistenten! Ein gutes Beispiel ist Christy Turlington, sie ist bei all dem Erfolg sehr normal geblieben.

*Hintergedanken*

Es ist eigentlich verrückt: Du verkaufst Jugend und bist mit 25 alt in der Branche, obwohl du doch so jung bist. Du bist sozusagen dein eigenes Opfer, ein Opfer der Jugendillusion, an der du selbst mitgearbeitet hast. Du versuchst, so lange wie möglich zu den Jungen dazuzugehören und einem bestimmten Ideal, das du von dir selbst im Laufe der Jahre aufgebaut hast, hinterherzuhecheln.

Die Gefahr, dass du diesem Traum der ewigen Jugendlichkeit erliegst, ist verdammt groß.

## In Würde abtreten ...

Bei einigen ehemaligen Kolleginnen habe ich miterlebt, wie sie unter den seltener werdenden Anrufen und den kleineren Buchungen gelitten haben. Krampfhaft hielten sie an ihren Terminen fest, blätterten hektisch in ihrem Filofax. Sprachen zu häufig von den immer gleichen Buchungen.

Betrachte den Modeljob als deinen Job (das, was du tust) und nicht als deine Identität (das, was du bist).

Als Model kriegst du deutlich mit, wenn du nicht mehr so gefragt bist.

Es ist – vor allem für dich selbst – besser, vom Markt zu verschwinden, bevor du keine Aufträge mehr bekommst.

## ... und viel mitnehmen ins «Leben danach»

Es ist ein Geschenk, gut auszusehen und damit gut verdienen zu können. Aber so leicht wie als Model verdienst du dein Geld wahrscheinlich nie wieder. Und so viel Lob und Applaus wirst du auch kaum wieder bekommen. Du trägst keine Verantwortung – außer für dich selbst! Du wirst kaum in Intrigen am Arbeitsplatz verwickelt, dazu hast du zu viele verschiedene Arbeitgeber. Und wenn du frei hast, hast du frei. In deinem Kopf kreisen nach Feierabend keine beruflichen Probleme und warten auf dringende Bearbeitung. Als Model wird gut für dich gesorgt.

Die oberste Disziplin ist die Disziplin. Das ist eine Lektion, die man später im Leben gut nutzen kann. Und du kannst noch viel mehr lernen im Modeljob:

Flexibilität, offen auf andere zuzugehen, Teamgeist, Freundlichkeit, Menschenkenntnis, Einfühlungsvermögen, kommerzielles Denken, selbstbewusstes Auftreten vor anderen Menschen.

Das alles sind gute Voraussetzungen, es reicht aber noch nicht aus, um einen anderen Job auszufüllen. Du musst ein Fachgebiet haben, in dem du deine Fähigkeiten auch anwenden kannst.

Bereite deinen Ausstieg früh genug vor, im Grunde genommen von Anfang an. Verfolge andere Interessen, erhalte oder erschaffe dir ein Leben neben dem Model-Dasein. Halte die Augen und Ohren offen nach Tätigkeiten, die dir Spaß machen. Und schärfe deine Sinne für deine besonderen Fähigkeiten. Nutze jede Chance, etwas zu lernen, wenn es dich interessiert und weiterbringt. Auch wenn du noch nicht genau weißt, wohin dich das irgendwann führen wird.

Mich hat zum Beispiel bei Werbespots immer gestört, dass die Stimmen, mit denen ich synchronisiert wurde, nicht zu mir passten. Deshalb nahm ich Sprechtraining, ungefähr ein halbes Jahr lang. Meine Stimme wurde dadurch voller und sicherer. Irgendwann fragte mich ein Regisseur, ob ich mich schon selbst synchronisiert hätte. «Klar», hörte ich mich sagen.

Daraufhin wurde ein Termin im Tonstudio gebucht. Ich bekam meinen Text, und der Regisseur sagte: «Wir geben dir eine Vier.» Ich konnte ja nicht fragen, was das bedeutete. Also ging ich in die Sprecherkabine. Auf dem Bildschirm erschienen eine 1, dann 2, dann 3 und 4 – und ich hatte meinen Einsatz verpasst. Aber nun wusste ich, dass ich auf die 4 lossprechen musste. Das klappte dann auch ganz schnell.

Danach habe ich die meisten Spots selbst gesprochen. Einige Zeit später wurde ich zum Casting für eine Fernsehsendung eingeladen. Dabei fühlte ich mich durch meine Erfahrungen mit der Kamera *und* dem Sprechen schon einigermaßen sicher und bekam den Job. Das war der Anfang meiner Karriere als Moderatorin, die mich dann – zusammen mit einem Studium – zum Journalismus brachte.

Viele Models bleiben gerne in der Branche, nutzen ihre beruflichen Beziehungen und suchen sich einen Beruf, der vielleicht auf den Erfahrungen als Model aufbaut. Sie wechseln auf die andere Seite: als Stylistin, Visagistin, werden Booker, Fotografen oder gründen sogar eigene Agenturen. Aber bitte prüfe, ob deine Geschäftsideen eine realistische Chance haben. Ein Optimist gründete zum Beispiel «Redheads», eine Agentur nur für rothaarige Models. Jeder in der Branche weiß, dass gerade Rotschöpfe am wenigsten gebucht werden, und die Firma war auch ganz schnell wieder verschwunden.

Es gibt viele Möglichkeiten, die Zeit danach gut vorzubereiten. Ob das ein Studium oder ein Fernstudium ist (vermeidet jobbedingte Zeitprobleme), Schauspielklassen, Workshops für Management oder Wirtschaftsthemen. Ergreife jede Möglichkeit, dich weiterzubilden. Dann hast du am Ende des Modeljobs nicht nur viel Spaß gehabt, gutes Geld verdient, fremde Länder und Menschen kennen gelernt, sondern die Zeit auch für dein weiteres Leben gut genutzt.

Was du heute lernst, investierst du in dein Morgen.

### Ich danke

Katharina Brügge,
Linda Naujok,
Ted Linow,
Gigi Konen,
Christoph von Jenisch,
Chrissie,
Alex Auschill,
Joachim Baldauf,
Armin Morbach,
Helen Olson,
Barbara Kirschbaum,
Heidi Gross,
Susanne Hoppe,
Christina Kruse,
Sarah Rissen,
Sigrid Rothe,
Axel Siebmann,
Take,
Constance Weihrauch,
Vicki Hinrichs
und Hieronymus.

# LITERATUR-
# EMPFEHLUNGEN

Waris Dirie:
«Wüstenblume»,
Knaur 2001

Irina Pantaeva:
«Mein Weg auf die Laufstege der
Welt», Piper 2001

# AGENTUREN UND CASTING-BÜROS

## HAMBURG

Mega Models
Kaiser-Wilhelm-Str. 93
20355 Hamburg
040/34 30 09

Model Management
Hartungstr. 5
20146 Hamburg
040/44 05 55

Model Team
Schlüterstr. 60
20146 Hamburg
040/41 41 037

m4 Models
Schlüterstr. 54a
20146 Hamburg
040/41 32 360

Modelwerk
Rothenbaumchaussee 1
20148 Hamburg
040/44 79 29

Okay Models
Ost-West-Str. 63
20457 Hamburg
040/37 85 000

Body & Soul
Werderstr. 39
20144 Hamburg
040/41 20 91

Promod Model Agency
Barmbeker Str. 136
22299 Hamburg
040/471 00 00

Wolf Models
Alsterufer 46
20354 Hamburg
040/41 33 190
(auch Big Beautys)

Vicki Hinrichs Casting
Grindelallee 27c
20146 Hamburg
040/41 83 30

Eva Bühner Casting
Winterhuder Weg 112
22085 Hamburg
040/22 51 60

Top Cast
Ditmar-Koel-Str. 23
20459 Hamburg
040/38 61 46 00

Sola Ferrer Casting
Stresemannstr. 375
22761 Hamburg
040/89 68 08

Procast
Maurienstr. 3
22305 Hamburg
040/29 90 80

Markenfilm Casting
Schulauer Moorweg 25
22880 Wedel
04103/123 230

## BERLIN

Seeds Modelagentur
Immanuel-Kirch-Str.3-4
10405 Berlin
030/44 01 340

Talents
Bundesallee 221
10719 Berlin
030/23 60 86 30

Izaio Modelagentur
Almstadtstr. 7
10119 Berlin
030/315 073 73

Viva Models
Hackescher Markt 3
10178 Berlin
030/240 89 80
(auch People-Agentur und Casting)

Type Face
Tempelhofer Ufer 10
10963 Berlin
030/283 98 50
(auch Big Beautys, People-Agentur
und Casting)

Vostock 1
Raumerstr. 12
10437 Berlin
030/44 31 91 31
(People-Agentur und Casting)

Drews - Uwe Büncker Casting
Schillerstr. 7
10625 Berlin
030/323 35 22

Dee Bee Phunky
Lychener Str. 21
10437 Berlin
030/437 33 80
(People, Big Beautys, Casting)

ValkeVeen Casting
Schröderstr. 11
10115 Berlin
030/69 04 07 00

Watergate Casting
Linienstr. 160
10115 Berlin
030/28 39 13 73

**MÜNCHEN**
Louisa Models
Ebersberger Str. 9
81679 München
089/92 10 96 20

Nova Models
Antonienstr. 3
80802 München
089/38 39 1819

P. S. Model Management
Holzstr. 12
80469 München
089/29 19 230

Talents
Ohmstr. 5
80802 München
089/38 83 77 30

Unity Models
Friedrichstr. 31
80801 München
089/34 47 40

Brigitte Models
Leopoldstr. 27
80802 München
089/74 50 28 40
(Big Beautys)

Casting Association Team
Linprunstr. 38
80335 München
089/18 50 778

Actors and Arts Casting
Schellingstr. 109a
80798 München
089/542 71 00

Brigitta Hughes Casting
Schellingstr. 21a
80799 München
089/28 22 90

**DÜSSELDORF + KÖLN**
Stars Model Management
Benrather Str. 6
40213 Düsseldorf
0211/86 56 10

E-Models
Corneliusstr. 71
40215 Düsseldorf
0211/386 100

Bond Models
Fürstenwall 182
40215 Düsseldorf
0211/38 50 007

Model Pool
Akademiestr. 7
40213 Düsseldorf
0211/86 55 60

m.a.d.
Schinkelstr. 40
40211 Düsseldorf
0211/164 64 94
(People-Agentur und Casting)

Filmcast
Eulerstr. 39
40477 Düsseldorf
0211/854 98 08

Susanne Schacht Casting
Friesenwall 81
50672 Köln
0221/271 88 81

**FRANKFURT**
Eastwest Models
Letzter Hasenpfad 64
60598 Frankfurt
069/610 93 10

CIA Casting
Sandweg 27
60316 Frankfurt
069/499 03 25
(People-Agentur und Casting)

Castin
Hanauer Landstr. 192
60314 Frankfurt
069/405 800 30
(People-Agentur und Casting)

# Fotonachweis

**FARBTEIL**

1 Paolo Sutch für Dazed and Confused

2 Vogue Russia

3 Vogue Italia, Axel Siebmann (2)

4 Sven Schalm, Beatzy Bemer (2)

5 Anton

6 Jürgen Müller

7 Hermann Gerth, Philip Jarell, Olaf Krönke (2)

8 Steven Meisel für Vogue Italia

Trotz sorgfältiger Recherchen konnten nicht alle Rechteinhaber ermittelt werden. Der Verlag ist bereit, berechtigte Ansprüche in üblicher Weise abzugelten.

Mit Entspannungs-CD

LIFEPOWER–
**DAS ANTI-AGING-
PROGRAMM**
OLE PETERSEN

Sport

rororo

Ole Petersen
**Lifepower**
*Das Anti-Aging-Programm*
Mit Entspannungs-CD (61000)

– Sie fühlen sich jünger.
– Sie sind gesünder.
– Sie bauen Fett ab.
– Sie sind resistenter.
– Sie sehen fitter aus.
– Sie sind ausgeglichener.
– Sie sind sexuell aktiver.
All dies und noch viel mehr erreichen Sie mit dem Lifepower-
Programm von Ole Petersen. Er selbst brachte es in wenigen
Jahren vom Nichtsportler zum Rekordhalter im Doppel-
Ironman – und all das mit seiner sanften und zeitsparenden
Methode: dem Drei-Säulen-Programm
**Bewegung – Entspannung – Ernährung.**